母亲王锁兰，26 岁死于日本细菌试验传播瘟疫

父亲刘荣岩是厨师“戏迷”，其弟刘荣青为抗日烈士

作者 10 岁母亲尚健在时留影

日伪满洲国时期小学毕业照（右三坐竹椅穿白鞋者为作者，右四为日本细菌战遗孤杨玉贤，前排左二是聂耳十二岁的妹妹聂彩霞，中间二位为刘老师、聂老师）。同班学生中年龄最大的二十岁，最小的十二岁

1943 年作者与杨玉贤一同考入绥化县立医院做医工

半年后作者升为见习看护妇（站立者）

作者考入护校第九期，图为第一室同学合影（前排为一年级，左王雅青，右刘素娥，其余为二年级学员）

1944 年 10 月作者考入哈医大日本看护妇养成所。图为第九期部分学员合影（前排左为姚聪贤，右为赵素君，中排左起为倪金玉、刘玉惠，后排右为班长刘素娥）

《松花江畔的鸽哨》中的蝶儿

1945 年 7 月防空演习中，作者身背救护器材

日本投降后看护妇养成所改回校名为哈尔滨第一市立医院附属护士学校，中国学生合影

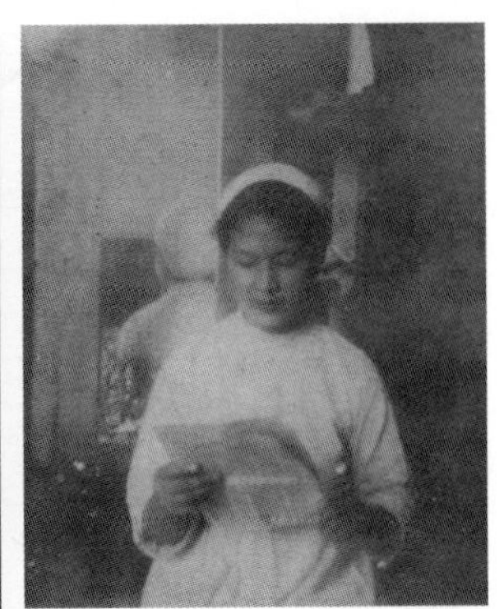

作者于 1947 年 5 月在哈市第一医院任科室护士主任

第九期护校毕业照，前排为李先生、刘先生；中排左起倪金玉、陈凤玲、袁玉琴、黄家驹、赵素君、尚文光、满淑荣、肖婕；后排左起：汪素兰、李兰、刘素娥、刘玉惠、于玉凤、郑泽青、王亚清

护校一年级护理治愈重病患者合影（后排左一为作者，左二郑泽青，左三于凤，前排左一尚文光，左二倪金玉，左四肖婕，左五刘玉慧）

1947 年 5 月同学陈凤玲送作者（右一）支前

作者参军戎装照

作者妹刘玉红，《松花江畔的鸽哨》中的四姨与她长得极为相似

1947 年8 月医院青年团送作者（后排右一）与赵素君及另一位同学参军

马波生部长送作者去松江医校

作者给中央委员蔡畅大姐献花

1948 年解放战争中，作者在骑马抢救伤员途中

四十七军进入山海关（平津战役）。中间为作者与王赤，右边高个子是韩元基部长

1949 年解放战争中，作者在四十七军湖南常德野战医院留影

作者摄于解放军南下胜利渡江纪念

1950 年作者与爱人谭天哲调入南京海军联校

参加解放战争部队立功受奖大会

解放战争中松江医校由亚布力迁入一面坡，学校人才辈出。1948 年 12 月作者于第二期毕业，图为毕业典礼

1952 年松江医校同学陶锌（左一）调入海军，作者夫妇携女儿在青岛与其合影

1950年四十七军卫生学校开学典礼照。作者时任解剖教员

海军通讯学校立功照

1950年解放军统一军装，与战友王淑霞(左一)合影

1955年海军411医院外科团支部合影

遵循毛主席“西医学习中医，不可等闲视之”批示，福建中医学院开办西医学习中医班，福建省委书记江一真(二排左十)与卫生厅厅长左英（二排左九）看望师生并合影留念(作者居前排正中左)

1955 年作者考入河北医学院深造

作者在河北医学院学习时与同班同学朱虹(站立者)、张可范(右一)留影

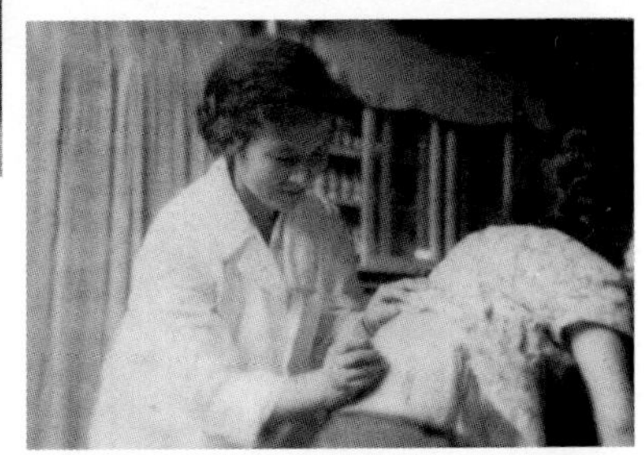

在福建中医学院西学中学习班作者为患者诊疗治病

作者于福建中医学院西医学习中医留影

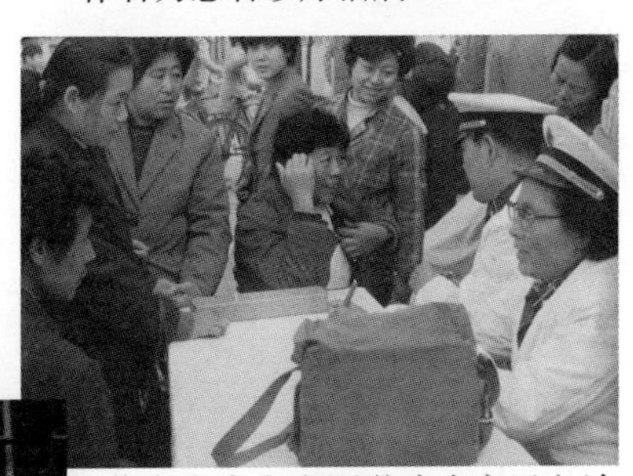

作者在南京海军学院为市民义诊

1982 年作者夫妇及子女全家照

作者在海军学院医务工作三十多年

原军委副主席迟浩田夫妇关心《鸽哨》的创作与作者（右一）合影

“文革”中王恩茂夫人骆岚（新疆纪委书记，后排右二）在南京作者家中休养治病，携二子偕同作者带小儿、小女游南京玄武湖

作者与长子谭湘清在哈尔滨松花江畔广场，鸽群环绕

1988 年 5 月作者、山崎（中）与画家王捷（右一）

画家王捷（左一）与日中友好代表团团长黑田正敏合影（见《鹤舞他乡》）

谨以此书献给伟大的
中国人民抗日战争胜利七十周年

鸽哨

刘素娥 著

广州新华出版发行集团
广州出版社

图书在版编目（CIP）数据

鸽哨/刘素娥著. —广州：广州出版社，2014. 12
ISBN 978 -7 -5462 -1977 -6

Ⅰ. ①鸽…　Ⅱ. ①刘…　Ⅲ. ①刘素娥—自传
Ⅳ. ①K828. 5

中国版本图书馆 CIP 数据核字（2014）第 293672 号

书　　名　鸽哨
出版发行　广州出版社
（地址：广州市天河区天润路 87 号 9、10 楼　邮政编码：510635
http：//www. gzcbs. com. cn）
责任编辑　蚁燕娟　李碧梅
印　　刷　广州市怡升印刷有限公司
（地址：广州市番禺区市桥横江　邮政编码：511400）
规　　格　889 毫米 ×1194 毫米　　开本　1/32　　插页：4
印　　张　8. 25
字　　数　200 千
版　　次　2014 年 12 月第 1 版
印　　次　2014 年 12 月第 1 次
书　　号　ISBN 978 -7 -5462 -1977 -6
定　　价　36. 00 元

内容简介

《鸽哨》是作者刘素娥（刘莹）关于在日本侵略中国伪满时期，以及此后全国解放战争及建设新中国的亲身经历的记叙。包含《冰城天使养成所》《鹤舞他乡》及《松花江畔的鸽哨》等三篇自叙性小说、故事及自传体回忆录作品。

其中《冰城天使养成所》讲述了日本侵略中国至战败投降这一时期，在伪满洲国“哈尔滨日本高级看护妇养成所”处于民族压迫下的中、日、朝、俄四国少女的惨痛经历及生死纠葛的命运，以及小说主人公走向革命的奋斗历程。《鹤舞他乡》讲述了日本侵华时期，哈尔滨的一个名叫山崎美穗子（日本持不同政见被害的前内阁大臣的女儿）被强征充军来华，遭受凌辱迫害，后在一位中国医生（东北抗联战士）的感召下，最终成为坚定的反战同盟成员，并在晚年致力于促进中日友好的故事。《松花江畔的鸽哨》则以回忆录的形式记叙了日本侵华时期在伪满洲国深受民族压迫的一个中国少女的苦难生活与抗争，并描绘了她参加革命后，在战火中成长的经历。尤为珍贵的是该书真实反映了第二次世界大战中，中国人民参加反法西斯、反抗日本侵华战争中的一段难忘的历史记忆。

目　录

冰城天使养成所

鹤舞他乡

松花江畔的鸽哨

冰城天使养成所

瘟疫流行，千门萧疏鬼唱歌

1931 年“九一八”事变，日本侵占我国东北三省，并于第二年扶植建立了伪满洲国傀儡政权，在那片广袤富饶的土地上，被奴役的三千万骨肉同胞陷入屈辱的亡国奴生涯。

1938 年，哈尔滨北面的绥化县城一场瘟疫大流行。传言是日本人搞细菌试验发生泄漏，导致疫情肆虐，死人一拨接着一拨，几乎家家都死了人，恐惧像汹涌的松花江水一浪接着一浪吞噬了整座县城。这是一场后来被称作“肠伤寒”的消化系统的传染病，病情传播得那样快，那样厉害，只要家里有一个人被传染，很快全家都会被传染。甚至有的一家人全死了，成了灭门之灾，连尸体都无人抬，能活下一两个就算幸运了。白鸽的同学杨玉贤十口之家不幸被传染，最后只剩下了玉贤和奶奶两人相依为命。

在县城闹市的东三道街天主教堂后面的一幢老屋子里，住着白鸽一家人，也未能幸免被传染了。先得病的是外婆，发高烧腹痛腹泻；后来两个小姨也被传染了。由于家里很穷，没有钱看医生，即使有钱上医院也未必能治好。县城得病的人实在是太多了，身边无处不弥漫着病痛呻吟，街巷里失去亲人的哭声此起彼伏。

白鸽的母亲 26 岁，正怀孕，怀胎已有七个多月，挺着一个大肚子，还得照看一家这么多高烧腹泻不能动弹的病人，真把她给急坏了，累坏了，每天给他们喂水，洗大小便污染的衣服和被褥。后来外婆与两个小姨的病情稍稍好转，大白鸽两岁的四姨领着白鸽到六姑的玉米地，六姑掰下一些刚熟的玉米给四姨装进筐里，又掰了四穗剥皮扣尾挂在白鸽肩上嘱咐道："这点玉米够吃两天了，回去吧！"她俩背着玉米回城，走到东门口有日伪兵站岗呵斥："站住，检查！"四姨回答说："啥也没有！"日本兵叫道："玉米的留下！"伪兵过来抢玉米往他们自己筐里扔。白鸽嚷道："背玉米又不犯法为何抢？"伪兵讪笑说："你们偷的。"四姨忙说："不是偷的，是六姑给的，不信去问！"伪兵不由分说抢光了四姨筐里的玉米又来抢白鸽的，白鸽紧抱着就是不放。日本兵大怒，上来就朝白鸽脸上扇耳光。白鸽大哭，死死地护着玉米。路边一个老人过来求情："太君，小孩快饿死了，苞米也给哭脏了，爬满鼻涕眼泪，就算赏她几个吧。"日本兵示意伪兵把筐子踢了过去叫她们滚。

白鸽挂着玉米一路哭着回到家里。母亲见白鸽脸被打得红肿，步子歪晃，嘴里一个劲叫妈妈，心都在颤抖，一把抱住扑到怀里的女儿，听她断断续续喘息："妈，我头又晕又痛……"母亲心痛地取下苞米，试着摸白鸽的额头，感到很烫手，惊道："烧太高了，快躺下！"白鸽几乎连上床的力气也没了，母亲把她抱到床上，听了四姨讲事情发生的经过后流泪对白鸽说："我的傻女儿，乖女儿，为四穗苞米不要命了。"外婆着急道："快把苞米连皮带穗煮水，这就是药了。"白鸽被打伤受到惊吓，不幸也被传染了瘟疫，体温烧到 40 度以上，成天睁着大眼睛，只是呆呆看着一个地方，烧得太厉害了，这可把母亲吓坏了，一天二十四小时都守着高烧病重的女儿，一步也不敢离开。因为没钱去医院，母亲只能不停地喂水。就这样熬了三天三夜后，白鸽居然奇迹般好了，会说话，也能吃点东西了，只是右耳被扇得太重，耳膜内陷，造成间歇性耳鸣，终生未愈。

可是谁曾想到她母亲因为照顾全家病人，身体太劳累太虚弱也被传染了，高烧达 41 度，病情危重，怀孕近八个月的男

孩因高烧早产了。母亲多么想要生个儿子，一看儿子生下来就死了，痛不欲生，就这样病倒了再也没能起来，年纪轻轻就去世了。母亲是为女儿累死的，用自己的生命给了白鸽第二次生命。家里举行了北方简单的葬礼，年仅十岁的幼小的白鸽举着妈妈的魂幡，蒙受着失去母亲的悲伤，饱尝着与亲人生离死别的痛苦。亲戚们抬着白鸽母亲的棺材，将棺材埋葬在城外有一块专门为穷人安葬的地方。离城十几里的安葬地是一片荒野，荒野上又多了几座新坟，都死于传染病。

风雪夜送灯

北方有个习惯，亲人死了一年后正月十五的晚上，要往坟上送灯，都说“有儿有女坟前亮堂堂，无儿无女黑洞洞”。因为这个习惯，家里有儿女的就得去送灯。正月十五的那天夜里，父亲带着白鸽，提着一盏小油灯，在冰天雪地里去给母亲的坟上送灯。城里城外都没有路灯，全凭手里提着的小灯笼照着引路。父女俩从城里往西门外走，有十多里路程，北风呼呼地吹，雪飘飘地下，地上被积雪铺平，白茫茫看不清哪是路哪是沟，中间还要经过一大片“烂死岗”，那是一块胡乱堆埋死人的地方，那些都是得传染病死的人。由于天寒，地冻得很硬，没有办法埋葬，尸体横七竖八都摆在地头上，有的被雪覆盖了，有的还没完全覆盖，一个挨一个，男女老少都有。小孩子一般都没有棺材，就用一捆干草卷着，要是绑三道绕捆的就是男孩，绑两道绕捆的就是女孩，所以从外面一看就知道死的是男孩还是女孩。那一场传染病从夏天一直延续到冬天，不知死了多少人，整个县城都在披麻戴孝。因为日本法西斯灭绝人性用人搞细菌战的劣行，使得沦陷为伪满洲国的苦难同胞又多了多少屈死冤魂，多了多少孤儿寡母。

走过这片令人毛骨悚然的烂死岗，还要走三里路才能到白鸽母亲的坟地。天寒地冻，在那片银色世界里根本无心赏雪，只求快走，踩着厚厚的积雪，深一脚浅一脚，不知走了多久才走到那里。爸爸把灯摆放到坟前，雪白的地里有四五个坟头，只有母亲这个坟头亮了灯。白鸽看到妈妈的坟，跪下就哭了起来，她真是太想妈妈了，妈妈活着的时候，有好吃的都给她吃；无论家里再困难，过年的时候都会买一件新衣服给她穿上。妈妈死后这一切都没有了。继母是三姨妈，她叫年仅十岁的白鸽自己做鞋自己穿。那么小的她哪会做鞋。继母姨说："做什么样穿什么样！"白鸽拿起针线开始自己给自己做鞋，手不知被刺破多少次，做出的鞋像包子，能包在脚上就行了。白鸽边哭边想："妈妈是为我累死的，因为照看我太苦太累了，是妈妈用自己的生命换来了女儿的第二次生命啊……还有可怜的小弟弟，未见人世就死去了，真是天大的不幸。"她觉得这是她一生中最痛苦的事情，永远都无法弥补，经常止不住地一个人躲着偷偷流泪……并且她清楚导致母亲不幸的是日本侵略者搞细菌实验引发的瘟疫，对日本鬼子更是痛恨不已。今天给母亲送灯，希望能够永远在妈妈的坟前亮着。现在世上只有父亲是她唯一的亲人了，父亲其实心里更加难过，只是他把悲痛压在心底，希望这个灯能给去世的人，也给活着的人一丝安慰。

白鸽跪着哭了很久，她想告诉妈妈三件事："第一件事，你走了以后38岁的爸爸和18岁的三姨结了婚，说是怕找外人做后妈会让我受气，为了我也是为了姥姥，怕天寒地冻无处安身，只好娶三姨养姥姥和我。第二件事，你留下的那块花布，过年了我没有新衣服，但想给布娃娃做件新衣服，于是把那块花布剪了一块给布娃娃做衣服。这下可惹了大祸，全家人个个骂我，四姨说那块花布正好给她做件新衣服，追着打我，外婆也骂我，继母姨更是骂得凶，越骂越气。四姨还不放手，还想打我，我就往外跑，结果被爸爸拦住了，一家人骂了我不知道多少次，晚上围着火盆烤火也骂。第三件事，你走了半年，二姨妈和她公公看我这么小没妈可怜我，过年的时候她公公给了我五角压岁钱，二姨丈给我四角，二姨给我三角，他们全家共给了我一块多钱，后来爸爸好友肥叔也给了五角，街坊伯伯阿姨见到我都给了一点，加在一起有八块钱了。我天天数着这八块钱。有一天我正数钱时，继母姨从背后悄悄走过来，一分都不剩地把钱全抓走了。我哭得很伤心，但她一点都不同情，还说姑娘有钱不是好东西，钱要由她来保管。这钱是人家给我的压岁钱，怎么不是好人了？她说让我以后有钱全交给她保管，说她这么年轻嫁给爸，'还不是为了你，怕你爸找了别的后妈让你挨打受气'。她这话把我给拴住了，她不知把这话对我说了多少遍。我想，她也许是真的为了我。那以后我有钱都全交给她，想好好孝顺她。爸爸也打过我，说是不让我学日语：'日本话不用学，待上一年用不着。'但有时挨打也不知道为什么，我问肥叔为什么会这样？肥叔说，你爸要不为了你们，他早就离开这里了，去一个穷人当家做主不当亡国奴，能够获得自由幸福的好地方。我问他爸爸到那里干什么？肥叔想了想说当炊事员吧。他告诫我不要乱讲，讲了被日本鬼子知道了要杀头的；还说要知道你爸爸是为了你们娘仨才没有去的，所以不痛快才拿你出气。我让肥叔带我去，可肥叔说我还太小，以后一定会去的……"后来白鸽才知道肥叔讲的那里是抗日民主根据地，是共产党领导的红色解放区，肥叔是"抗联"的联络员。

烂死岗

和妈妈说完话夜已深了，父亲拉着白鸽往回走的路上正是逆风，雪还在飘飘地下。一阵阵风雪呼呼刮来，白鸽觉得自己都要被卷离地面，死死拉着父亲的手，靠着拉力，咯吱咯吱吃力地踩着路上的积雪，呼出的热气在帽檐都结了层白霜。夜更深了，伸手不见五指，手上的灯已放在坟地上，没了光亮，只能在荒野黑天雪地里估摸着往回走。路上一个人影也没有，白鸽心想：这路上什么都没有倒好，要是路上出现一个黑影，那很可能是鬼。想到这里，她害怕地跟爸爸讲："要是这时候有人出来，那一定是鬼。听别人说和鬼说话的人就会死。爸爸，如果待会有什么人要和你说话你千万别吱声，不要跟他搭话。"爸爸"哼"了一声，不说对也不说不对。往回走的路上又要经过那个烂死岗，荒野恐怖得像死了一样的沉寂，有一点声音就让人心惊肉跳。这个时候白鸽更害怕了。眼看就快到烂死岗了，渐渐出现了一个黑影，提着一个忽闪忽闪的小灯笼，在雪地里黑白相映。是人还是鬼？白鸽害怕极了，紧拽着父亲的手小声对他说："爸爸，一定是鬼来了！你千万别吱声！千万别说话！"越走越近时，突然那个黑影连连给爸爸拱手，恳求地说起话来："大哥，大哥，可盼到有人过来了，我在这站了好久，我是给老婆送灯来的，在这里我一个人不敢进到坟地里去。"他扬了扬手提的小灯笼，接着说："我老婆死得好苦啊，她原本不该死的，是她和我母亲吵架怕把病传染给别人自己吊死了。我真的很对不起她，所以今天我一定要把灯送给她，请她原谅我。大哥请你陪我进去，我一个人实在不敢进

去，这里到处放的都是死人。”

白鸽紧拽着爸爸往前走说：“爸爸，别理他，他自己的事自己去做，和咱们没关系。爸爸，快走，他可能是鬼！”

那人说：“小姑娘，我不是鬼，我是活人，我也拿着灯啊。我真的是给我老婆送灯来的，求求你，大哥，陪我进去吧。”说着，快要弯腰哀求了。

爸爸是个重义气好心肠的爷们，他不加考虑地说：“好吧，我陪你进去！”

爸爸拖着害怕的白鸽跟着这个人往坟地里走，进了烂死岗。过横马路有一个沟，白鸽脚突然踩空，掉在被雪铺得与地面相平的沟里面去了。沟很深，雪已经埋到了她的颈部，她哭着喊道：“爸爸快救救我！你千万不能再往里走了。”爸爸一把把白鸽从雪沟里拉出来继续走。爬上一个坡就是那一片坟地了。死人的尸体，一个挨一个。他们进入坟地20米左右，那个男人就在周围转起来了，不认得哪个是他老婆的坟，穷人都没有碑。他转了很久，白鸽觉得那一刻过得特别慢，看他那一盏小油灯忽闪忽闪，越发紧张让人吓得不敢出声。找了很久后总算找到了，他站在老婆坟前说了很多请她原谅的话：“老婆，是我对不起你，原谅我吧。你死得好苦啊，我很后悔，后悔得不知如何是好，但不管怎么样也救不活你了，造孽啊，这让我痛苦一辈子啊……”他说完把灯放下，跪下磕了二十多个砰砰的响头，把头都磕肿了，也许他这样做才能减轻内心的痛苦和内疚。

等陌生人拜完坟他们才往回走，回来的路上他们还要经过那个可怕的沟才能上马路。白鸽紧拽着爸爸的手，由于太紧张又滑倒在沟里去，一摸两边都是死孩子。那时候小孩死了就找个人往外扔，也许那人不愿意往坟的中间走就扔到沟里，所以沟里就有许多死孩子。白鸽陪着父亲和一个素不相识的人往返走过这道沟又摔到沟里，心里感到委屈，碰到这个倒霉蛋真是撞了鬼。回来的路上，无边旷野寒风凛冽，雪被风吹得旋转升腾。三个人摸着黑往城里走，雪越下越大，飘飘地落满了身，只听见脚下踩着积雪声。那人不住地跟爸爸讲他们家的事，白鸽什么也听不进去，只觉得耳朵嗡嗡响。父亲也不想听他讲，哼起了京剧二黄唱段岳飞的《满江红》。那荡涤胸襟的诗意让人听了浑身得劲，忘记了黑暗，忘记了恐惧，忘记了疲惫。虽是大雪封山一片白，脚下踏雪咯吱咯吱响，但那高亢的唱段慷慨激昂壮怀激烈，在这冰天雪地中仿佛让人血液都为之燃烧。“壮志饥餐胡虏肉，笑谈渴饮匈奴血”暗指的就是日本小鬼子，注定迟早都会被收拾掉，白鸽幼小的心灵也和大人一样坚信这一天终将会到来！

回到家里，白鸽又发了一次烧，爸爸就在床边不住地劝慰教育她说，“做人要学会帮助别人，与别人互相帮助，不能见人有危难假装看不见，这样就不配做人了。做好人积善积德，我们每做一件好事心里都会有欣慰感，能让人增加抗病免疫力，增强生命力。你的病不吃药也会好的，因为你帮助了别人，做了一件好事，你喝一碗水，就等于吃一碗药，等一下就会退烧了。”真的很快烧就退了，埋在心里的国仇家恨让白鸽牢记爸爸说的话：“一个家要团结，一个国要团结，有国才有家，绝不能当亡国奴啊！现在咱们过的是亡国奴的生活，日本人天天屠杀中国人，这一场传染病死了成千上万的人，也是日本人干的，小日本欠下的一笔笔血债迟早要还！”

遭受奴役的小医工见习看护妇

哈尔滨绥化一带的冬天非常冷，零下30℃至40℃很常见，“冰冻三尺”并不夸张。穷人缺吃少穿，每年冬天都要冻死不少人，早晨扫马路的清洁夫推着板车，拉着夜里冻死的一具具僵硬的尸体叫“冻死倒”走出街巷。穷人家里头没有取暖设备，都是睡在热土炕上，用柴草烧饭的余火灰装在一个泥烧的盆子里，围上一家人，伸着两只手烤火取暖，许多人家都是几个人合着盖一床用了几十年的破被子，能有个房子就很不错了。日本人吃白米白面，中国人吃玉米高粱和小米，往往还发了霉，而且只按户口配给，吃点白米或白面就叫“经济犯”，轻则挨打受刑，重则以“国事犯”论处，就要掉脑袋。白鸽一家为了活命，就到很远的地里去捡土豆，拿着小锹和菜刀，挖人家地里收获后都没人要的小土豆，只有穷人才捡来吃。干再累的苦工，一天也只能挣几角钱，就是这几角钱的苦力活也很不容易找到。人们经常挨饿，冻死饿死成了常事。青壮男劳动力都被抓去当劳工，修日本工事，修完工事为保密甚至把劳工全部处死，白鸽的堂哥福生就是这样死掉了。

1942年初，绥化县立医院招见习看护妇，报考的人很多，足有上百人报名，最后只录取了九人。白鸽与好友杨玉贤都被录取了，家里人多高兴啊，真是一件大喜事！杨玉贤的奶奶乐得逢人便夸。那时候多一个人吃饭就多一张口，一家人就意味着挨饿。白鸽考试回来，家里人做了一大碗玉米粥表示庆祝。白鸽已经一天没吃饭了，把那碗玉米粥当成了天下最好吃的东西，捧起碗就大口大口地喝，外婆、继母姨、小姨和继母姨生的小弟弟都围着瞪着眼睛看。白鸽喝了大半碗时就听到小弟说："我饿，我要吃。"这时白鸽才想起来问："你们都还没吃吗?"外婆叹了口气说："就这一碗粥。让你吃了好去挣钱，以后我们大家才有饭吃。"白鸽听了很难受地说："你们为什么不早说。"她非常后悔自己没头没脑吃得那么快，应该先问问他们，全家人分着吃，每个人吃一点就不会饿肚子了。"你们不吃全让我一个人吃了，你们如果饿死了，叫我一个人能活下去吗?"她说着赶紧停下来，含着眼泪把剩下的一点喂给小弟弟吃了。

白鸽当上见习看护妇做医工后，每月能挣四元钱。她每次都把拿回来的钱分给爸爸一元，继母姨一元，外婆一元，小姨一元，自己分文不剩。家里人对她好多了，再也不打骂她了。

绥化县立医院是县里最大的公立医院，医院里多数为日本医护人员。招来的白鸽她们九个见习看护妇，都是高小毕业和初中毕业的穷人家的孩子。当初在考试最后一关是在地上摆着一个脓盆和一个粪便盆，叫考生拿起来倒掉再拿回来。有钱人家的小姐一看捂着鼻子就跑掉不考了。白鸽因为在家里每天都给家里人倒便盆，早已经习惯了，拿起脓盆和便盆就去倒掉，还洗干净拿回来，杨玉贤就更不用说了，另外七个穷学生也一样不怕脏不怕累，就凭着吃苦精神一起通过了。

考上的穷学生在医院里成天像奴隶一样干着干不完的活。统管医工的日本护士主任称为"妇长"，名叫森田千代，人很凶，带副金丝眼镜，她看人时从镜片后透出慑人的寒光让人不寒而栗。医工们都怕她，背地里咒她，给她取了个外号叫"小寡妇"。年前二道杠子街裁缝店"上海衣庄"的大小姐蝶儿嫁了日本青年警察中岛君，在医院生孩子，森田妇长是中岛的姨妈，她本来就看不上中国人，由她接生，硬把难产的蝶儿和婴儿活活做死了。后来大人都拿森田来吓唬不听话的小孩。

森田妇长让这些新来的小见习看护妇从早到晚不停地做事，走路干活都要快，一分钟不许停，洗脏绷带，洗污染的纱布，洗干净后拿去消毒再用。那时每天都有不少人到医院来切脓包，因为没有抗生素，条件差，很容易被传染。这类苦活脏活，也只有吃不饱饭的穷孩子肯干，富家小姐是请不来的。每天这帮小医工还要给病人端大小便盆洗干净送回来，倒脓盆，打扫厕所，擦地，擦玻璃，消毒病房，洗床单病服，成天像奴隶一样使唤。到了冬天自来水冻住了，都得靠她们一担一担地挑，每天都要挑净水，一天十几个小时还歇不下来，累得她们直不起腰来。吃饭时偶尔会有两个大白馒头，白鸽舍不得吃，拿回家，一跑回家就喊："快来，快来，你们猜猜我拿了什么好东西回来了?"当家里人看到馒头时，都很惊喜，好久没吃上馒头了。她分半个给小弟弟，给外婆分一小半，然后剩下的，继母姨、小姨每人咬三两口。他们问她自己怎么不吃，她说："你们吃了比我吃还好，回去我还有得吃。"白鸽经常忍饥挨饿，因此非常瘦弱，简直只剩下一把骨头和两只大眼睛了，看上去营养极度不良。在医院一病栋五床，住着一个名叫山崎的日本姑娘很同情她，经常给她一些吃的东西。山崎是乐师，却遭到日军强暴到医院来疗伤，最终她参加了反战同盟，这是后话了，反正白鸽认定她是好人，对她很有好感。

甄实"风波"

白鸽那批见习看护妇中有个名叫甄实的，是个中学生，因为她人长得高大，又有些见识，小医工们都管她叫头儿。甄实心地善良，为人正直，很仗义，她看不惯森田千代任意打骂欺压小医工，好打抱不平。森田妇长恨得牙痒痒的，不过面对众怒难犯，不得不有所收敛。

这天，森田又因让白鸽挑水，嫌她动作慢，水不满，竟一把推倒白鸽，还一脚踹翻了一桶水，水全泼洒在白鸽穿着的棉袄上。白鸽侧倒在地上，噙满了泪水的眼睛死死地盯着森田，硬是不让泪水流落下来。白鸽心里是那样痛，那样委屈，自从母亲在她十岁去世后，直到她考取县立医院做见习看护妇自己能挣钱，这四年里再没有穿过一件新衣服，穿的都是母亲去世前留下的旧衣服。继母姨忌讳死人穿过的衣服，全部给白鸽穿，瘦小的她穿着大人衣服，就像箩一样罩在身上，太大像长袍，就在下边卷五六圈，继母姨让她长一年放一圈，长得快就放两圈……自己经常挨家里人斥骂，不知为什么爸爸还打过她好几次，这是妈妈在世的时候从来没有过的……身上这件妈妈的袄子湿透了一大片，拿什么来换穿啊？在场的小医工们愤愤不平，都围了上来护住白鸽，敢怒不敢言。甄实挑头指责森田妇长丧心病狂，拿人不当人看；森田明知理亏怕吵不过她，撇嘴怏怏地走了。见森田溜了，甄实帮白鸽使劲拧干棉袄，怕棉袄结成冰块。甄实越拧越气，一心要狠狠教训这可恶的“小寡妇”，为白鸽，也为一干受欺辱的小医工出气。

没几日，甄实还真想出了一招。她把挑水道一路浇成了冰道，并特意摆好三桶盛满水的水桶，待森田过来时故作姿态，提着空桶借冰面滑力轻松前行，尽情刺激森田。森田果然气不打一处来，见状骂道：“扭捏跳舞给谁看，还不快快挑水，待会有你好看的!”“你来啊，能快得了吗？俺可不怕你修理哦!”甄实说罢，更为放肆地来回滑动，还故意欢叫出声来。森田妇长急了，嘴里“八嘎八嘎”骂个不停，向甄实直扑过去。甄实径直往事先放好的水桶处靠，一边还不忘挤兑森田：“骂谁呢？八嘎，八嘎，你来试试，快得了吗？”森田追上就用脚踢甄实。甄实闪身避过，待森田第二脚踢过来时一钩腿，森田在冰道上摔出好几步远，她随即连连踹翻那几桶水，水淹向了森田。森田四肢乱动，而身子却原地一动不动，爬不起来，很快被水浸湿，眼瞅着就要结成冰，急得大骂："反了，反了，你敢欺负日本人，把我浇成冰棒，我叫警察打死你！"此刻，甄实站定，两手交叉抱在胸前，斜眼看着她那副狼狈相冷笑："你去叫啊，有本事就来，反正闲也是闲着，告诉你，俺早就不想干了呢。"说着朝暗暗叫好、心都提到嗓子眼上在边上观战的白鸽她们那帮小医工扬了扬下巴，意思是真解气！

森田跑回房里打电话真叫来日本警察。"谁敢无礼？"日本警官来到大堂一坐。森田把见习看护妇都叫来列队在旁，指控甄实说："这臭娘们反了，欺负到日本人头上来了，这还了得。"接着把事情的经过添油加醋描述了一番。甄实不慌不忙待森田讲完，没等日本警官发话，举手"报告"，向前一步出列道："警官先生，是森田妇长想踢我，滑了一跤自己碰倒了水桶的，不信你可以问问姑娘们。""你……"森田气得浑身抖动，冲上来扯甄实的衣服动手要打，被日本警官喝止住，他用奇异的目光打量着眼前这位姑娘。甄实心里知道，是她那一口标准的东京话让日本警察疑惑。于是对日本警察微笑了一下，低声道："我奶奶是德川家族的，不可以吗？"德川家族在日本是名门望族，日本警察从座椅上"腾"的一下毕恭毕敬地站直，他万万想不到森田妇长要他处置的竟是日本贵族血统的后裔，让他瞠目，连讲话都有点结巴："那你爷……爷是谁……呀？"甄实叹了口气道："他病逝已几年了，家道中落，奶奶要回日本了，带我去东京读医学院，我临走前只是想和森田玩玩而已。"接着她像审判一样历数森田的罪状："她把小义工当成了奴隶，动辄打骂，粗暴伤害了日满亲善形象，野蛮破坏了日本天皇颁布大东亚共荣圈的宏图大业，你看看这些十三四岁的小医工，个个骨瘦如柴，森田妇长丝毫不同情，反而逼迫她们每天得干12个小时，都快给累死了，不信你让她们站队，看有几个人还愿在这里干。”说完对着其他八个小见习看护妇就喊口令：“立正！不想继续干的向前一步，不愿走的向后一步，没主意的原地站着不动。”

随着口令有四个人向前跨了一步，四个人原地不动，却没有一个人向后跨一步，也就是说没有一个人是真正不愿走的，这让日本警察目瞪口呆。问那几个小丫头为何没了主意，杨玉贤说四年前绥化那场瘟疫，家里十口人死了八个，就剩她和奶奶了，回去问问奶奶再说；图晓岚也说家太穷，又欠了人家钱，走也不是，不走也不是，干脆累死算了；门豆豆则说打算干三个月，然后去考哈尔滨的护士学校，故先不走；白鸽犹豫了半天才小声说出想和门豆豆一样，到时也去考护校。森田可不管这些，对甄实丑化她还强词夺理耿耿于怀，恨之入骨，她拉住日本警察叫嚷：“她算不上日本人，别放过她，快抓她！”“你们医院的糗事自己去解决，挑水、打架也想找警察讨公道，没门！”日本警察不耐烦了，训斥森田。在旁边看热闹的助产士王姐赶忙插话：“请森田妇长留下这四个还拿不定主意的小姑娘，医院需要她们。”森田气鼓鼓地点点头松了手，算是挽回了一点面子，她知道没戏了，这回彻底栽了。

“白喉”肆虐

日军占领东北以后，老百姓的生活更苦了，卫生条件低下，各种传染病不断地流行。每到春天白喉、麻疹、天花流行，都要死很多小孩。如果生两个孩子能活下一个就算很不错

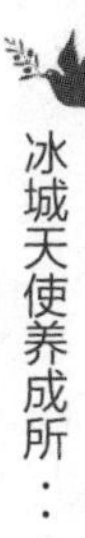

了，如此之高的死亡率恐怕也是世界罕见。

那一年春天发生了白喉大流行，中国孩子传染了很多，日本孩子也传染了不少，连续几天死了很多患白喉的孩子。那时白喉血清很少，只给日本孩子用。一天，有一个日本小孩被传染了，医院到处想办法并向上级医疗单位要血清。好不容易弄来一支血清，给那个日本小孩打了半针，小孩就死了。这个死了的日本小孩子传染性很大，恶毒的森田妇长硬逼着叫白鸽抱着死去的日本孩子往太平间送，既没有让白鸽戴上口罩，也没有让她做任何预防保护措施。白鸽很害怕，她头一回抱死孩子，都不知道哪是头哪是脚了，几乎闭着眼睛紧张得一口气跑到太平间。第二天，她就觉得喉咙干，像火烤一样干痛，请医院的医生一看是得了白喉，白鸽被放到了传染病区，那个日本小孩剩下的半支血清就给白鸽用了。

白鸽连续七天高烧头痛喉痛，不能吃不能咽水，只能吊瓶打补水针。因为是传染病没有人来看她，她非常想家。她得白喉一个人住在一个传染病大病房，床啊、墙啊、天花板、桌子凳子什么都是白的，她觉得好像被放到一个大白盒子里。高烧时她什么也不知道，烧退了反倒怕起来，因为想到了那些得白喉死去的小孩。她多么盼望有人来看她一下。只有助产士王姐来看过几次，带给她几个大鸭梨。她很想看到家人，可是继母姨来了，站在病房门外隔着门开了一道缝，就说了一句："不要紧吧?"继母姨看了看，怕传染转身就走了。这一看不但没给白鸽带来任何安慰，反而让她更难受，想妈哭了起来。后来王姐来看她，她就问王姐："我家知道我生病了吗?"王姐说："通知了，你姨妈来看过你了吧?"白鸽点点头又摇摇头不再说什么。不曾想与她同在医院的蒙古族小医工门豆豆竟也患上了白喉，跟她住进了同一病房。白鸽见她进来很高兴，因为她不再寂寞有人说话了。门豆豆住院后她的妈妈天天来看她，每次都带来奶酪等好吃的，还带来蒙药偏方熬的药给她喝。好在她没有白鸽得的重，生性活泼又是个话痨子，原本两个爱争吵的孩子同病相怜，在病中越谈越投机，成了莫逆之交。门妈妈带来的水果都会分给白鸽吃，无形中白鸽也得到了门妈妈的母爱。她俩的白喉病都好得很快，门豆豆反而有点担心了，对白鸽说："好了也别出院，出院就要干累活，咱们又不是卖身的奴隶！"果然小寡妇森田看她俩好了，就叫她俩赶紧出院干活。助产士王姐却不放心，想让她俩在医院里多住几天好利索些，对森田护士长说："烧退了咽喉还有白点，没有退净，还有传染性。"故又叫她俩多住了一周。白鸽烧退数日了，可是咽部扁桃体上还有两个小白点，但一出院就往家跑，因为病后太想家了，也不问家人到底有没有想她。

没几个月后小弟也得了白喉，全家人吓坏了，不知怎么治疗才好。有人劝说请鬼神来帮助吧，结果真找跳大神的来了。跳大神的说是讨债鬼来索命了。爸爸问跳大神的："怎么办？"跳大神的说："给一个八十斤重的猪头，讨债鬼就不会要债了。"爸爸说："哪有那么大的猪头啊？"跳大神的说："去了尾巴都是头。"可怜的小弟弟没有很好得到治疗就死掉了。父亲对疼爱的儿子死了很难过，痛苦得无法形容，因为死掉的是家里唯一传宗接代的男丁，他最宠爱的儿子。他几乎有点发疯了，抱着死去的儿子，拿着一把铁锹跑出门往荒郊野外准备埋葬。他一边哭一边走还一边不停地打死去的儿子，问他还讨不讨债了！全家人跟在后边哭天抢地，悲痛万分……回来后爸爸病倒了，很长时间起不了床。白鸽经常在梦魇中哭醒，再也见不到可爱的小弟弟了。为了全家人活命，白鸽每天把自己在医院分的饭拿回家里。由于高度缺乏营养，人瘦得都脱形了。因为她得过白喉，医院说她有免疫力了，所以很多患白喉的小孩交给她护理。白喉死亡率很高，那时白喉血清很少，不给中国孩子用，只能眼睁睁看着这些可怜的孩子们一个个死去，哀鸿遍野，真是“天苍苍野茫茫，哭声不断，亡国之奴，国有殇”。白鸽暗暗下定决心，以后要学医，治好那些有病的人，要让他们活下去。

“勤劳奉仕”之痛

在绥化县立医院第二病栋和第三病栋相连处中间有两间中等大小的病房，每间病房有三张床，是专门为慰安妇准备的。那些被当作性奴的慰安妇每次去日本兵营“勤劳奉仕”回来都会有人染上妇科病，也有不少怀孕的，不断有人做人工流产刮宫，刮宫后总要在病房里休息两天才能回去。那时没有避孕药品，也不许慰安妇生孩子，那些备受凌辱糟蹋的慰安妇一旦怀孕就得刮掉，做人工流产。森田妇长负责给孕妇刮宫，她毫无同情心，刮宫时根本不顾对方拼命哭叫，像对畜生一样不把人当人，手法狠辣，常把慰安妇的子宫刮透，刮透就会得腹膜炎。那时抗生素奇缺，可怜受此酷刑被刮宫的慰安妇尽是屈死鬼。这两间病房几乎从来没有空过，也不许外人进去，平时都住满了慰安妇。白鸽在妇产科每逢周二、周五下午给妇产科准备消毒材料并做术后清理卫生，每次都得端手术盘去倒血肉稀烂夹带雀儿般大小残缺不全的胎儿手脚，那用手术锐匙一勺勺刮下的生灵秽物恶心得直让她想吐；听见刮宫的慰安妇像杀猪一样嚎叫就浑身战栗起鸡皮疙瘩。

这天病房又住进三个慰安妇。其中一个名叫小翠的中国姑娘，还不到 18 岁，与见习看护妇图晓岚还是小时候的邻居。小翠因家太穷被卖到妓院。她到妓院没多久赶上了“勤劳奉仕”，也不知咋搞的妓院偏叫她去充数。当时答应她去日本兵营慰问两个皇军后就叫她回家。可是她去日本兵营后连续不断地被多个日本兵蹂躏，太粗暴，次数太多，柔弱的她受不住了，开始反抗拒绝，故连遭毒打，而且专打她的下身，她下身被打肿，排尿困难，就住进了这个病房。另外两个慰安妇也因那次“慰问”被残酷糟蹋，尿失禁住进来了。病房尿骚味刺鼻，每天得多次给她们换尿垫子和导尿。三个患者受尽折磨，尽管都在美貌年华，可无人怜惜，苦不堪言，哭声断断续续，不住抽泣。

凶狠的“小寡妇”森田妇长听到哭声跑到病房。她一脸怒气喊道：“不许哭！不许呻吟！这是医院，病人最怕听到哭声，你们别给我哭！再哭把你们扔到烂死岗喂狗，到那大声去哭吧！”

白鸽生怕森田说得出就干得出，竭力劝她们别哭。与白鸽当班的图晓岚壮起胆子对森田护士长提议：“她们三人互相影响，一哭都哭；隔壁病房空着，把尿闭的搬到隔壁病房，导尿也方便一些。”森田瞟了一眼图晓岚命令道：“把小翠搬到隔壁病房好了！”白鸽就和图晓岚把小翠搬到了那个单人房间。看小翠病重她俩很是着急，怕森田下毒手，商量着得想办法把小翠救出火坑。白鸽心想这事还得让肥叔来弄，他有法子。于是告诉了肥叔，得到他的指点和帮助。

小翠外阴肿得像大桃子，经看护她的图晓岚不停地给她换热敷才见好。小翠充满感激地对图晓岚说感到自己又活过来了，是图晓岚救了她。图晓岚说：“你被遭残的痛苦让人非常同情，何况我们从小都认识，穷不帮穷谁照应，咱得好好照顾自己呀！我想不知怎样才能把你救出火坑？”小翠感谢图晓岚和白鸽整天不怕脏不怕累地照顾她，否则真被森田护士长扔到烂死岗了。她含泪述说妓院老鸨丧尽天良：“拉不到男人挣不到钱就拿我们姐妹撒气，每天挨打受骂，真是在火坑里生不如死啊。”

白鸽说：“你的病很快会好起来，现已经消肿了，眼看就好了。下一步要做逃出火坑的准备才是。”她神秘地对图晓岚悄悄耳语找了肥叔答应接应，如此这般这般……图晓岚点点头说这样好，接着对小翠说：“过两天病好了叫你出院，你再赖两天，他们医生都会在头一天早上开出院证的；到第四天，出院后别回妓院，从医院逃跑吧！”

小翠疑惑地问：“跑到哪儿安身呢？”

白鸽说：“我和晓岚想好了后再告诉你！这事只是我们三个人知道，谁要是说出去天打雷轰！”三人手按手发誓死活都不对任何人讲。

过了两天白鸽看见医生给小翠开出院证了，下午就同图晓岚跑到病房告诉小翠，还特地带了件不起眼的外套让小翠到时候换上。图晓岚悄声对小翠说：“明天就叫你出院了，现在你已可以自己排尿就说明好了。你明天早晨五点钟起床，给你这件衣服，穿好衣服，从医院东门出去，沿着大马路一直往东走，出东城门，过火车站，再顺大道往东走十来里，就是刘家大窝铺。村里大多都姓刘。”白鸽接着图晓岚的话往下说：“村头有个村子里最高大的院子，门大墙高，你进去找六姑姑，她是我姥姥奶大的，今年 40 岁了还未嫁。不久前我和继母姨去看过她，她送我这个带珠子的发夹，你把发夹带上见到她就说白鸽求你救救我就行了。”小翠问：“后面怎么办？”白鸽告诉她有个叫“肥叔”的会来接应，赶车带她。临了还不忘嘱咐：“从村子再往东走二十多里就可进山了，那里有林厂，到那就是你自由的天地了，找个老实人过日子吧！”

小翠走了以后，妓院的老鸨找上门来了。当时白鸽正得意帮助小翠平安出逃，打心眼里有一种欣慰感：15 岁的她和图晓岚救过一名妓女逃出火坑。她一边清理病房，一边美滋滋想着此事。只见妓院老鸨闯了进来说找人，厉声责问她："小翠哪里去了?"白鸽佯作不知，故意不耐烦地说："她出院了，你是谁呀?"老鸨说："我是妓院的老板娘!"白鸽说："我不管你是什么圈，鸡圈还是鸭圈，病人出院了要交钱，你去交钱吧!"

老鸨愣了，憋了半天才反应过来，忙说："我们是到日本兵营'奉仕'受伤的，住院不花钱。"

白鸽马上轰她嚷道："那你快走，到日本兵营去找日本宪兵队要人要钱吧，快去，快去呀!"

那老鸨一听宪兵队兵营心里就打怵：这可怕的地方谁还敢去呀?白了一眼，灰溜溜地走了，一边走一边嘟囔还扑腾开双臂："三十大洋买的姑娘飞了。"

立志报考护士学校

日本医院里特别讲究阶层等级，有助产士和护士之分，王姐是助产士，比护士待遇要高。她住的房子比护士的大一些，有两张床，一张是自己的卧床，另一张空着。冬天来了，她对森田妇长讲：那两个见习看护妇白鸽和门豆豆没有住处，让她俩住到她房里来，两个小姑娘挤一张床。森田妇长答应了，白鸽和门豆豆两个小姑娘搬进了王姐房间和她共住。白鸽 14 岁，豆豆 15 岁，两个小姑娘挤在一张医院的钢丝单人床上。门豆豆喜欢炫耀：她姐姐家在哈尔滨，她去过，常对白鸽讲哈尔滨如何的好；她姐夫是建筑公司的项目经理，挺有钱；她自己不爱学习总贪玩，逃学，家里威胁不要她了，她赌气跑出来到这家医院当医工养活自己，不久她就要想办法到哈尔滨考护士学校等。白鸽心痒痒的，很是羡慕，在她觉得能上护士学校是她们每一个见习看护妇心目中的最大愿望。门豆豆睡觉不太老实，在床上老是往白鸽这边挤，白鸽一点一点地让她，两次被挤得掉下地。王姐看到门豆豆欺负白鸽，就在她俩床上拉了一条线，中间放了一个热水袋在床上为界。门豆豆不服气，熄灯后在床上用屁股挤白鸽，白鸽生气了，也用屁股挤她，两个人对挤，把热水袋挤破了，水都溢出来了。门豆豆一定要白鸽赔她热水袋，说是白鸽给挤破了。白鸽同意赔却愁没钱买急哭了。王姐问了经过后，把自己的热水袋拿出来算是赔了。白鸽从心里感谢王姐，就把室内卫生包揽了，主动给王姐擦皮鞋洗衣服擦地板，还为她跑腿送信什么的。王姐称赞白鸽勤快，接产时也总愿带着白鸽。

白鸽第一次随王姐出诊接产时，眼见大肚子产妇快生了，产妇拼命地叫喊，白鸽吓得全身发软两腿直哆嗦，而王姐有条不紊动作娴熟，将小孩子接生下来，看到母子平安洋溢出的幸福感，使白鸽触动很大。王姐在接产回来的路上每回都细心对白鸽传授接生技术，告诉她接生是一件伟大的延续人类的工作，不要怕，再脏再累也应该觉得是件好事，还讲了接产的各种消毒工作。白鸽跟随王姐连着去接产七八次后，不但不怕见到生孩子，还给王姐当下手。王姐剪过脐带就叫白鸽包扎小孩护理产妇。白鸽还学会应付难产，看到侧切的经过。经过数次跟随王姐接产后，对有钱人家阔太太生子由王姐亲自接；而对穷人家出诊接产，王姐则站在旁边指导白鸽接。王姐对小白很好，接产后家人会塞给小红包、鸡蛋和吃的点心。王姐把红包留下，吃的东西全都给白鸽。白鸽把吃的东西拿回来和门豆豆分享，说接产的快乐事儿。门豆豆努努嘴说：“我才不想干那脏拉巴叽的事。”完了还不忘扮个鬼脸。白鸽则不理会。在王姐的指导下白鸽学会了接生，这对她以后参加解放军，为驻地老乡接生起了很大作用。

时间久了，白鸽和门豆豆成了无话不说的知己，私底下商量起上哈尔滨考高级护士学校的大事。门豆豆初中毕业，自我感觉良好，觉得考护士学校还是绰绰有余。白鸽没上过中学只是高小毕业，觉得自己考不上，请小门把初中课本拿来补习。数月内语文、历史、地理总算读完了。可数学物理不行，没人教，就请门豆豆当“小先生”，囫囵吞枣，能学多少是多少，而下大力在日语、历史、地理、化学上。对数学、物理所能做到的也只能是一知半解，不至于答零蛋就行。

就这样白鸽一点一点地做准备，经过半年多的刻苦学习，门豆豆的姐姐从哈尔滨给寄来报考哈尔滨高级职业护士学校“哈尔滨日本看护妇养成所”的简章，给豆豆和白鸽一人一份。白鸽真是如获至宝，仔细地看了一遍又一遍，特别是对免费义务学习不收学费，住宿、伙食、服装、生活与学习用品全部免费尤为吸引。学校学习两年实习一年，也就是义务工作一年，三年制。考试日期定在9月，并于11月份开学。成为一名真正的护士对白鸽简直是最大的梦想。因为要考的这所原哈尔滨市立医院高级护士学校在日本侵占哈尔滨后已变为日本人的护校了，必须日语过关。为此白鸽起早贪黑学日语，手不离书，走哪背哪，日语水平有了极大提高，但还怕考不上，争分夺秒抓紧一切时间复习，克服一切困难，为迎考做足了功课；门豆豆却像不当回事，满以为考护士学校不成问题呢（结果和她俩感觉完全相反，白鸽在中、日、韩三国学生中考了第一名，门豆豆反倒没考取，真是太意外了，这是后话）。

小医工救父

一天，有人告诉白鸽她家里出事了。白鸽正在上班，来不及脱下医工服，风风火火就往家跑。路上她站在高处看到一群人围着一个被吊着的人。再仔细一看，跪在那里的一个是她年老的外婆，另两个是继母姨和小姨，而被吊着的竟是她的父亲。看着汉奸拿着鞭子抽打父亲，白鸽赶紧从高处跳下飞快地冲过去，抱着父亲的腰腿用身子护挡着不让抽打。跪在地上的外婆拽着鞭子，哭求那个拿鞭子的人说："不要再打他了，我们家就这个男劳力，打死他我们这些人全都得饿死，求你别打他打我们好了。"再看看那些脚上裹着旧衣物，个别还穿着不合脚鞋袜的劳工个个齐喊："别打他了，别打他了！打我们吧！"白鸽一下就明白是怎么回事。这个拿鞭子的汉奸还要打，叫白鸽走开，看白鸽不动，威胁着在白鸽身上抽了两鞭。

恰好一个日本人带着一队劳工经过，他走过来看见那么多人围着喊"别打，别打"！就高声问道："兜西他挠（什么事)?"

白鸽转过身来，用日语对他说："我父亲是个好心人，看劳工光脚挨冻，用旧衣物给劳工包脚遭到毒打。他是县里有名的'泰山居'大酒楼的领班厨师，他什么都不问，只会做好吃的中国菜。"

日本人一听来劲了，高兴地问："好吃的，哟西?"

白鸽继续用日语回答："我父亲心地善良，看到这帮劳工没穿鞋袜在冰天雪地里光脚挖泥，脚都被冻坏了，再冻就冻掉成残疾了，就把家里的旧衣物拿来把他们的脚包上防冻，你看墙上写的‘王道乐土’（当时日本搞奴化教育的标语），他们的脚在雪泥地快冻掉了怎么走王道乐土？我父亲把家里的东西拿出来保住劳工们的脚免成残疾也算是为了王道乐土吧？还把家里的鞋袜也拿出来给他们，你看他们的脚不是包上了吗？这个工头迁怒就打我父亲。”

拿鞭子的汉奸不会听日本话，不知道小姑娘叽里呱啦在跟日本人说什么。再瞅瞅日本人，只见他对白鸽说：“你父亲会做好吃的，会做什么好吃的？”白鸽有意凑近道：“我父亲会做葱烧海参、糖醋鱼、滑溜里脊，他会用一斤面粉做成一根面条，像宝塔一样，下面大上面尖，那是祝寿的长寿面，除了我爸爸别人不会做，不信叫他给你做做看。”日本人笑逐颜开，一边咽口水一边说：“我得去品尝。”白鸽说：“我们国家有几千年的饮食文化，在世界上可有名了，欢迎你来‘泰山居’尝尝爸爸的手艺。”日本人感到好奇，特意问白鸽：“你是干什么的？”“我是县里医院口腔科的见习看护妇，给小板博士当下手。”那个日本人听了非常高兴：“我正想找医生看牙，明天就去看呢。”说着，让人把吊着的父亲放了下来。那个汉奸想挡，用中国话嘟囔：“他送鞋的时候说了一句‘亡国奴不好当’。”日本人听不懂中国话，这时候白鸽的堂姐小省上前拉住那个汉奸的手，小声对他说：“你还想害人吗？你是不是你爹妈生养的，你不想想你自己的后路吗？害人没有好结果，没有好下场。想想吧，这可是在你老家！”汉奸不吭气了，站在一旁让道给白鸽家人去搀扶她的父亲。

众人帮助把受伤的父亲抬回家里，全家人忙着给父亲洗伤口，他的背部和腰部伤得很重，好心的邻居送来了“三七”活血止痛伤药、消炎药。父亲没太呻吟，只是咳嗽。他对一屋子来看他的亲朋好友说：“你们都看到了吧！这就是亡国奴的日子！没有什么也千万不能没有祖国，祖国啊祖国，我山河破碎的祖国啊!”他掉泪了，后来竟放声恸哭，全家和看望他的人都跟着抹眼泪。他擦干泪水哽咽着说：“没有国就没有家啊，国破家亡，任人宰割，亡国奴的日子真是猪狗不如啊。你们知道我兄弟‘老四’28 岁，多好的年龄，和我两个侄儿福生、寿生，都叫日本鬼子给杀害了。我妻子在那场传染病中也死了，小鬼子搞搞传染病，我们穷人家无钱治病，死了多少人啊，尸横遍野。小日本侵占我们的国土，不叫人活，惨无人道灭绝人性，造孽啊！我今天差点也被汉奸二鬼子打死，我的亲人们你们给我记住，中国人是硬骨头，绝不屈服，宁死不当亡国奴!”等看望他的人都走了，他又对家人说：“我们的八路军在华北，新四军在华东，抗联在东北，在共产党的领导下，我们的祖国会光复的，日本鬼子和那些汉奸绝没有好下场！一定要和汉奸那些民族败类划清界限，要懂得有国才有家，爱国爱家!”说完这些，父亲才闭上眼睛打盹，好一会才睡去。

这时白鸽发现房门边站着一个人，是她同学吴秀芳的哥哥吴秀实。她赶紧走过去问：“你什么时候走进来的？站在门口干啥？快进来坐呀。”秀实忙不迭地说：“当时我一直在那里，看到你父亲被鞭打，真不知怎样救他才好。后来就见你如一个白衣天使般飞来，抱着父亲替他挨鞭子。多亏你啊，用那一口流利的日语救了父亲。我为你的孝心感动，自愧弗如。”说完从大衣口袋中拿出十块钱来，说拿去买点营养品给她父亲，让他能早日恢复健康。白鸽一家连忙谢绝，可最后他还是偷偷把钱放在米缸里了。

“小心一口牙全给你拔了”

第二天秀实到县立医院口腔科来看牙，其实秀实没有牙病，只是找借口特意到医院来看白鸽。他说：“秀芳让你明天中午到家里吃饭。”医院离他家很近，白鸽跟他上他家吃玉米粥。秀实的媳妇眼中明显带着醋意，白鸽心想，以后再也不到吴家来了。白鸽想还秀实十块钱，但秀实说什么也不让还，说那是给伯父疗伤用的。秀实邀她去看电影，白鸽说：“我不去那种黑洞洞的地方。”秀实故意问白鸽：“看过电影没有？”白鸽不客气地说：“告诉你，爸爸可带我刚看过新上映的《火烧红莲寺》。”秀实见拉不动她就隔三差五请假来看牙。白鸽躲都来不及，每每没有好脸色给他：“你牙好好的，别没事找事，小心一口牙全都给你拔了！”此事不知怎的秀实公司的职员知道了，传言吴秀实不是看牙而是去看牙科小护士。几个人先后跑到医院来装牙疼，想看看这牙科小护士到底长啥模样。

那天秀实所在公司的两个职员来到医院坐在口腔科里，正好小板博士不在外间在里间，他俩就大声讲话故意给白鸽听。一个说：“吴秀实有什么了不起，长得也不好，又没有本事，还有老婆，只不过仗着他爸爸是个董事长罢了。他老婆有钱，比他大五岁，他家还不是为了钱。我们公司里个个都比他强，咱你我还不都是从日本留学回来的。”另一个说：“真是一朵鲜花插到了牛粪上。”白鸽本不想理睬，可还是忍不住脱口：“请问先生，你说鲜花应该往哪插呢？”两位职员忙用日语说：“往我的怀里插，我们都没结婚啊，等你这朵鲜花插上来。”白鸽冷冷地还以颜色：“屎壳郎带花臭美！”其中一个戏谑：

“你是啥子水平哟?”白鸽回敬道：“我是小学毕业，你是大学毕业也用不着欺负人！你们不是来看牙吗？我赶快请小板博士帮你们看看是否把牙拔了。”这两个职员一听说拔牙站起来就想溜。其实小板博士在里面全听见了，小板是个正派的日本医生，他走出来说：“站住！你们不看病吗？我的护士是荷花，光看不许摸，明白吗?”他们跑回去后，拉着秀实愤愤地责问他：“你是有妇之夫，为何去找小护士麻烦，真是癞蛤蟆想吃天鹅肉！小心我们把此事告诉你老婆，让她揪你耳朵打死你。”

这两个混账家伙到底还是把吴秀实无病看牙实际想看小护士的事告诉了他的老婆。秀实老婆咬牙切齿说秀实从来不碰她身子，连话都不愿多讲，原来竟有这等事！她打听到白鸽的住处，知道白鸽星期天在家，就跑到白鸽家里，泼妇一样疯骂，把白鸽家人全骂了个遍。家人疑惑，怕白鸽不懂事丢人，也一起责问白鸽。“我从没有做那种丢人的事!”白鸽气坏了，忍无可忍走到堂屋对吴太太正色道：“你不要在此胡骂，我和秀实没有任何不正当关系，不是你想象的那样，还我清白！你要再这样胡闹，我就要告你，让你赔偿我的名誉！再敢来撒泼就别逼我真的去抢你丈夫，看你怎么办？你自己掂量吧。你难道不觉得我有条件找一个比你丈夫更强的，不害臊。”听白鸽这样一说，吴太太灰溜溜地走了。白鸽回头越想越气，自己是多么的不幸，十岁死了母亲，父亲这几天又挨打受了重伤，命运太不公啊！刚认识了一个好人，和他谈恋爱根本没影的事，还被冤枉骂了一顿，不由得倒在床上呜呜哭了起来，家人谁也劝不住。

秀实的妹妹秀芳知道此事后告诉了秀实，秀实马上跑来了，当时就外婆在家，她坐在炕上，盘着两腿嗡嗡地纺线。白鸽还在哭，觉得自己受了天大的委屈。秀实见白鸽哭得泪人儿一个，于心不忍，不停地安慰她，骂那两个挑拨是非的同事。秀实想邀她出去散散心，被她拒绝了。

过了两天，秀实又邀白鸽去滑冰。白鸽一直就想学滑冰，苦于没有人教，没有钱买滑冰鞋，让秀实背了两副跑刀冰鞋，到城外城东电厂旁一条小河教她学滑冰。那儿是白鸽最喜欢去的地方，景色随四季的变化而不同。当冰雪消融的春天来临，湿润的土里钻出了一片鲜嫩的青苗，像曲麻菜、锯锯菜、蒲公英等很多的野菜，正是穷人们尝鲜的好时节；夏天，这里有很多的野花，像紫花地丁、扫树梅，还有牵牛花等，在这片原野上竞相自由开放，河畔垂柳依依，让人流连忘返。白鸽的父亲也常来这里钓鱼，这个地方真是穷人们的宝地。但最美的要数冬天，白雪覆盖了一切，像一片银玉的世界，灌木丛挂满了冰挂，结冰的河面像镜子一样光亮平滑，成了一个天然的滑冰场。这年哈尔滨的冬天来得特别早，10 月底河面上已结了厚厚的冰。秀实带来秀芳的跑刀冰鞋给白鸽换上，拉着她在冰上学滑冰，白鸽高兴极了一点也不害怕。这个滑冰场上只有他们两个人，秀实把住她教她向前弓腰滑八字，白鸽摔了两跤，秀实把她扶起来再教。约摸滑了两小时后，秀实已是拉着她的手倒着滑，这样白鸽就不会摔跤了。秀实带着白鸽渐渐加快滑跑，零下 30 度也不觉得冷，实在太神奇太兴奋了，白鸽长那么大还没那么开心过。很快天要黑了，秀实邀她明天继续学，白鸽还未尽兴，抿嘴一笑当然乐意。

青春在冰河上飞扬

第二天，白鸽迎着朝霞来到小河滑冰场。早晨空气特别清新，白鸽早饭后特地带上四个土豆，那是家里唯一的食物。雪霁天晴太阳出来了，好一幅美丽的冰雪世界，空荡荡的滑冰场只有她一个人。她站在很远的地方就看到秀实背着那两双跑刀滑冰鞋来了，赶快跑上去迎他。

秀实问："你在这站着很冷吧？穿上滑冰鞋一滑就暖和了。"一边说着一边给白鸽换鞋，他自己也很快换上了冰鞋。秀实开始穿着大衣滑，风吹起大衣鼓荡荡的，像健壮雄鹰展翅翱翔。白鸽呆呆地看着他，觉得秀实那样帅，那样潇洒，浑身充满活力。这时秀实滑了过来，拉起她的手，叫她腰向前弯，摆动双手，左右脚八字滑，一次又一次重复，速度越来越快，跑了几圈后，秀实知道她掌握了要领，松手让她自己滑。白鸽开始还有点怕，可是滑着滑着越滑胆子越大。她先是追着秀实滑，后来竟滑到秀实前边了，风驰电掣般长发飘舞，衣服穿得不多还觉得热，鼻尖和脸上都渗出了细密的汗珠，仿佛周身血液都在沸腾，两手配合两脚左右摆动，真是像飞起来的鸽子那样越滑越带劲，早已忘记了一切。

秀实大喊："你滑得太快了，你刚学会了就这样快，太危险了！"

白鸽也大喊着回应："我不怕！不要怕摔跤就不会摔跤，你快追上我啊！"

两人笑啊叫啊，冰河上飞扬青春气息，他俩不知滑了多少圈，直到中午才停下来。白鸽拿出家里的土豆给秀实吃，秀实也拿出面包、香肠，还带来一瓶热水与白鸽分享。这一场冰上野餐太有诗意了，两人从来没有这样快乐过，白鸽满脸被幸福烧得通红，显得比平常更漂亮，更可爱。秀实心头一热，拉住白鸽说："滑冰一停下来就会冷，你靠近我会暖和一些。"白鸽喝着热水说："来，以水代酒庆贺我学会滑冰！干杯！我一点都不觉得冷。"秀实怕她冷把他的大衣给白鸽披上，休息了一阵子后继续滑，到傍晚西边天空出现了晚霞，秀实看着白鸽在冰面上滑冰的优美身姿，赞叹说："看你真像披着霞光的凌波仙子。"白鸽笑着说："这哪是凌波仙子啊，还展不开霓虹羽衣漫卷轻纱和那十里长发。此地好是好就是太小了，我想到松花江上滑也不太大。"忽觉一股诗情涌起，随即咏起一首诗：

我真想去长江滑可惜长江不结冰，
我真想去黄河滑可惜黄河路不通。
想在彩云上看看醉翁亭，
欧阳修没沾酒就已先醉了，
为那高大的山和秀丽的水醉了不再醒……

秀实叫道："好诗，接下去！"白鸽顺着往下瞎吟起来：

往前唯见黄鹤楼，
白云千载空悠悠，烟波江上使人愁。

"往下去呢?"秀实让她接。

姑苏城外寒山寺，
枫林夜泊霜满天，江风渔火伴钟眠。

"那往上去呢?"秀实还没完。

李白留诗白帝城，
朝辞白帝彩云间，千里江山一日还。

白鸽想了想说："不过那是刘备托孤之地，不吉祥，我不想去。我更喜欢长江中段那个岳阳楼，范仲淹老夫子说：'先天下之忧而忧，后天下之乐而乐。'多么伟大的气魄，多么高尚的情操，那可是千古名句！"秀实一心想难倒白鸽，继续问："那还有三峡呢？"

三峡之水天上来……

白鸽忽然止住嚷道："不干，不干，你考我呀？"双手抡拳捶打秀实，秀实猫腰抱头躲避，连声求饶："不敢了，不敢了。"白鸽看着秀实好笑，"噗嗤"一声笑出声来，秀实也跟着嘿嘿地笑，就在大前天秀实还给她背诵李白那无与伦比的诗作："黄河之水天上来……"这下可露馅了，白鸽肚子里就那么点墨水，全倒出来了，哪会写诗啊？

天色已到了月上柳梢头的时候了，白鸽心情也随之黯然，她不想对秀实有任何保留："秀实，今天是你给了我一生最美好的回忆，只怕今日的欢笑将是永远的没有回期。"秀实问："你为什么这么悲观？""下个月我要去哈尔滨考日本高级护士学校，校规很严，三年毕业，不许学生有男朋友，还查信，像个修道院。"白鸽佯作轻松，不想刺伤他却终于憋不住提高了嗓音："知道吗，不准谈恋爱，严禁和男朋友通信，我真的要当三年修女了！"秀实反宽慰她："那我会等你，你去哈尔滨我也去哈尔滨，到哈尔滨龙光贵族子弟学校上学，也是三两年毕业吧。"白鸽不相信他真会那样傻，那样痴，只说了声："要不最后再滑几圈回家吧。"她想摆脱心情无由来的忧郁，说完不等秀实先滑起来。秀实追上来了，身影英姿飒爽；白鸽拼命滑，速度极快，享受到飞一样的感觉，很快又超过去了。秀实惊讶白鸽掌握了速滑技巧，你追我赶，白鸽摒弃一切杂念，滑姿优美炫目，而秀实大口喘着粗气，已明显落了下风。就这样转眼已滑了七八圈，两人招呼着慢慢停了下来。

“现在是‘万径人踪灭，千山鸟飞绝’了，秀实，我真想做那‘孤舟蓑笠翁，独钓寒江雪’。”白鸽颇为感叹。“你不要钓寒江雪了，你钓我吧，我一直等着你钓啊。”秀实看着白鸽一脸坏坏的表情，说着，他张开双臂向白鸽拥抱过来。白鸽内心矛盾，想到他妻子的凶相，双手紧张地把他推得好远，好在他冰上技术好，没有被推倒，只是淡淡说了一句：“回家吧，肚子饿了。”停了一会，接着说：“秀实，我现在觉得热，你看看我，我真想有火把我烧起来，烧成灰，让我成为一个自由元素，最终能和你一起升入天堂。”白鸽不由得吐露出心声，显得腼腆起来，两人就这么站着无语沉默了，好一会儿他俩牵起了手一同往回走。

“你真了不起，三个小时学会了高速滑冰。”回来的路上秀实想逗白鸽开心，尽拣好听的说，还有意夸张把速滑说成“高速滑冰”。白鸽叹道：“还不都是你这个教练的功劳，我只不过是摔跤摔多了，不怕摔反而不摔了。我从小苦水泡大，你在糖罐里养大，我吃的苦比你多得多。秀实啊，你是有钱人家的少爷，从小捧在父母亲的手心里娇生惯养，怕风怕雨，不经风雨怎么可能锻炼成真正的男子汉？”秀实说：“说你好，你竟挖苦我！你刻苦勇敢自信心强的性格优点确实是我欠缺的，你多的东西是我少的东西，所以你和我在一起能弥补我缺少的那一半。”白鸽不知该怎样打消他执着的念头，不得已明确对他说：“你我贫富差距太大，这是我们之间难以逾越的障碍，很难走到一起。我感谢你对我诚挚的心灵，这份纯洁无瑕的友情我将永远铭记！”秀实无言以对，稍过一刻倔强地说：“我一定要去哈尔滨上学，离家去经风雨见世面，我会成长，会坚强的，会给你看到一个不一样的我！”

哈尔滨日本看护妇养成所

白鸽考取了护校，11 月初就要离开绥化县立医院去哈尔滨上护校了。在县立医院当见习看护妇一年多的时间里，简直就如同是森田妇长的奴隶，非但如此，还饱受其他大护士的使唤。生性好强的白鸽在这个时候就决心想当一名正式护士，改变屈辱的命运。

那时候护士很缺，一般有钱的人是不愿意干护士工作的，又苦又累还有传染性，被叫成“高级老妈子”，即保姆的意思，穷人家的孩子才去考护士学校。白鸽考上护士学校，最初是想当上护士以后能挣钱，能改善家里人的生活。为考护校白鸽和门豆豆两个小姑娘从绥化出发坐一个小时火车来到哈尔滨。初到哈尔滨一切都感到新鲜，对什么都有新奇感。白鸽租住在一位家里认识的卖菜的阿姨家里，离门豆豆住的地方也近，便于两人共同复习功课考护士学校。豆豆住在了姐姐家里。护士学校招生简章说：招日本护士 15 名，满洲（中国人）15 名，朝鲜 10 名。中国学生报名人数多达 200 多人。考试很严格，要一个个面试、体检、口试、笔试以及相当挑剔的面检，每根手指头都检查到。细看中国学生长相，丑的不要，说病人看到会不愉快。就这样，通过反复淘汰，从 200 多个中国考生中精挑细选，挑选出 15 个。对日本考生则根本不选择，招 15 个，但报名只有 11 个，全都录取，不管丑俊，也不问考试分数，来一个要一个还凑不够。这 11 个日本姑娘全是日本“开拓团”中种稻子的农民的孩子，也是属于日本下层的穷孩子；对朝鲜考生却把得很严，30 个人报名只选出 4 个合格的，对朝鲜姑娘面孔比分数还重要。考试先生全是日本人，那天口试，先问白鸽煤的成因，又问日本“三种宝”是什么。白鸽面对日本考官用日语流利背出了日本三种宝：“一是八尺镜，二是八板穹取玉，三是天祟云剑。”白鸽得了满分。发榜那天，墙上贴出大红榜单，头一名便是白鸽，第二名王亚清，第三名赵素君，第四名肖婕，第五名袁雪婵，第六名姚聪贤……姚聪贤是赵素君的表姐，赵素君是东北抗联烈士遗孤，父母牺牲后一直寄养在表姐姚聪贤家，这些别人都不知道。但赵素君与白鸽要好，一见如故，无话不说，患难中成了莫逆之交，私下里她还教白鸽唱抗联儿歌：

咚咚咚咚……听那军鼓咚咚咚，
快快快，向前冲，向前冲，
我们这一队大中华小主人翁，
拿着大刀扛着快枪向前冲！

嗒嗒嗒嗒……听那军号哒哒哒，
快快快，向前冲，向前冲，
我们这一队大中华的小娃娃，
拿着大刀扛着快枪骑着大马，
打了胜仗，回来啦！

有一回，赵素君她们两个还蒙在被子里，教会了白鸽唱《义勇军进行曲》：

起来，起来，不愿意做奴隶的人们，
把我们的血肉筑成我们新的长城……

遗憾的是门豆豆落榜了。豆豆哭了，白鸽也哭了，两个情同手足的孩子如今真要分手了，怎能不叫人泪奔，难舍难分？

护士学校开学那天很隆重，搞了个开学典礼。会场上第九期一年级新生，和第八期二年级学生一起共 60 个学生，身穿清一色的蓝呢子上装下配百褶裙学生校服，头发齐耳根剪得短短的非常精神，个个像扣了一顶黑色钢盔的童子军，神气极了。主持司仪是舍监助理，护校第一期考第一的神田良子，长得白白胖胖，天生一张讨人喜欢的开心大嘴巴，看你时仿佛永远是在对你微笑，让你不由得受到感染也跟着微笑。她逐一介绍了台上就座的校长，由哈尔滨第一医院院长兼任的家原小文治，外科主任德高望重的森博士，教导主任上村博士和舍监关一，那位深受学员敬重的优雅的知识女性等学校负责人。但给白鸽留下印象最深的则是特邀嘉宾“四朵银百合”——学校培养的历届毕业生中最为出色的模范护士，她们分别是护校第二期考第一的眼科妇长大平芳子，第三期考第一的手术室伊藤，第四期考第一的妇科尉素清，第五期考第一的手术室杨焕琴。大会在齐唱《护士之歌》中开始，这首歌伴随了白鸽成长的一生。

我们是白衣天使守护人类宝贵生命
救死扶伤是我们的天职
肩负神圣使命永志不坠
敬业敬职任劳任怨何惧安危
成长在追寻理想召唤——希望之光心之所归

你看那救助伤残病痛不顾战火纷飞

热血灼燃黑暗勇敢无畏
哪怕流血流汗决不流泪
南丁格尔擎灯我们紧紧跟随
燃烧在岁月忘我奉献——无上荣光青春无悔

歌声在空旷的会场上回荡，在每个怀揣梦想的少女心中共鸣。唱毕《护士之歌》，神田请校长训话并递上新生名单。校长家原小文治西装革履，脖子上系黑色蝴蝶结领花，往后梳的大背头已两鬓斑白，颇有学者风度，他用手指推了推架在鼻梁上的秀郎眼镜，环视台下新生，声音和缓地按考试排名念了每一个新学员的名字，代表学校热忱欢迎她们“光荣地成为护士学校第九期新学员”，并勉励说：“护士工作是人类最伟大的基础事业，我为你们的选择感到骄傲，人的生命至高无上，护士是守护人类健康的白衣天使，是富有神圣使命感的崇高职业。”希望新学员“坚定爱的奉献，努力学习，将来成为优秀护士”。接着学校历届最优秀的学员，被誉为“四朵银百合”之首的大平芳子走上台前，她那高频有些刺耳的声调略发颤音似极力抑制内心的激动，高挑的身材身着护士裙服亭亭玉立，头顶护士帽端饰有一枚别致的银发卡，在阳光下熠熠闪耀。白鸽内心赞叹：“好一朵‘银百合’啊，太神气，太令人羡慕了。”不由分神而无法专注，直至大平结束时激昂的语调让她回过神来：“新的女性就要建立起事业上的个人野心，哪怕以牺牲个人幸福为代价！诚然，在世俗眼里，女性追求事业与成功并非好事，甚至是一种坏事，违背了‘三从四德’礼教传统，但我们有理由为进入哈尔滨高级看护妇养成所而骄傲！追求理想迎接挑战，立志献身于护士事业！”大平以一个标准的军礼结束了激情演讲的祝辞。最后神田请新学员代表白鸽上台表决心。白鸽过于紧张，心扑扑地跳，她痛恨日本侵略行径欠下了多少血债，告诫自己不要流露出仇恨情绪，闷头一口气读完了手中那在头天晚上翻来覆去修改的决心书，满脸憋得通红，脑海里一片空白，嗫嚅着流汗，只知道自己蠕动的唇是在反来复去念“台词”：一定好好学习将来成为好护士。原本肃静的会场台上台下发出小声的嘀咕和一阵阵惬意的笑声，弄得白鸽不好意思地低下头闭上眼睛，感到自己也在发笑。

散会后神田良子助理留下新生专门介绍了护校师资和校规等情况。这是日本在哈尔滨办的一所高级护士学校，隶属于哈尔滨医科大学附属第一市立医院，挂牌“哈尔滨医科大学附属第一医院日本看护妇养成所”。学校设在哈尔滨第一医院对面，隔着马路一栋两层楼。校舍打扫得非常干净，地板擦得很亮，人影可鉴。走廊很宽，可供学生课外活动；教室很大，可用于演练病房的护理操作。楼下一排是教室、餐厅、接待室、活动室、会客室；对面一排是一、二年级被称作菊组的满洲国学生宿舍和舍监办公室兼卧室。其中学生宿舍第一室、第二室、第五室三个房间，每间住六人，三个一年级，三个二年级，均按学生考试的名次向下排序住，白鸽住第一室一号床位。楼上住日本和朝鲜学生，称蓝组，房间也是按她们考分高低依次序排的，全是榻榻米，日本式大拉门。舍监助理神田良子也住在二楼，房间很大可作办公室，也用于授课辅导学习。

“拉库他一”的敬礼

开学那天下午还举行了欢迎仪式。“哈尔滨日本看护妇养成所”大门内的影壁前面整齐地站着二年级全体学生，她们列队欢迎一年级新生，把新学员一对一迎进教室，由舍监助理神田良子一一介绍让大家相识，而后请主管学生的关一舍监训话，介绍学校情况。学校有两个年级：一年级和二年级，按严格的规章制度统一管理，限定个人自由行动，严格执行纪律条例、卫生条例、请销假制度等校纪校规；不许学生看学校规定学习以外的其他书籍，不许谈恋爱；按发榜名次顺序，以考试分数排座次：卧室、床位、餐位、教室座位；按时作息，起床动作要快，走路声音要小，更不许喧哗、吵闹，一举一动让人感觉你是一个有素质、有教养的人，是一个非常关爱患者，富有同情心的白衣天使。日本学生系深蓝色领花称蓝组；满洲学生系咖啡色领花称菊组。菊组由第一名白鸽任“辽长”（班长）；蓝组由海老原任辽长，她是个嗓门粗哑，讲话带点大舌头，加上走路有点憨态男孩子气，与吃不饱肚子不长个子，一副娇小模样的白鸽截然形成对比。上午上四小时技术课。上课时老师进教室，辽长要喊：“立、礼、坐！”无论上课、吃饭、休息，都是统一吹哨音。上午由二年级学生带着一年级学生到课室打扫卫生，下午到实验室消毒材料，各一小时。日本人为节省费用，学校各种杂活都交学生干。每天由学生轮流值班管理，二年级管一年级，一年级听二年级指挥，必须绝对服从；一年级学生做错事二年级学生可以体罚一年级学生，一年级学生受其训责，挨打时不许还手，挨骂时不许还口，还得说：是，是，是！美其名曰“文明教育”，实际是搞奴化教育。

开学第一课就是学敬礼，上楼、下楼来回敬礼，且严格按照规定上楼、下楼靠右边走，走路要轻，离两个台阶敬礼。凡见到二年级学生、护士、医生，都是上级都要敬礼；对上级训话不许反抗，只能回答：是！是！是！——敬礼！在走廊遇到要敬礼，在外面遇到也得敬礼。弄得年纪最小、长得娇小可爱、长长的睫毛说话时眼睛一眨一眨，大伙都管她叫“芭比娃娃”的陈凤玲紧张得都忘了敬礼用哪只手，走大步迈右腿抬右手，迈左腿抬左手，大家一笑她更慌了，竟闹出抬左腿用左手敬，抬右腿用右手敬，整个把人都练昏了。连着一周这样操练，还闹出了笑话，因开学就已分科室包干打扫卫生，那天，新生肖婕、倪金玉和大眼陈凤玲去儿科打扫卫生，儿科日本医生并木到科里来，此人小个子总好扬着下巴透过眼镜打量人，傲气十足。他进来时三个小姑娘没有注意到，就没给他敬礼。

并木医生大喊："站住！站住！我进来你们为什么不敬礼？"

三个姑娘忙撂下手中活，站得笔直答道："是！"

并木生气地吼道："嘿！你们不尊敬我吗？"

她们没反应过来，紧张而恐惧地高声齐答："是！"

并木暴跳了："你们瞧不起我吗？"

三个姑娘听不懂，不知所措，使出更大的劲喊："是！"

并木先生气急败坏，边骂"八嘎！八嘎"，边冲过去要打她们。三个女孩吓得丢下水桶、抹布及扫把哭叫着往外跑。并木追上去用脚踢踹她们。追到护校门口迎面碰上神田良子助理，不问三七二十一并木劈头就责备："神田，你不会教学生，她们只会说'是！'不给我敬礼，我看她们是瞧不起我吗？她们还回答'是！''是！''是！'岂有此理！"这回舍监助理神田良子不笑了，只是冷冷地回答："学校里从不教满洲学生'不是'二字，并木博士难道会不知道？请你原谅！"这事传开了，中国孩子在日本护校只能说"是"，决不说"不是"反倒成了"搞笑"。菊组生凑在一起你捅捅我肚皮，我捅捅你肚皮，憋住笑说"是！"快活得让大家笑破了肚皮，为在学校备受歧视而压抑的日子平添了几分"幽默"。

绷带学与医德课

学校作息制度严格。早晨6：30起床；10分钟整理内务；随即到科室搞卫生；7：30早饭；8：00上课至12：00；12：30吃午饭，中午休息1小时；下午学习1小时后又到科室去搞卫生，做材料或实习，周而复始。按关一舍监的说法，“在我们这里培养出来的学生，个个都是最好的护士，技术门门精湛，动作手法又轻又快，决不允许粗手笨脚马大哈。”

关一舍监给各期学生教绷带学，包扎三角巾，她参加过东京急救比赛，她的绷带学和三角巾都得了第一。她讲绷带学，每人手里的绷带都不许落地，落地就是零分。绷带松开，卷起，要求紧、齐、快，时间超过两分钟就算不及格。舍监示范缠绷带，又快又好，头部缠得如帽子，层层相差无几，完全一样，其他各个部位，特别是肩、肘、膝关节缠得既美感又不会脱落。学校非常重视这门课，要求很严，每个月至少都有两节这样的训练课。她把绷带、三角巾发给学生，没有事的时候在宿舍自己练，次数越多越好，熟能生巧，每个学生都得100分，否则决不让你过关。急救学由医院外科今村医生讲，有时也由舍监负责讲，包括肢体骨折固定、搬运、人工呼吸、止血，让学生反复练习，力求尽善尽美。她教得非常认真，一丝不苟。这些看似都是小事，但后来她们中的许多学生参加了中国人民解放战争，在前方抢救伤员时谁也无法回避的战地检验中，让人真正体会到严格训练所起的作用。

护理课由舍监助理神田良子在宿舍二楼她的“榻榻米”大房间代讲。学生们不爱听，就在私底下传递条子开小差。兴

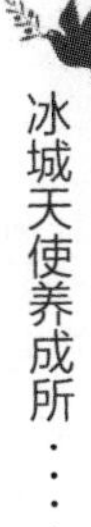

许由于她表情太过丰富，一班学生总觉得像是在看滑稽表演，时常惹起一阵哄堂大笑。这位“先生”语速本来就快，一紧张便囫囵不清，结巴起来，脸也憋得通红。她肚里也就存那点货，做辅导可以，授课还欠火候。学生们当然更乐意关一舍监讲医德，那是护士必备的道德品格素质教育。

关一舍监讲医德课像讲故事一样，人人爱听。听课时日本女学生全跪着，好像坐在自己的脚心上一样；朝鲜学生也学着这样跪着；满洲学生则盘着腿或伸着腿坐着，否则连续站上几小时听课一般坚持不了。关一舍监说，护士要把病人看成自己的亲人，同情病人，爱护病人，胜似对待自己的父母兄弟姊妹。她问：“病人大便拉不出来怎么办?”课堂上有的说吃泻药，有的说灌肠。接着舍监又问：“如果这些办法都不行怎么办?”见没人吱声了，便把眼光转向白鸽。白鸽答道：“把手指涂上油，在病人的肛门上划圈，让肛门口放松，再用手指抠下最硬那块粪便，后面的粪便就自然出来了。”舍监非常高兴，她并不知道其实白鸽做见习看护妇时看见过这样的做法，连说：“好，好，这样才是好护士！记住，为了病人我们要不怕脏不怕累，千方百计为病人解除痛苦，永远把护理的病人当作是自己的亲人。”她感慨历届培养出了多少优秀的护士，鼓励新同学：“从我这里培养出来的护士，个个保质保德，尽心尽责，无不成为守护伤病员的好护士。”接着又问：“你们头上顶着的帽子是白色的，为什么?”“为了洁净头发。”海老原举手用低哑的嗓音说。舍监问大家：“她说得对吗?”“她说对了。”大部分学生都这么回答。舍监继续问：“还有呢?”白鸽站起来说：“海老原说对了一部分，我认为护士的白帽子还代表高尚纯洁，是爱护病人的象征。”舍监点头示意正确，并说：“护士如果对病人不负责任，粗心，就会给病人增加痛苦；打错针，吃错药，甚至会危及病人的生命。护士不允许有任何粗心大意！记住了吗？明白了吗？”连说了两遍，学生都回答：“记住了，明白了！”舍监这才放下心来，她补充说：“如果对病人有粗心不负责任的现象，轻的处分是把护士帽子拿下来，不戴帽子的护士，那就意味着受到处分，一般没脸见人，只好偷偷待在库房去做敷料。”听得大家都笑了，相互看着似乎是在寻找谁将会是下一个，但更像似在相互勉励“我们决不会那样丢人”！

米扫汤

学校饭厅是西式餐厅，一条长桌两种待遇。日本和朝鲜学生与满洲学生面对面坐着，一排是日本人和加入日本籍的朝鲜人吃大米细粮；另一排是中国人吃高粱米粗粮。菜饭定量，每人每顿一碗饭、一碗汤菜，外加一碗米扫汤。每天派两个日本学生和六个满洲学生为值日生到大厨房打饭，两个日本学生拎大米饭桶，两个满洲学生拎高粱米饭桶，还有两个抬汤菜盆，另外两人一个端米扫汤，一个拎大水壶。日本学生打日本的大米饭；满洲学生打满洲的高粱米饭。日本学生基本能吃饱；满洲学生只能吃七八分饱。汤菜每人一大勺，配上一碗用黄豆粉加上土豆片做的“米扫汤”。吃完饭后用汤先涮菜碗再涮饭碗，一颗饭粒都不许浪费全喝掉。吃不饱还有一大壶茶水，喝水不限制，要喝多少都行。一般满洲学生每顿都要喝一两碗茶水把肚子灌饱。吃饭的差别让中国学生深感做亡国奴的屈辱。老厨师陈伯看着白鸽她们这些中国孩子普遍患有营养不良烂口角，又都在发育期个子长得小，心里着急，打饭时总多给一个饭团，不叫日本学生看到，并把大米饭锅巴全都刮下来匀给满洲学生吃。因为那种苛刻的定量这些中国娃是吃不饱的，大家心知肚明，都装作看不见，谁也不闻不问，明摆着中国人低人一等的伙食待遇差别使中日学生间横生一条人为的鸿沟，互不理睬。

班里年龄最小的赵素君和肖婕两个小丫头凑在一起总好惹是生非，是十足的淘气鬼，入学不久为吃不饱就挨了两次严厉训斥。先是因为吃不饱两人偷着从后门溜出去，跑到对面街口小亭子去买玉米大饼。不料还没去到马路对面就碰上身高马大的山田妇长，见她俩都穿着校服带茶色领花，一看便知道是护校一年级学生，山田二话不说一手抓一个，喝道："想逃跑？没那么便宜！"她俩争辩："不是，不是的！""那想到哪里？"面对山田妇长逼问，她俩谎说："散步，是散步！"山田把两人抓回院子，碰巧在与别人说话时撒开了手，两个小丫头抬腿就跑回宿舍去了。晚上山田妇长叫舍监点名检查，并指定是一年级学生。关一舍监点名时厉声道："如不承认就请山田妇长来指认，加重处罚。"赵素君和肖婕两人垂头丧气默默举手承认，受到舍监当众一番训斥后在影壁下罚站两小时，两人不时悄悄挤眉弄眼，不敢动弹一下，腿都站软了。没过两月她俩又故伎重演，晚间饿得憋不住了偷着跑出去买了大饼、包子回来想给身边饿馋的同学也咬两口。不想忘了关学舍大门，被风刮得哐哐作响。听到后面有人用日语喊"关门"，她俩未回头，只当是门卫，用日语回答了一句："你替我们关上吧。"说完就跑了。不想后面有人赶上来了，她俩回头一看竟是细菌老师今野先生！吓得她俩径直跑回宿舍要往床底下钻。此时今野已跟进屋子，见宿舍里围了十几个女学生，那张鼻唇沟像刀一样深深镌刻的脸逐个扫视姑娘们一张张惊慌的脸，随后搭摸每个人的脉搏，通过诊脉认定脉跳过速，把她俩逮了出来训骂一顿，并拽到大门影壁下在寒风刺骨中又是罚站两小时，多亏白鸽这帮姐妹送去棉大衣御寒，否则真给冻僵了。好在那天舍监不在，没准还要加倍处罚，因为她俩违反纪律已不是第一次了。其实她们是听舍监吓唬要在院墙后门放条大狼狗当真了，怕再也没机会买烤饼吃了，才摸黑溜出去，只是运气不佳，总被逮个“现行”。

学校规定只能讲日语，不许说中国话，一说中国话日本学生就会说骂她们。中国学生会日本话，日本学生不学中国话，认为中国人是“拉库他一”（落后的民族），被人瞧不起。即使中国学生对中国学生也得在日本学生面前说日本话，否则就会被警告，又该说骂她们了。满洲学生气不过，当真用中国话回敬，反正她们不懂，背地里几乎都给起了绰号：舍监助理神田有两个绰号，叫“笑面虎”和“巴苦下”（荷兰猪），日本辽长海老原叫“大米虾”，米田叫“小米虾”……每每满洲学生相互间说中国话，日本人听见就会呵斥：“闭嘴！你们说的什么?”此时满洲学生就会用日语应付：“说你们长得美……”实际是在挖苦她们，她们还真挺高兴，笑眯眯地走人不管了。老师上课全是用日语，学生答题也是用日语，考试卷子全用日语。一张课桌坐两个人，满洲学生与日本学生搭配坐，白鸽和米田因个头矮同坐前排的一张桌子。开始米田瞧不起中国人，坐在桌子上老是往白鸽这边挤，削铅笔的笔屑也往她这边扔，说日本是高贵民族，满洲人是“拉库他一”。

我们不是“拉库他一”

在哈尔滨日本看护妇养成所这所日本人办的高级护校里，无处不在的民族歧视让中国孩子憋足了气。面对日本学生欺压

满洲学生的屈辱，激起了满洲学生对日本学生的反感，力图奋发自强，在白鸽的带领下决心用考试来证明看到底谁是“拉库他一”。

白鸽对米田说：“我们不是‘拉库他一’，我们是最优秀的民族，比你们强。不信咱们考试看，谁考得好谁优秀，谁考得不好谁就是‘拉库他一’。”然后在桌子中间画一条线，两人谁也不许过线。平日里白鸽还时时鼓动班里的菊组同学加紧复习功课：“咱们考试要力争头十名，一定要比日本学生强，证明咱们不是‘拉库他一’，给中国人争口气。”白鸽并非靠聪明，她把每天学的课程记到本子上，课堂认真听，晚上熄灯后还躲在被子里复习。这是她的利器，成就了她总是考第一。当然，她不想把第一让给别人，更不想当“拉库他一”，所以她一直努力学习，唯恐成绩下降。考试分数公布后白鸽就问米田：“谁是‘拉库他一’？”米田考得不好不吱声了，但心里不快也不肯认输，噘着圆嘟嘟的小嘴摆弄手指头，一副尴尬相。其他的日本学生都站了起来探过身问：“怎么了？”米田嘟囔着扭捏微转动身子：“我自己没考好，不如她好。”那些日本学生发出一阵嘘声：“欧卡西（可惜）。”此后日本学生再也不敢轻易说中国人是“拉库他一”了。

白鸽带领菊组学生与日本人在学习上的较量取得了胜利，满洲学生在头十名中占了八名，而倒数十名中，日本学生竟也占了八名。日本学生已越来越落后于满洲学生，屡有不及格。舍监气得跺脚，大骂她们不争气，称历届从未有过如此耻辱，要她们用功超过满洲学生，日本人的脸都给丢尽了！日本学生又气又恼想要报复，挨骂后苦着脸就来阴的。她们晚上抓了只大老鼠偷偷放在白鸽的被子里，夜里老鼠咬了白鸽，头被咬出了血，白鸽被惊醒吓得大叫起来，不知道是什么动物咬了她。神田跑过来看见了忙给她擦碘酒，第二天舍监还带她去打

“606”（一种很剧烈的抗病毒药），预防鼠咬症。满洲学生都猜是蓝组日本学生干的，因为那时日本籍学生每人每月可以领到十元出国费，她们全住在二楼，用这十元钱常买零食，像饼干、面包片、糖果什么的，所以二楼常招老鼠；而菊组满洲学生住一楼没有钱买零食，室内空无食物也无老鼠，此事可想而知。白鸽被老鼠咬后，吓坏了，连着几天夜里不敢睡觉，怕老鼠再来咬。满洲学生实在气不过，纷纷力挺白鸽，听白鸽的，因为白鸽是她们的领头羊。白鸽对自己的中国同学说，我们不会屈服，下次考试我们要全拿前十名，把倒数十名都留给二楼（日本学生），让她们“拉库他一”去吧，“让舍监再骂她们，看她们的笑话，给咱们中国人出气!”满洲学生抱成了团，一下课就互相帮助，对头几次考分稍落后的几个同学一对一帮助，抓住一切时间把老师讲的课背下来，晚上熄灯后厕所灯开着，就蹲到厕所去背书。结果期考，头十名全是中国人，白鸽每门功课均得一百分，赵素君考第二，肖婕考第三……所有满洲学生都在 90 分以上。舍监很纳闷：“今年奇怪了，为什么学生倒过来了，往年前十名都是日本学生多，今年是满洲学生考在前面，难道是日本学生真不行了?”神田光火了，把日本学生劈头盖脸大骂一顿，越骂越生气，对考最末不及格的几名日本学生各扇了两耳光。一年级的日本学生把被打的事告诉了二年级的日本学生，哭着想让她们帮助出气。

白鸽有点近视，在光线暗的地方看不清领花颜色。有一次遇见带蓝色领花的二年级几名日本学生没有敬礼，日本学生就叫她站住，冲过去拉住她就把她推倒，一边骂“八格”，一边用脚踢。白鸽抱着头任她们踢踹，心里清楚这可能是班上的日本学生向二年级的日本学生告状，说白鸽瞧不起日本学生故而挨打。挨打以后，白鸽见了对面有学生来就敬礼，结果常错给本班的同学也敬礼。同学开玩笑问为什么给她们也敬礼？白鸽无奈地说："真的有时候看不清楚领花颜色。"学生们听了哈哈大笑，白鸽自己也跟着苦笑。平时菊组的中国学生亲如姐妹，没一个人向日本人打小报告说坏话，即便有谁有点小缺点，出点小纰漏也会帮忙瞒过去，从没有像日本学生那样说自己人的坏话，有困难就互相帮助。有一次袁雪婵因上卫生间拖沓平白无故遭到神田助理训斥，忍不住骂了声"王八犊子"。神田满腹狐疑地问"王八犊子"是什么意思？汪素兰和李兰抢着说是"祝你长命"。神田仍有点疑惑，但还是说了声："难得你们好心，谢谢！"真没追究了。

冬天的早晨冰封雪冻，白鸽在擦医院门诊大厅的地板。两个日本二年级学生叫白鸽把擦地板的脏水倒到外面的坡下去，那可要过横马路。医院室内温度20度左右，室外零下20度上下，温差相差40度。白鸽提着水桶到外面坡下过了一条横马路去倒水，回来的时候却见医院的大门紧闭，她在开医院门诊不锈钢门把的大玻璃门时湿手掌被冻得黏在把手上拉不下来。白鸽急得哭着喊："救命！救命啊！"关一舍监从玻璃里看到，急忙拧开门锁跑出来把自己的大衣解开包住白鸽的手，慢慢地把白鸽的手拉下来。白鸽手掌的皮拉破了，渗出了血，舍监心痛地问："谁叫你往坡下去倒水的？"白鸽含泪说："是二年级蓝组的姐姐。"舍监进到厅内大声斥问："是谁？是谁？快说！"日本二年级的学生相互推脱，都说不知道是谁说的就赶紧逃走。白鸽也不记得那两个二年级姐姐叫什么名字，只好说没注意是谁。舍监叹了口气嘉许说："你不告发害你的人，真是个善良的好姑娘！"

奴化教育与“修道院”

哈尔滨日本看护妇养成所实行奴化教育，受民族压迫的影响，高班压低班，日本人压非日本籍学生，高年级打低年级学生不许还手……在这种环境毒化污染下，二年级中国学生对同是中国人的一年级学生也不客气，习惯于颐指气使，无论是校舍卫生、病房卫生或环境卫生，总是叫一年级生多干事少说话，动辄呵斥打骂；二年级生回宿舍一年级生赶快乖乖地给铺床一句话不敢说；有时心血来潮，二年级生会把一年级生召集到一间宿舍，让每人唱一支歌或跳舞疯闹寻欢，甚至个别宿舍里对已躺下睡觉的也不放过。一次二年级生让一年级赵素君、肖婕、陈凤玲、倪金玉四个爱唱歌跳舞的小姑娘穿着睡衣起来给她们跳舞看，朝鲜舞、满族舞、日本舞……只要想得出来的都让她们来一段，折腾了大半宿，四个小姑娘先后都哭着跳了才肯罢休。要是稍有抵触，二年级生就在大伙吃饭时冷嘲热讽，被伤害的人不敢反驳一句，只是低着头含着眼泪吃饭。这种中国人欺辱中国人的事常有发生，白鸽深恶痛绝，对来自二年级同是被压迫的姐妹失去正义感、失去良知，对受同胞欺压倍觉心酸。在此学习虽衣食无忧，但在心灵上却有说不尽的伤，道不完的痛。

关一舍监和神田助理不许护士生看小说，谁看小说就没收，她说小说上写有爱情，会把思想看坏，但神田却常把没收来的小说拿来自己看而且看得津津有味。当然更不许学生交男朋友了，不许和男朋友通信，来往信件她们都要检查，护校几乎成了修道院。

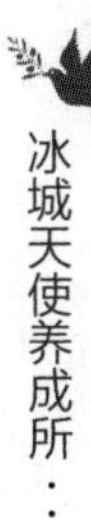

有一次来了一个男孩子，文质彬彬的像个大学生。那天正由二年级一名相貌老成的日籍朝鲜“二鬼佬”当班做门卫值日生，问他找谁。他说：“找王亚清。”问：“什么关系?”“是朋友。”他有些腼腆，不太好意思回答“二鬼佬”的查问。没料“二鬼佬”端起一盆水朝他兜头泼了过去，并警告他“此处不许交男朋友”，叫他“向后转，开步走”。要不是那个大学生躲得快早已成落汤鸡了，他看着自己半湿的衣袖，遭此狼狈辱骂，头也不敢抬，嘴里骂骂咧咧：“给日本人办的学校看门就把自个当狗啦!”负气走了。王亚清眼巴巴地看着男孩子走了，碰上这样的值班员谁还敢招惹。菊组的姐妹们打抱不平，背地里叫这位“二鬼佬”是“惹不起”。蓝组的日本生幸灾乐祸，干脆奚落：“王亚清的男朋友是落汤鸡。”她们因学习上比不过中国人尽挨批抬不起头来，实在找不到比这更好的机会贬损中国人了。

关一舍监和神田助理除了总管在校生的学习生活外，校内日常事务一般都通过学生值班来进行管理。无论吹哨，起床，出操，上课，劳动，打饭，卫生，往来事务与接待工作都由值班生统一负责。晚上的时候值班生都得向舍监汇报一天的情况。有一天轮到白鸽值班，按规定早晨6：30起床，白鸽生怕睡过头紧张得失眠，迷糊到半夜突然惊醒，竟鬼使神差把3：30看成了6：30，吹错了哨子，半夜把大家都吹起来了。只听到那个二年级辽长厉声高喊：“不对，不对！谁吹的哨子?”简直把值班的白鸽吓坏了，一些日本生追着要打她。本班的几个中国同学帮着挡，她一个劲儿往后退，结果把后面整一排鞋柜给碰翻了，惊动了舍监跑出来，知道是白鸽值班吹错了哨子，只因白鸽是学习尖子而有意袒护，把那些发怒嚷着要揍白鸽的日本生都拦回去睡觉，白鸽才少挨了一顿打。天亮了，6：30吹哨子起床，大家都跑去找鞋，鞋子都放错了，大一只小一只的，白鸽又挨了一顿臭骂，“八嘎，八嘎”不停，头都炸了。要不是班里中国同学这帮好姐妹有福同享有难齐帮，真不知要吃多少苦头。白鸽的父亲特意从家里带来一篮子亲手烤出炉的烧饼来护校看望，白鸽非常高兴，把爸爸带来的烧饼给每个中国同学都分了一个，大家站在那里吃烧饼。日本同学也都跑来，站在一边看她们吃烧饼只有眼馋的份，还忍不住问："烧饼好吃吗?"白鸽爸爸看她们馋得很就对白鸽说给她们也尝一点吧。白鸽把剩下的烧饼一个掰成四瓣，每个日本学生只能吃上那一小瓣，她们将烧饼捧在手心里，吃得喷香，舍不得掉一点渣子，吃了后还连连咂嘴说“欧衣西，欧衣西”。白鸽对爸爸说大家都夸你做得好吃呢！爸爸也乐了，说下次还带更多些来。

楼道里的假日

学校规定每两周有一个休息日，本市的学生可以回家，非本市学生不允许外出必须留校。家住哈尔滨的同学休息日这天，穿着毛料制服回家。整个哈尔滨仅有两所护校，学生穿校服似在攀比哪所护校的更时髦，美得真是让市民眼馋，而白鸽她们这些菊组的学生只能留在学校自娱自乐，还将这一天取了一个美名“楼道里的假日”。

开学三个月又到了双周日，本市的学生与二年级姐姐全走光了，只剩下一年级菊组这帮满洲同学，她们聚集到1号室白鸽的房间，顿时热闹了起来。她们当中数姚崇贤最能逗，也最有钱，别看她是个大家闺秀，平时外表斯斯文文，挺清雅很高贵似的，但在众姐妹眼里她天生就是一个大笑星，特会逗乐。

她讲起笑话来可来劲了，边说边比划，有声有色，毫无顾忌，让人笑破肚皮。

笑星姚崇贤一进房间就问："你们知道吗？这次分科劳动，我调到了'下人科'了。你们猜是什么科室？"满淑荣说："拔牙科。牙科最吓人了，对吧？"姚似乎不屑："上下差远了。"王亚清说："外科。外伤流血吓死个人，外科该不会错吧？"说完用疑惑的眼光环视众人并寻求认同。姚故作神秘状："这更远了。"大伙面面相觑："那'吓人'不一样吗？"姚流露出得意之色："让我告诉你们这些笨蛋，连下人都不知道，鸡下蛋总该知道吧？那人下人不一样吗？"大家被逗得七倒八歪乐翻了天，只听她接着说："你们别笑得太厉害，更好笑的在后面呢。因为那全程我都看见啦！"她先是学那大肚子产妇哭叫，接着生出娃来又是欢笑，突然变得神秘兮兮地说："当她见到她丈夫来了……"话说半截拽过王亚清就往脸上吻得叭叭响，王亚清见她动作太夸张了，大叫："饶了我吧！今天厕所停水，我到哪去洗你这些臭口水哈喇子！"小姚丢开王亚清转过身又去吻袁雪婵，小袁滑脱躲开了，满屋人被她追着跑，吓得直嚷嚷："我们不是你丈夫，别再认错人……"整个屋子都疯闹起来，枕头、垫子满天飞……小姚格格地大笑起来："我叫你们笑饱肚子就不知饿……"白鸽早已笑得直不起腰，按着肚子让她别闹了，小姚也上气不接下气，笑得累歪了说："那就是说来个乐和的吧！"并指着王亚清和袁雪婵："是不是该让她俩来段东北大秧歌？"直接把床上的枕巾一抽塞在她俩手里了。她们两个对望一眼笑笑，王亚清就带着雪婵扭起来边唱边跳：

一个灯笼绣在正东，上绣红娘下绣莺莺；
红娘莺莺一起绣，绣出司马小张生。

两个灯笼绣在正南，上绣吕布下绣貂蝉；
吕布貂蝉一起绣，绣出董卓大贼奸。
三个灯笼绣在正西，上绣牛郎下绣织女；
牛郎织女一起绣，绣出王母两分离。
四个灯笼绣在正北……

“哎呀！说不了了，忘了，忘了！”见她俩说着不好意思停了下来，白鸽接道：

四个灯笼绣在正北，上绣神田下绣舍监；
神田舍监一起绣，绣出菊组天使15个好姐妹！

正当大家拍手叫好时，不知这欢闹声何时把关一舍监也吵了进来，一直就静静地站在门口。白鸽抬眼看到忙喊：“立！礼！坐！”学生们迅即鸦雀无声，齐刷刷望着舍监。舍监微笑着说：“别客气，我听见你们闹得这么欢，也想和你们一起凑个热闹。”大家赶紧让座欢迎，挨着舍监挤。白鸽灵机一动，提议：“那下面我们玩传花包吧，一分钟传到谁那，谁就讲一个笑话或唱一首歌都可以。”大家围坐一圈传花包，结果一传传到赵素君手上了，她站起身来声情并茂地唱起了《南岛傍晚》：

远山浮云变成晚霞，
夕阳灿烂卷雾纱，
小牧童儿赶着成群结队的牛羊回家……

她那优美的天籁之音让人都听呆了，大家都说不传了，要她再唱一首。她清了清嗓子接着唱：

听，谁把洞箫吹得温柔而优美，
听，这么沉静的音乐，
从心腔内向外吹；
我带点儿沉静的迷醉，
躺在这天鹅绒的软纬，
这沉静的音乐又演奏一回……

不知她怎么会唱那么多好听的歌，真令人陶醉。大家虽不知她唱的什么歌，只要好听就行了，这才放过她，又接着传花包了。这回传到白鸽手上，只见她站起来说："我唱我的奶奶教我的河北梆子《大登殿》。"她学着赵素君清了清嗓音便唱：

金牌那调来了，
银牌选，
王相府又来了，
我王宝钏……

唱完又传到姚崇贤手里，她唱了一段"东北大鼓三弦"：

初一十五庙门开，
一阵清风吹进一个女鬼来。
阎王爷上边坐，
牛头马面两边排。
女鬼跪下说，
下辈子做牛做马都可以，
不再做女人生小孩。

大家又是一阵哄笑。白鸽把这些歌用日语翻译给关一舍监听，舍监听了感慨万千，她真的打心底喜欢这些家境清贫、奋发向上的满洲学生。她慈爱地看着这些中国女孩子，目光落在袁雪婵脸上。她知道雪婵在同学们当中话很少，是个文静内向的姑娘。这孩子十分腼腆，对舍监答话总是垂下眼帘斜低下头来，一副羞怯的模样惹人怜惜。是的，也只有在同是中国人的姐妹中她才会这样的无拘无束，开心玩闹，平时一切的不愉快，受压抑，被欺负的感觉都抛到九霄云外，让她彻底回归了自由浪漫的天性。舍监脸上放出光彩，这不正是她作为一个正直的日本人心中所希望看到的吗？是的，作为管理学生的舍监需要严格要求与威严，但她更有一颗日本普通妇女的心，那是一种骨子里透出的善良，真的不希望侵略战争带来摧残、奴役、流血、痛苦和无法消除的民族仇恨……此刻，她暂时忘记了一切，为这群被侵略国土地上无邪而单纯的中国学生所感染，和她们一样欢笑，她也加入进来，用她那浑厚的女中音音色为学生们深情地唱起闻名于世的日本民谣《北国之春》……

“银卡子”大平芳子

护校隶属的哈尔滨第一医院是有名的哈尔滨医科大学附属医院，在当时是伪满洲国最大的医院，以设备先进、医术一流著称。在医院重点科室眼科担任妇长的大平芳子，是六年前哈尔滨看护妇养成所第二期毕业考第一的护士，她毕业三年后做了妇长，更是以医院树立的标志性人物“四朵银百合”之一的身份而出名，对新学员来说大平芳子几乎就是她们心目中的“女神”。尤其是她那带有提气式英姿勃发的敬礼被誉为“大平式军礼”，她敬礼时左脚尖点地脚跟用力后挺甩提右臂的姿势让人惊羡，私底下学员们无不争相效仿，就差没拿卡尺量了。白鸽身边的小姐妹们也津津乐道，个个都成了“东施效颦”。可惜老天偏不眷顾，给你配上她那一副白皙娇美的面容，娉婷高挑的身材，举手投足乃至一颦一笑与生俱来的优雅，羡煞一帮没见过多少世面的小护士生们，非但追捧乐此不疲，甚至几乎都成了不成文的护士仪态举止规范。

白鸽早已闻其大名，能有机会认识这位带有传奇色彩的“银百合”妇长，当然求之不得。她和班里菊组护士生来眼科实习，立马感受到她犀利的目光似乎永远在挑剔，从你前身扫视到后背，从头顶打量到脚底，让人浑身上下不自在。白鸽暗自思忖：“真是名不虚传，刚见面便如此不讲情面，足见工作中一丝不苟。”

大平对见习学生逐一查看，扯扯衣袖，整整帽端，尤为注重衣着形体给人以美感，并抬起每一个人的手检查是否清洗干净，指甲缝是否留脏迹，待一切满意才对学员们表示欢迎，自我介绍：“我是你们的大平姐——”她总喜欢这样把“姐”拖长，显出“凌驾”与“不凡”，一种自豪与自大说不清的滋味。“大平姐，能问一个问题吗?”没想到大眼陈凤玲有点不识趣，眨着长长的眼睫毛，直直地盯着大平微笑，两个酒窝很动人。大平用眼角扫视，侧脸偏着头，嘴角似笑意抽动了一下，算是默许在听着呢。“听说凡在纪念场合，你都会在护士帽端上夹一根银卡子，并非单是为了好看。”大平转过脸，口吻似嘲弄地反问她：“你说呢？难道不是999纯度的象征与标志?”白鸽豁然脱口冒出一句：“那是指你对护理质量要求做到的标准吧!”大平目光流露出嘉许，颔首点了点头。

白鸽不喜欢她的做派，但对她的神态和气质却同身边其他学生一样，对大平姐这位护校“四朵银百合”之首，她们心目中的偶像充满敬意，无不专注地听她讲：“你们新学员都是我们老学员的护士妹，我有资格对同学们提出要求：一要着装整洁，帽子戴正，裙服洁净；二要对病人有高度的同情心，比对父母还要彬彬有礼；三要动作轻捷有序，不可毛手毛脚，丢三忘四；四要严格无菌观念；五要坚决服从医疗指挥。”大平称“这是对护士工作最起码的要求，此地不需要癞蛤蟆挎洋刀邋遢兵”。她再三强调：“别的科室我不好说，但邋遢的护士决不许进眼科！”白鸽与同学们为这番话由衷地鼓起了掌，眼神会意地交流，既然当护士就应当有“白衣天使”的样子，即使达不到大平姐这样的“范”。大平姐微笑着逐一望着这些学生妹，丹凤眼依然透着严厉，继续介绍她“时常提醒眼科护士千万做到无菌，不要把头发掉到病人眼里，眼科手术不能混合感染”，进而讲授“无菌操作”。这是她对来科里实习的护士生首先必讲的课程，她严厉告诫“给病人混合感染是犯罪”！她对眼科护士要求特别高，特别严，因为她自己一向以身作则，精业敬业，技术纯熟，干练严谨，上手的事总能做到极致，让你挑不出任何毛病。

最为让人称道的是，她对眼科病人术后换药、护理手法轻、准、稳、快、无菌，尤其眼科单眼绷带，她缠得如病人斜斜歪戴的一顶帽子，给人以美感，这点是别人难以做到的。但白鸽印象更深的是她对眼科手术那种绝无仅有的责任心，那种强势担当：大平在眼科手术中当助手，对眼科手术非常熟练，熟练到医生可不用说一句话，从切开、止血、缝合，手术做到哪一步她的器件就递到哪，分毫不差。甚至医生在手术中稍犹豫时她都手疾眼快，用手术中的器件提醒医生，帮助医生毫不迟疑下决断，由不得你犹豫迟疑，她的传递都像含有命令，“就该那样，别无选择”。同时她在做手术递器件的时候还无声，也形成了她的一大特点，她说器械声会刺激病人。医生都

愿意和她配合，不是助手，而是帮手，手术成功率高，疗效显著，实际她已成为科里的灵魂，哈医眼科由此名声远播，这与她的内在影响密不可分。不但大平如此不凡，“四朵银百合”个个出类拔萃。手术室主任伊藤千代可算得上是日本最好看的姑娘，嫩白的皮肤，细长的柳叶眉下一双杏眼，明眸皓齿，她无论日本医生、满洲医生或朝鲜医生下手术单时，不管多忙都马上立正，彬彬有礼，谦恭地双手接单，并说一句：“敬请放心，让您满意，按时完成准备！”同是手术室的阿城姑娘杨焕琴负责另一组，她与伊藤千代并称为“双珠合璧”，以及妇产科哈尔滨姑娘蔚素清被患者盛赞为“接生圣手”，这三人也都是护校毕业考第一的各期高材生，像本土的杨焕琴、蔚素清在新中国成立若干年后先后分别担任了哈市卫生局副局长与市属大医院的院长，当然这都是后话了。白鸽暗下决心要像“银百合”姐姐们一样成为护校“第五朵银百合”。不过，在大平整理手术器件时口里经常会哼着一首日本歌：

扛着钢枪的兵，
整齐而集聚迈着大步向前进！
这个兵有多俊美啊，
这个兵是多可敬啊，
我愿他是我的爱人！

她喜欢唱这首歌，还领着学生们一起唱。白鸽和菊组的同学们个个对此都挺反感，但不好说，又不能说，心里特不是滋味。

俄罗斯冰霜天使娜达沙

哈医大第一附属医院里有八位俄罗斯大婶医工，她们是医院里最底层的劳动者，其中四个在病区，四个在门诊，专门清扫厕所、走廊，消毒病房，烧锅炉，并负责洗衣房，以及倒垃圾等所有卫生杂活。但她们却都是一年级小护士生的好朋友、好阿姨，总是帮这些孩子们提大水桶，擦高处玻璃等，干重活，干危险的活。她们当中有位鲁迪娅大婶，她有个非常漂亮的女儿叫娜达沙，就像街面玻璃橱窗里的洋娃娃，头发像金丝一样闪亮，一双大眼睛像海水一样深蓝，美丽的面孔像刚开的荷花一样粉嫩，所有见到她的人都忍不住会回头再看上两眼。白鸽与她同龄，见面打招呼时总是半开玩笑，真真假假眨巴着眼问："娜达沙，你是安徒生童话里的美人鱼吧？"要么问："你是月亮里来的天后公主吧？"娜达沙快乐的眼神莞尔一笑从不回答。她喜欢这些和她年龄差不多的低年级护士生，对她们时常报以友善的微笑，而且笑得那样的甜。娜达沙不但长得美丽而且非常聪慧，很有绘画天才，用一支红蓝笔或一支 2B 铅笔写生素描，山水花鸟、风景人物无不活灵活现，尤其所画的霜花感觉就像真的一样好看，还特别喜欢冬天在玻璃窗结的冰霜上哈气用手指隐隐约约画出一个小天使，奇妙如梦幻。所有护士生都向她要画，她从不拒绝，给白鸽和雪婵画得最好，她俩高兴地拿给关一舍监看，还向舍监介绍：娜达沙家里非常穷苦，但她极为聪明美丽，是鲁迪娅大婶的女儿，在这里做陪护两年了，非常羡慕当护士，有时还借我们的书去看，看过就能记住。舍监听完后说："那明天带她来给我看看。"白鸽和

雪婵早已迫不及待，忙答道："我们马上就叫她去！"

关一舍监见到娜达沙也被她美丽的面孔迷住了，真的是光彩照人。舍监问她："为什么想做护士？"娜达沙说："护士工作非常神圣，是正派人的工作，既为病人解除痛苦，又帮助了贫困苦难的家庭，是我一生的梦想！我热爱它，因此想做一名护士！"舍监问："听说你借我们学生的课本，没有人为你讲解，你自己能读懂吗？"娜达沙说："能读懂，而且把书里的好些内容都记下来了。"舍监说："那你讲一段细菌学来听听。"娜达沙不但把细菌学内容复述了一遍，而且还把细菌结构图画了出来，几乎和书上一点不差。关一舍监看了非常欣喜，起身抱着娜达沙的双肩，亲吻她额头，对她说："我喜欢你这样的孩子，为你梦想当护士的学习精神而感动，虽然我没有权力收你为正式学生，但我上课的时候，你可以坐在后面听。"娜达沙非常高兴，连连弯腰行了几个礼。从那以后，凡是关一舍监上课她都来旁听，听得非常认真，因为这机会实在太难得了，而且每回考试都得到优秀。

时间过得很快，"5·12"护士节来临，娜达沙、白鸽和一年级的袁雪婵、小米田、海老原、朴英子等几个同学相约去松花江远足踏青，因为大家都知道娜达沙的心意，为她感动，她一直都在想帮助改善班里中、日、朝三国同学间的紧张关系。她们六个人来到松花江边，像牢笼里放出来的小鸟快活极了，先是坐船到太阳岛，再往小花园散步，那时正是五月梅盛开，她们欢笑着采摘编成花冠给娜达沙戴上，让她跳舞，因为大家都知道娜达沙跳舞跳得好，如同一个舞蹈精灵。娜达沙说一个人跳不好，最好是一男一女。扮男的那不正是她们当中那位日本姑娘海老原吗？她个头又高又大，就叫她跳男的！可海老原只会憨笑不会跳。白鸽鼓励她说："你跟着娜达沙转呗，面对面手脚一伸一屈一蹬就行啦。"娜达沙舞姿轻盈旋转如风，真像凤凰展翅飞翔，可海老原就是个大狗熊，那样笨，笑死人了。白鸽她们几个乐不可支，取笑海老原说："大笨熊，跳得蛮不错!"眼泪都笑出来了。白鸽看海老原嘿嘿讪笑着不跳了，对她笑道："你不见'身有彩凤双飞翼'，那你就'心有灵犀一点通'也好啊!"说完上前挽住娜达沙飞旋起来陪她跳。跳舞自有一种天生的感觉，全凭天赋，那种进入你血液里神奇的韵味，不用教，仿佛与生俱来，引领你动起来你就是"舞神"。她俩原本就是最要好的朋友，自然默契，心有灵犀而尽情释放自己，越跳越带劲。雪婵、小米田、朴英子连同海老原按捺不住，都加入进来手舞足蹈跟着跳。

围观的人越来越多，大家都鼓掌叫好，这几个女孩子不由得一起唱起了《护士之歌》，四个不同国籍的少女上演了一场由各自民族风格混搭的即兴欢歌曼舞。跳了好大一会儿都冒汗了，一个个气喘吁吁，见围观者都散去了，袁雪婵买来6根冰棒慰劳小姐妹们，她们每人一根吃得非常开心。只听得朴英子兴奋地嚷道："看，江边漂来一束五月梅，我去捞上来。"

大家循声望去，却见朴英子惊叫一声在江边滑倒掉进江里了，只露出个头来，双手乱扑腾，没命地喊叫："救救我！救救我！我不会游泳……"海老原、袁雪婵和娜达沙什么都顾不上了，连喊着救人，扑通通争先跳进寒冷的江水里；白鸽和小米田不会游泳，又急又怕吓得哭喊呼救："来人啊，来人啊，有人落水，救人啊……"海老原和袁雪婵水性不行，先后都被水呛了，只能踩水而无法施救；娜达沙跳到江里拉住了落水的朴英子艰难地把她推向岸边，自己却体力不支沉下去了……救护队的人来了，两个肌肉发达的小伙子下到水里把朴英子拖上岸，白鸽和小米田赶紧抢救，按胸排除胸腔进水，口对口做人工呼吸，朴英子慢慢苏醒缓过气来。等到海老原和袁雪婵先后被拉上岸，娜达沙已不见踪影。

“娜达沙，娜达沙……”伴随岸上姐妹们一声声悲惨的呼唤，救护队在江中搜寻近半个时辰才找到娜达沙。人们小心地把她抱上岸，可是她已停止了呼吸，被水浸泡过的遗体湿淋淋的，面容像熟睡了一样安详，用什么方法也不能再把她唤醒了。守着她遗体的五个同学恸声大哭起来，周围闻讯赶来的人见状也默默流泪。

关一舍监得知噩耗，陪伴娜达沙的母亲鲁迪娅大婶匆匆赶来，鲁迪娅大婶抱起女儿泣不成声，嘴里喃喃叨念着：“娜达沙，我的好孩子，妈妈带你回家吧……”白鸽她们5个姑娘早已哭作一团，一齐给大婶跪下，对她说：“鲁迪娅妈妈，我们5个都是您的娜达沙，愿意做您的女儿，孝敬您，将来为您养老……”那天夜里，白鸽梦见娜达沙在冰霜中对她微笑告别，化作天使消失在冰霜中……她把梦境告诉了关一舍监，舍监很伤心，希望更多地帮助鲁迪娅大婶做些什么，娜达沙是她钟爱的学生，是为救护班里同学献出宝贵生命的。鲁迪娅大婶强忍着巨大的悲痛对舍监说：“我了解我的女儿，为救别人甘愿舍弃自己，我揪心悲痛，但不会做违背她意愿的事。她的死是为了把生命留给别人，是她学习护士后留下的医德，她的灵魂永远和小护士生们在一起，这已是我最大的安慰，我为有这样的好孩子骄傲!”

关一舍监非常感动，尽其所能，让神田助理把她一年来的全部积蓄数十元钱全都取出来捐赠鲁迪娅大婶，用做丧葬并贴补生活。白鸽她们五个同学也把积攒的钱取出一部分交给鲁迪娅妈妈，并在此后每月都给，直到苏联红军进驻哈尔滨市，鲁迪娅大婶回苏联去了。

“大米饭好吃吗”与防空演习燃灼酒精瓶

1945年元旦，学校破例给满洲学生吃了一顿大米饭。吃饭的时候有日本学生故意挑衅，问满洲学生郑泽清和袁雪婵：“大米饭好吃吗?”平日不爱吱声、少言寡语的满淑荣白了她们一眼，用中文回敬：“你们没来的时候，我们天天吃大米饭，大米饭本来就是我们的。现在你们吃了我们的大米饭，还问我们好吃不好吃，真不知羞耻!”对中国话日本学生听不懂，但明显感到不对头，本来想等着恭维，说一声道谢她们之类，没想到非但没谢，还给她们没好脸色看。日本学生觉得吃亏，去找舍监指认那几个满洲学生。关一舍监高声问道：“你们方才说了什么?”满淑荣她们几个忙说：“没说什么呀，我们说的是大米饭很白，小米饭很黄，高粱米是红的，就说了这些呀。”日本学生不干，拽着舍监又去找其他几个满洲学生问说了什么。她们都说没听见，不在场不知道。一场风波就这样过去了。如果这话一旦被揪住就是对日本的不满，可定“反满抗日”之罪，轻者开除，重者还要受罚。其实关一舍监心里明白，她不想把事情闹大，而是尽量回避事端，即使发现苗头也有意大事化小，小事化了。她也只能做到这些。她曾多么的希望她管理的这些中、日、朝三国少女在她的教诲下健康成长，多么希望早日结束战争给孩子们心灵所造成的伤害，但是侵略就是侵略，只能种下仇恨和永远无法抹平的伤痕，绝无“共荣”可言，任何“亲善”只能是骗人的谎话。此后吃饭时舍监总是低头不语，对什么也装作没听见。

这时太平洋战争爆发，第二次世界大战已近尾声，日军战况吃紧，节节败退，护校增加了军事科目。在战地救护课程中包括抬担架与木枪训练。担架课由外科日本松下医生教。他把学生分成两个组，抬担架进行比赛，要求平、稳、快跑，比速度，比时间。木枪训练滑稽可笑，因找不到人教，舍监助理神田亲自出马上任，她又白又胖，绰号“荷兰猪”，握枪、刺枪、挡枪，她做示范，每个动作全身肥肉和大乳房都抖动不已，学生们看了都哈哈大笑，她自己做得都不规范，就甭提学生们会练成啥样了。后来她想出了一个绝招，教学生“骑马战”说是练习打仗，想借此教训中国学生。她让四个学生一组，一人做马头，两臂后撑，另两人各一只手插过马头胳膊搭在马头肩上为马背坐靠，另一只手拉住马头的手，选一灵活体重轻能打的在头上扎上毛巾为骑士，以一方骑上马把对方毛巾帽子拉下抢到手为胜。菊组有 15 人，蓝组有日本人 11 人加上朝鲜人 4 人共 15 人，双方实力旗鼓相当。菊组与蓝组各分为三组，每组 4 人，剩下的那 3 名就作为骑士替补，双方排兵布阵，大喊大叫“干巴列（加油）”对打助威，各不相让。中国学生心齐，日本学生赚不到便宜，连着十多局都难分胜负，海老原这匹日本东洋大马早已气喘吁吁汗流浃背，几乎累瘫了。神田助理急得直跺脚，指着落马的蓝组生大嚷：“大米饭白吃啦，玩疯啦！”她简直不敢想象她执管的这期学员中的日本人在学习上比不过中国人，而且在心智和体魄上也逊于中国人，这是她最不愿意看到的。

1945 年 5 月，战事已明显变化，日本开始大搞防空演习。护校人人都发了黑色的防空服，练习防空救护。5 月中旬的一天，日本儿童进行例行体检，当时每个日本孩子都要定期进行健康检查，那天恰好也是防空日。白鸽穿着护士服，外面又套了防空服，在小儿科上班。小儿科有两个房间，里边是材料消毒准备室，外面是儿童体检室。体检室放有四张小床，那天白鸽和樊护士正准备消毒舌压板。樊护士是个老姑娘，近40岁了，因失恋加上防空演习不断拉响的警报声使她失魂落魄。她看酒精灯内的酒精少了，就抱起5000毫升的燃料酒精大瓶违规操作，不把灯火熄灭，只将酒精灯上的火捻放在一边，直接就把5000毫升瓶的燃料酒精往100毫升酒精灯瓶内倒，结果5000毫升酒精和火捻连燃，突然发生猛烈爆炸起火了。当时如果她把酒精瓶口立刻捂住就可熄火，这在教学中都演练过的，但樊护士吓晕了，竟把燃起火的5000毫升酒精瓶往后一摔就跑，酒精瓶和酒精全甩到白鸽身上，火从白鸽脚底往身上窜，衣服着了，头发着了，瞬间成了一个火人。樊护士只顾逃命往外跑，房间里窗玻璃和灯泡都爆炸了。白鸽在火焰中嘶叫挣扎，滚成一条火龙。从材料消毒室到诊查室中间只隔了一道门，靠门处正好一位日籍朝鲜儿科医生中村给日本小孩体检，他看见白鸽满身是火立马向前，顺势拉下一张小儿体检床上的毯子捂在白鸽身上往下压把火裹灭了，否则稍有迟疑就有被烧死的危险。中村救了白鸽转身见酒精流到哪火就烧到哪，随手就把在身边放置的一个大花盆抱起来砸下去，湿泥土块将沿着酒精流动的火焰阻断熄灭了，他又拎起灭火器把烧灼桌椅、器械柜上的火也熄灭了，一个人不声不响挽救了整幢医院大楼。须知楼里每一层都满是病人和医护人员，火若真烧起来，后果不堪设想。中村回身看白鸽身上的火熄灭了，检查白鸽胸部、腹部、两个胳膊四处烧伤二度以上，相当于四五个手掌，一度烧伤也有好几块，所幸头面部没烧着。烧伤的疼痛使白鸽抽筋般不住哀哭悲号，关一舍监赶来抱住她，用自己雪白的丝汗巾揩净白鸽脸上眼泪鼻涕和着粘满爆炸的灰尘，喃喃地说：“多好看的脸蛋啊，不要再哭了，黑不溜秋变得多丑啊！”白鸽在舍监怀里忍不住哀吟……好在那天是穿了防空服，多亏中村医生用毯子把她捂在地上将火扑灭，不然白鸽就真的被烧死了。

白鸽烧伤入院舍监如母

白鸽被送进病房后，关一舍监非常关心，亲自来看护。她见烧伤的白鸽疼得直叫妈，便小心翼翼问起白鸽的身世。白鸽流着泪述说妈妈已经去世多年了……舍监问起妈妈的年龄，白鸽告诉她如活着今年应该37岁了。舍监一把抱住白鸽，眼里溢满了泪水，喃喃说道："我正是37岁，就当是你妈吧！"从此关一舍监每天来看白鸽，亲自给她换药，还给白鸽家里发了电报。继母姨奶着襁褓中怀抱的新生儿小弟，从家乡坐了一个小时的火车赶来看烧伤的白鸽，还特地带来了一篮子烧饼，这已是烧伤后的第五天了。白鸽在家人面前忍住疼痛尽量不掉泪，让继母姨告诉父亲别担心，自己很快就会好起来的。白鸽记起父亲曾说过要给同学们带烧饼，为感激同学们来看她带来那么多的水果糕点，托舍监将这一篮烧饼转给全班分着吃。

见伤情好转，看似无大碍了，继母姨急着就要回去了。关一舍监向继母姨连说对不起，没有照顾好白鸽。继母姨一谢再谢，白鸽用日语为舍监翻译继母姨说家里希望能看到孩子安全毕业，请多多费心了！舍监替白鸽送别了继母姨，这位尚未婚配的老姑娘每天换药她都亲自观察，无微不至。换药时每每揭开纱布，白鸽感觉就像撕皮肉那样的痛，尤其是头几天痛得撕心裂肺，汗水泪水浸透枕巾、被头。关一舍监总是坐在她身边轻轻拉着她的手安抚，减轻一点疼痛，白鸽顺从地忍住哀嚎哭叫，但还是痛得流泪。换药后舍监动情地劝慰白鸽："别哭了，应该感到万幸的是头面没有被烧伤，不然以后就成了和我一样嫁不出去的黄脸婆，凡是破了相的都没人要，不是吗？那岂不麻烦了！”逗得白鸽破涕为笑，“多亏中村把你推倒用毯子把火扑灭，否则你还有命吗？好好感谢中村医生才是，不然学校就将失去未来的第五朵银百合了，我去哪儿找这样的女儿啊？”舍监的话语让白鸽听了总是暖到心里。

眼见伤势一天比一天见好，为减轻白鸽的疼痛关一舍监还给白鸽讲了《源氏物语》的故事。舍监说：“中国古典文学《红楼梦》和日本古典文学《源氏物语》这两个故事非常相似。《红楼梦》中的贾宝玉很像《源氏物语》中的源氏，贾宝玉是皇亲国戚，而源氏则是太子。《源氏物语》中有很多像唐诗宋词那样美妙无比的诗，而且大多是爱情诗。日本人喜爱唐诗，日本的和歌也是受唐诗的影响，语句优美，动人心弦，让人听之思之泪欲坠，欢笑不成声。中国唐诗三百首闻名于世；日本和歌百人一首也千古传诵。中国文化与日本文化源远流长，有很多相似的地方，中国有醉活佛济公和尚，日本也有个醉活佛一休高僧，他们都非常聪明多才多艺，娴于讽刺，机智过人，行为奇特，深受平民百姓的爱戴。”

舍监朗诵起在日本家喻户晓的唐诗《枫桥夜泊》，情不自禁用手势加以抒发，最后那一句“夜半钟声到客船”还特意加上了“咣——咣——咣——”庙里的钟声，把白鸽带到一千多年前苏州寒山寺夜晚的睡梦中。

病床上的白鸽喜欢听到她那委婉柔和、略带沙哑的声音，每每听她说话身上的疼痛全都忘了。关一舍监还抓紧时间辅导白鸽学习，循循善诱：“中国人讲学而优则仕，日本人讲学而思则优；前者注重人生造就，后者强调内涵修养，都是讲读书育人，可以说是相辅相成。每一个人都有自己的选择，但在成长的道路上要永远牢记前人的教诲。”一次，她特意从带来的公文夹里取出一本日本“和纸”制作的笔记本打开告诉白鸽：“这本‘日记’是专门用于第九期学员在校学习记录的，希望经过培养都能成才，我尤为期待你们中能培养出新一届的‘银百合’来。白鸽，你一定坚持，我看好你啊！”这一天白鸽想了很多，失眠了……

待白鸽伤痛减轻后，担心遭此劫难一些课程落下了，舍监帮白鸽拟订了学习计划，一定要把落下的课补上。她把护士教材拿来让白鸽躺在床上学习，白鸽几天就把那些教材看完了，还没出院便带伤参加了期中考试，仍考了满分。白鸽时常觉得自己学护士付出的代价几乎是拿命在交换，差一点烧死，手冻伤过，还被老鼠咬过……现在伤既已逐渐愈合，只能再次以命相搏，连着20天用功学习，把《护士学》这本书从头到尾通读了一遍，《解剖学》人体206块骨头的名称、位置也全背下来了。不久又参加了第二次考试，试题均为解剖，又得了满分。经过一个多月疗伤调养，并由舍监辅导专心致志补课，非但没有动摇反而更增强了她学习动力，成绩位居全班第一。

大约五周以后白鸽身体基本恢复，四肢也能活动自如了，舍监看白鸽恢复得很快非常高兴，对她说：“我要教会你一项按摩技术，这也是从中国传到日本去的。”舍监先做示范，从头到脚给白鸽做按摩，边做边讲动作要领与部位及目的要求，对两个肩速叩，使白鸽感到似乎在机械振动。她传授白鸽全身几处虚实，何处冷热；讲述了虚者补之，实者泻之，寒者温之，热者寒之，汉医八法。按摩后白鸽觉得非常轻松舒坦。她连着给白鸽做了两天，第三天她叫白鸽给她做一遍。白鸽按摩得很不得法，要她指点才行。舍监笑道：“虽然差距较大，但方法要点掌握了。教会了你是希望能做一个永久性纪念，对你今后一定会有帮助的！”

最后的医德课与宪兵刺刀

白鸽完全恢复了，关一舍监来看她说准备了一堂课，一直在“等你痊愈后给你们讲这堂课”。白鸽问她讲什么，舍监说是关于“医德是护理工作的灵魂”。

白鸽出院后的第二天，舍监把一年级和二年级的学生全部集合在神田助理的榻榻米大房间上大课。依然是日朝学生跪着，中国学生盘腿坐着，规规矩矩、毕恭毕敬地听。舍监端坐开讲：

“医德是护理工作的灵魂，看你是一心一意无私无利，还是三心二意自私自利，是职责使命，更是信念使然。无论任何时候、任何情况下，医德永远放在第一位！”关一舍监回顾了护校许多正面与负面的经验教训，这些事因为都发生在身边，让人感到亲切。接着她批评说：“做护士工作不是为了赚钱谋生，而是要救死扶伤。这是无比神圣的职业，否则便是沾污。想发财，就赶快去找别的事做吧，但在这里绝不许可！”，她轻咳了一下，用手按住胸口平息内心的激愤，而后着重讲了“救死扶伤就要不分贫富贵贱，也不分国籍人种，要想尽办法减轻病人的痛苦，延续生命，不是为了钱，而是为了人道”。她不忘告诫说：“如果两个病人一个给你钱你就好好照顾，另外一个没有给你钱，你就马虎对待那个病人，缺乏高尚的医德，那就是下流的无德，或者叫最下流的医德。如果这家医院医护人员没有医德，那么这样的医院就等于是下流的缺德医院。”讲到这里，舍监望着每一个学生充满了深情地说：“护校历届获得‘银百合’荣誉称号的毕业生都分别授予了一枚

'银百合发卡'，这是对她们学习成长最大的褒奖，学校也以此为荣！虽然你们不能个个都得到那枚'银百合'，但你们人人都能成为'银百合'式的护士，因为你们原本就是'银百合'的姐妹们。作为你们的舍监，我为有你们这样的学生而骄傲！"她最后那句："请记住，护理质量是金子的成色，有999.9赤足金，有18K金，还有镀金。这是不二法则的金标准，检验就在每一个人的心里。"白鸽永远记住了！这句话让白鸽和她的同学们受用终身。听这堂课白鸽和同学们心里都隐隐涌动着神圣感，不知是谁带头轻轻哼起了《护士之歌》，同学们都默默跟随着哼，舍监没有制止，只是微笑。歌声渐渐大了起来，从榻榻米大教舍的窗子传出，在护校上空飘荡……

我们是白衣天使守护人类宝贵生命
救死扶伤是我们的天职
肩负神圣使命永志不坠
……

上完课白鸽才知道舍监仿佛有什么预感，这是她最后的一堂课了！窗外蝉鸣持续不断，已是8月初盛夏，伪满洲国日本人的家属都撤向哈尔滨一带，关一舍监的妹妹带着孩子也到姐姐这里来了。她带来了一大盒涂满巧克力的夹心饼干，舍监特意留给了白鸽她们菊组的满洲学员分享，并告诉她们日本人都在准备回国了。言下之意是日本就要战败了。白鸽她们这群中国姑娘嘴里不说"怕是天要翻过来了"，但心里甭提有多高兴，就盼着这一天了！

第二天，校长家原小文治由外科主任著名的"外科一把刀"森博士陪同来校检查，并由森博士给同学们做简要时局的演讲。一年级、二年级全体师生列队整装集合，人人都心知肚明，知道这是校长来和大家告别了。正当师生拍手欢迎时听到天空警报声响，队列中发出一阵紧张的骚动。森博士提高了嗓音，大声说道："孩子们，不要惊慌，战争快结束了，到哈尔滨来的是苏联红军，但医院还是医院，医生护士还是医生护士，你们学生还是学生！今后仍要好好学习，将来好好工作，服务好病人。"他好像很开通，对战争结束早有预见，作为外科医术权威只对手术刀感兴趣，对战争不感兴趣，与舍监一样实际内心早已产生厌战情绪（日本投降后森博士被中国人民解放军留用，成为东北第四野战军总医院顾问，培养了许多优秀的医护人员）。

下午，哈尔滨大街上"咔咔咔"响起了日本兵大皮靴正步阅兵声，全副武装的皇军以一种自以为不可辱没的检阅方式告别这座驻守多年、用武力占领的号称"东方巴黎"的中国名城，妄图垂死挣扎以鼓动民心。哈尔滨的日本侨民不分男女老幼全都跑到街上马路两旁相送，或手举纸糊的日本国旗，或双手合十行礼。有些妇女，甚至孩子都跪在马路边上哭泣，相伴沿街大声呼喊："我们一定要胜利！胜利永远只属于大日本帝国！"有同学指点白鸽往一方向看，只见大平也跪在地上，头发散乱，双手乱舞着边笑边流泪叫喊："我要用生命和你们在一起，灵魂与帝国之梦共存亡！"白鸽惊愕大平芳子疯了，从未像这样歇斯底里让人感到害怕，把自己完全给毁了，谁能相信这曾是日本护校最引以为骄傲的"银百合"啊！

日本投降前一天，日本宪兵端着上了刺刀的枪，在哈尔滨街上巡逻，正好遇到护校一年级菊组学生倪金玉、陈凤玲、肖婕三个小姑娘去倒垃圾，当时在垃圾堆里蹿出来两只大老鼠，她们三个人边打老鼠边哈哈大笑。这时三个凶恶的日本兵端着刺刀枪，向这三个小护士生逼上来，吼道："国家快完了你们还笑，叫你们到另一个世界去笑吧！"就要把刺刀刺向小护士生。在这千钧一发之际，关一舍监不顾一切跑了过来，展开双臂用自己的胸膛挡在了刺刀前面："寇由哭里（请慢），她们不是日本人，她们是我的中国学生，我没有把时局告诉她们，她们什么也不知道，如果要杀请先杀了我吧！"舍监激愤得浑身颤抖，说完搂住了三个小护士生。日本兵懵了，龇牙咧嘴瞪着舍监，气得转身"八嘎，八嘎"一路骂着走开了。

日本投降与大平之死

1945 年 8 月 14 日晚上，一颗照明弹升起，仿佛照亮了整个夜空。日本人恐惧地往防空洞跑，白鸽她们这些中国学生不知道出了什么事，也跟着紧张起来，却又像看热闹，心里都在打鼓："到底怎么了?" 8 月 15 日中午，听到满街到处都是在广播：日本天皇发布诏书，无条件终止战争！——日本战败，无条件投降了！大平脸色冷漠得吓人，换了一身崭新洁白的护士裙服，端挺的护士帽上依然悉心别着那枚银卡子，她目光呆滞不理会任何人，独自走了出去……下午听说大平到坡下铁道卧轨了。她那身洁白的护士衣裙溅满血迹，像春日富士山下樱花在风中飞掠魂归故里，让人唏嘘"只要她在场周围所有的人就都成了陪衬"，遗憾的是她却为"圣战"侵蚀了灵魂，"大日本帝国永不战败"已成为支撑她的唯一的精神依托，"献身大东亚共荣圈，做帝国忠实女儿"的信念终因其崩溃而伴随梦想的破灭，她以血肉之躯为帝国殉葬的悲惨结局谢幕……那曾视护理为生命，技术超群，美貌绝伦，让人无可挑剔，甚至艳羡无可企及的"帝国之花"，伴随日本军国主义的覆没凋零了。

日本投降，哈尔滨沸腾了，成了欢乐的海洋，锣鼓喧天，鞭炮齐鸣，人们载歌载舞，欢呼一浪高过一浪。护校里菊组的中国学生统统跑到街上汇入游行的洪流欢庆胜利。直到月上西楼，一枚枚烟花窜上夜空绚烂绽放，白鸽她们这群少女才欢笑喧闹着回到学校。又见那个“二鬼佬”做值日生，她缩肩弓背嘿嘿干笑着恭迎在敞开的大门边，还是那一副奴颜婢膝相。她不知道自己将来的主子是谁了，眼巴巴地望着自己从未放在眼里的这帮低年级“满洲娃”，手拉手欢跳着从她身边疯到校舍里，那种从没有过的兴奋劲儿毫不减退。这些曾为种族歧视与民族压迫备受欺辱的所谓“满洲国学子”的菊组生们抑制不住欢腾，庆贺翻身，纵情拥抱成一团，“天翻过来了！”中华儿女再也不会被视为“亡国奴”而一扫雪耻！喧笑中只听到郑泽清嗓音提高尖细地嚷道：“我们应该要有自己的国旗才对呀！”这下谁也不做声了，你看着我，我看着你，愣是没人说得出国旗啥样子，只知道日本国旗是块白布中间有个涂满大红的圆圈圈；伪满洲国旗是从上小学一年级就唱的：“我爱我国旗，国旗扬扬扬，红蓝白黑满地黄……”大家正愁着没法做中国国旗，还是姚崇贤机灵，嚷道：“那就用大花布代吧，当成是咱们每个人自己的旗帜，看谁的更好看。”大家应声“好哇”！她们一窝蜂翻箱倒柜扯出花衣花布包头裹腰，或举在手里满屋子挥舞，一时间楼道里各色花布满天飞，姐妹们你拥我推叠罗汉搅成一团，直闹腾到夜半个个精疲力竭，仍觉意犹未尽，有着说不完的话，唱不完的歌，跳不完的舞……怎样庆贺都不足以表达中国光复的欢乐。历史记住这个伟大的日子：1945 年 8 月 15 日，日本投降！

与中国这群女学生的兴奋截然相反，日军投降后护校的日本师生一下子个个都蔫了，抬不起头来，说得难听点都如同丧家犬，平日里趾高气扬的优越感瞬间消失殆尽荡然无存。人了日本籍的那些朝鲜学生，虽然沾光吃了两年大米饭，如今也跟着抬不起头来，纷纷要求退出日本籍，恢复她们自己的国籍，却苦于无处办理，因为满洲国已不复存在没人理睬她们了。当日宣布日本战败投降几乎还没一支烟的工夫，小米田她们几个日本学生的铺盖就被同屋的朝鲜学生掀翻了，从二楼往院子里扔，急着撇清关系，借以发泄一直以来服侍日本人的怨恨。白鸽看到小米田哭得眼睛红肿，于心不忍，帮她收拾起被褥放回楼上铺好，和其他菊组姐妹费了好一番口舌，才劝阻了正在气头上愈发冲动胡来的卜英子她们那几个朝鲜同学非理智的发泄。

关一舍监要去难民营了，临走前赠予白鸽一套用脱胎漆盒盛放的文房四宝，说这是“为护校每期考第一的毕业生准备的奖品”，知道白鸽一定会是“第九期考第一者”，提前给予了她；还把攒在抽屉里全新的毛巾和袜子分给了来送别的菊组学生作纪念。关一舍监平静地说道：“我好舍不得你们啊，我要走了。”这群学生手捧着馈赠物凝望着深受她们爱戴的这位师长，目光显得依依不舍。舍监抑制不住内心的悲哀，声音微微哽咽发颤说道：“你们这第九期 15 个姑娘是我从 200 多个报名的姑娘中精挑细选出来的……像稳重勤奋又好学上进的白鸽、黄家驹，还有郑泽清；像能歌善舞且多才多艺的赵素君和一帮情同姐妹、柔弱单纯的三个小丫头陈凤玲、肖婕、倪金玉；在日本人面前忧郁，在中国人面前开朗的袁雪婵；像说话轻声腼腆，却有主心骨的于凤；善解人意、温顺可爱的满淑荣；像活泼、机灵、淘气的姚崇贤；像勤俭懂事的尚文光，还有干活细致认真让人放心的王亚清，急性子的李兰，不吱声总爱笑的汪素兰……”听着舍监如数家珍一口气报出班上所有中国学生的名字，大家都难过地默默点头抹着眼泪惜别。懂事的白鸽追问道：“你要到哪里去？我们要到哪里去看你？”

舍监闭上了眼睛，摇了摇头，好一会才说：“可能是收容日本人的难民营吧。那儿会很脏，不要去……”

“日本难民营”及“不同政见”的分手

白鸽收到家里捎来口信父亲病危，急切赶回家却未能见上父亲最后一面。父亲是因那次为劳工包脚遭汉奸毒打受了严重内伤，久治不愈时常吐血，但终于看到日本小鬼子投降，父亲走的时候安然地闭上了双目……父亲葬在母亲的坟旁，身披重孝的白鸽哭倒在地，直到天黑方被送葬的亲友搀扶回去……

约莫个把月后，小米田在难民营得了斑疹伤寒死了。白鸽闻讯后实在担心关一舍监，她听说各大医院已招聘日本医生护士，打听到收容遣送日本人的“难民营”，立即前往。那是一排废弃的工厂，车间里铺满稻草，白鸽在窗外往里看，草铺上坐卧着许多日本女人。她慢慢地找，终于在地铺中发现了关一舍监。舍监坐在铺堆整齐的稻草上，白鸽看见了心里很不是滋味：两个月前她的房间还是那样一尘不染，现已沦为难民……关一舍监无神地转过脸来，看到了白鸽突然眼睛一亮，高喊起来，声音都已发颤：“我的好学生来看我了，是白鸽啊！”她因过度兴奋哭了起来。白鸽掠过屋子里所有投向自己惊奇的目光，急忙跑到舍监身边，跪坐在她的三尺草铺上，与舍监两人紧拉着双肩端详，蠕动的嘴里同在喃喃着：“还好吧，还好吧……”早已泪流满面。好一会儿白鸽和舍监一起微笑了起来……白鸽告诉舍监：“先生，您多保重！现在医院医务人员都很缺，已开始用日本医护人员了，可能很快也会聘请你

了。”舍监听了似摇头，又似点头，长长舒了一口气：“真想重新回到医院去工作啊！”“一定能的！”白鸽在心里祝愿，望着舍监良久才说：“我想将来要进一步深造学医，特来看您，向您告别，老师您要多保重！”舍监赞许地鼓励道：“你是一个有志气的孩子，我相信你一定会努力的。”说完，手指触摸垫在草铺上的包袱，无奈而惋惜地对白鸽叹道：“包袱里原先放了那本在你烧伤住院时我特意带给你看过的‘日记’，想在你能来时给你做个纪念。你知道那是用‘和纸’制作的，和纸在日本还被用来做木屋的门窗和屏风，被视为‘千年神物’呢……”说着眼睛里仿佛看见了什么，一度放出了光彩，“那本日记有你们第九期15名中国学员在护校学习进步成长过程的点点滴滴记录，很值得珍惜。你们学习还没有完，我多么希望把它转交给你，看到我曾经带过的你们这些孩子们完成学业，续写每一个‘白衣天使’的故事啊……可是这儿把凡带有文字的都查抄了去，一张纸片也不让留下……”舍监垂下的眼帘重又布满忧郁……白鸽没有说任何话，想到烧伤时她精心护理的母爱，止不住眼泪默默地流，任凭舍监深情地久久抱住自己在耳鬓絮语：“不要为我难过，我很高兴见证了经历磨难不畏艰难困苦成长起来的15个中国女孩子，永远不要忘了你是来自哈尔滨高级护校……”说着，她轻轻擦去白鸽脸上的泪花……

就这样她们诀别了，再也没能见面。许多年后，白鸽打听到那时急需医护技术人员，几家医院都争相聘请关一舍监去，后来她到了哈尔滨铁道医院。再后来遣返日侨回国，但她最后还是没回日本，她说她喜欢中国这个地方和人民，一直在中国做医务工作，终老葬在了这片土地，一生未嫁。

白鸽考入护校已有两年了，从未联系过的秀实在开春时突然找来，见到白鸽未及叙旧，两眼愣愣胡子拉碴的，一把抓住白鸽的手，说是要带白鸽去美国。白鸽见他一副落魄相，问他到底咋啦？他才愤愤述说家被抄没，土地也被分掉了，公司倒闭了，老婆也走了，一夜之间全没了，变得一文不名成了穷人了。既然在国内待不下去，就准备买好机票带白鸽去美国。白鸽许久未见到他，老友相见自然高兴，笑着劝慰他："别没出息怨声载道，这下子可得自食其力，再也当不了寄生虫了。就算穷人分了你家一点财产也不是全无道理，要认清形势勇敢面对，应当拥护才对！要勇于挑战自己，否定自己，造就自己，才能走向光明。"秀实惊愕地望着白鸽，一点也听不进去，他用奇异的目光打量白鸽哪里学来的这些大道理，他心里有说不出的悲伤和失落，只是对白鸽嘟囔："又不是分了你家财产，你才这样唱高调；如果分了你家财产你又该做如何感想？真是三日不见当刮目相看啊！"白鸽不客气了，忍不住回道："如果分的是我家的财富，我不会反对，财富本来就应当共享！贫富差距太大就应当铲除！你说天下只是富人的天堂，穷人的地狱能合理吗？"秀实毫不理会与白鸽争了起来，两人久别重逢却因"政见分歧"成为两条路上跑的车，闹得不欢而散。其实白鸽也知道，不是一两句话就可以劝说秀实扭过弯子来的，他毕竟是大少爷养尊处优惯了，只能等他自己慢慢转变认识。

很快进入了初夏，时局动荡中白鸽在护士学校学习期满就要毕业了。秀实又找来了，他真的要去美国了，手里攥着三张飞机票，老远见白鸽就大喊："姑姑和你、我去美国，你看三张机票，我要带你去！"白鸽感到太突然了，答道："我在学校受尽磨难，还差一个月就毕业了，眼看就要拿到护士证了，我离不开我的祖国和我家，我家正需要我帮助啊，而且你也不是不知道，治病救人一直是我心中的理想。"秀实惊呼："那里可是人人向往的自由世界啊！""不，祖国才是我心中的一切!”白鸽高声反驳。秀实被呛得说不出话来，在他眼里白鸽越来越陌生，几年不见竟变得格格不入，成了陌路人。“难道你不知道这个国度贫穷落后满目疮痍，你不会有任何前途?”秀实几乎都在求她了。“可我们不能嫌弃它，要与生你养你的祖国同荣辱共命运啊!”白鸽不依不饶。秀实看说不动白鸽，气得变脸，狠狠地丢下一句：“你不去，我们就永远没有希望了!”说完一跺脚转身甩门走了。白鸽倚在门框呆呆地站着，望着他的背影没去送他，心里感到怅然，知道这是永别了。她想起过去他对家里的帮助和对自己的真心，而自己却不能让他转变；如今秀实落难了自己也无力帮他，可谓“道不同不相为谋”，从此天各一方，泪水模糊了她的双眼……

内战爆发与“支前”

日本投降后中国向何处去?是在共产党领导下，建立民主独立、人民当家做主的新中国走向光明；还是回到国民党独裁黑暗统治下，人民做牛做马的旧中国?面临两种历史抉择，内战一触即发。哈尔滨大街上共产党与国民党如同打擂分别拉开了架势大张旗鼓宣传，扩充军队招募兵员设立征兵登记站。白鸽和护校的同学们也总爱在课余纷纷议论道听途说的消息，关注祖国的命运。

就在 1946 年的 7 月，国民党公开撕毁与共产党年初才签订的《停战协议》，发动全面进攻，入侵解放区。当时正值敌强我弱，很多前期毕业的大护士都跑到“国统区”（国民党敌占区）去了，剩下白鸽她们这一群刚毕业留在哈尔滨市立医院的小护士，也就顺理成章当上了各科室的护士主管，成了骨干。年轻人谈天论地，各种观点、各种想法纷至沓来，正赶上狂飙突起风云变幻的年代，都跃跃欲试。有钱人跟着国民党跑，穷人跟着共产党走。护士学校也一样，高年级第八期几个家里有钱的学生也跟着跑到国民党统治区的长春、沈阳去了；而白鸽她们毕业班的同学在郑泽清的带动下，由市委青年团负责人王亚婷介绍全都在哈尔滨建立民主共青团（后改名为中国共产主义青年团）时第一批就加入了。白鸽还担任了医院团支部委员。解放战争已经打响，前方很需要医护人员，共青团发出号召，召集医护人员支前（哈市医护人员支援前线）。白鸽带头响应，志愿参加前线救护组工作。救护组的医生中还有一部分是日本人，当时医务人员紧缺，把有技术的日本人都留下了。救护组跟随作战部队在二线主要是进行扩创急救，为负伤的指战员伤口取子弹头清创包扎。每天医护人员要救治的伤病员很多，工作很累，但为负伤战士英勇顽强所感动，几乎人人废寝忘食。护士们一有时间还要到野战医院病房换药、喂饭，有的时候还给伤病员唱歌，像《青年参军上战场》《游击队歌》《立功歌》，还有《全国解放了》……这些革命歌曲鼓舞士气，唱出了他们的心声，伤病员听了高兴，甚至忘了伤痛，并为自己的流血负伤感到光荣与骄傲。

白鸽的校友、前几届毕业的学姐满毅也“支前”在野战医院里当护士，她爸爸是野战医院院长，院长对她的要求比别人都高，还经常批评她的不足之处。每当有报告伤员失血过多的时候，满院长总是先叫满毅输血。多次输血后有人提醒院长，不能再输满毅的血了。院长说：“我了解我的女儿，她身体健康，抽体重五十分之一的血是没有问题的，血的再生也快，你们都放心好了。”榜样的力量是无穷的，人人都争着输血不甘落后。

和白鸽一组有一名技术精湛的日本外科医生叫中岛，小眯

眼，戴了一副深度眼镜，他刚从“难民营”出来，对解放军还不了解，精神萎靡。白鸽见他过于紧张，一本正经叫道：“中岛！”他腾的一下站起立正。白鸽说：“先生请坐！”他两眼盯着白鸽，脸上肌肉都在抖动，生怕听错了。白鸽用日语告诉他，自己与他在同一个组为伤病员工作，会尽力配合他救治伤病员，让伤病员早日恢复健康的，他的精神才放松下来。开饭时手术组打饭，炊事员见他是日本人，对他不太客气，故意少给他打饭菜，白鸽排在他身后，与炊事员是老乡，菜饭压了满满的两大碗。中岛打回饭菜放在桌子上发呆，白鸽马上拿自己的和他换了过来。他很意外，腾的一下又立正站起来连说不行。白鸽笑道：“中岛先生，我是女同志，饭量小，你好好吃饱才能为受伤的战士多做手术啊。”中岛问白鸽：“你是谁?”“我是一名中国护士呀!”白鸽回答，心里充满了自豪。白鸽每次打饭回来都要把自己的饭菜分给中岛一部分，中岛很感激。白鸽跟中岛说：“我们队伍里有很多好医生，有一位国际共产主义战士的好医生，名叫白求恩。他救治伤员，对伤病员非常爱护，甚至不惜为伤员牺牲自己的生命。因为这些伤员为解放劳苦大众而流血，我们为他们救治，应该感到无上光荣。”看到有失血过多的伤员时，白鸽就主动叫中岛抽她的血输给伤员。中岛为白鸽的献血感动，几次提出：“你输血次数太多了，也该输我一点了。”白鸽笑道：“我是O型血，是万能血型，给谁输都可以。你手术量大，每天要站好几个小时，身体虚弱就无法坚持。”两个月的同台手术，中岛与中国医护人员建立了很好的工作友谊。中岛打趣说：“白鸽，我是战败国的医生，你是战胜国的护士。如果不是战争，我就想找你这样的人做妻子。”白鸽眼睛一转，也假装清高：“你就是战胜国，我也不会做你的妻子。在我的印象中，日本男人是刀、是剑、是屠夫强盗；日本女人是樱花、是菊花、是贤妻良母。中国男人找日本女人做老婆我不反对；中国女人要是找日本男人那可是跳火坑。当然和你做朋友还是可以的，但做妻子不行。”而后忽然像又想起了什么，眼睛眨巴：“我告诉你吧，中国人可是你们日本人的祖先呢。”中岛好奇地问：“为什么?”白鸽故作神秘：“在秦朝的时候，秦始皇想长生不老，派徐福漂洋过海去找不死药。他选了三千聪明漂亮的童男童女到了日本，他们就在那里定居了。那就是你们的祖先。如果你是聪明的话，那你应该知道你是这个血统。”中岛点点头说：“你说得有道理，这样的故事好像过去也听说过。”他们一起工作三个月有余，结束后返回各自单位。

白鸽回单位后工作热情倍增，她觉得一个人要活得有意义，就要把自己投身革命。她参加了医政学习班，听讲革命人生观，上政治课，青年人接受进步思想快，受到马列主义、毛泽东思想教育，坚定了共产主义信念，有了信仰，思想觉悟极大提高。白鸽那一班护校女学生全都参加了这个政治学习班。通过学习明白了无产阶级只有解放全人类才能最后解放自己的革命道理，白鸽决心以红军二万五千里长征大无畏的牺牲精神激励自己，让青春在民族解放的战火中燃烧，为无产阶级革命事业奋斗终生！同时白鸽那班第九期毕业生不但是医院护理骨干，也是医院文艺活动骨干，宣传党的政策不乏艺术人才。赵素君、陈凤玲、肖婕、倪金玉这几个“疯丫头”还带着同学们自编自演了小歌剧《卖饺子》，尤其是群口相声《我们的医院》，让人笑得透不过气来，几乎都流出了泪。

战地白衣天使

在紧接着到来的第二次青年团号召医护人员支援前方，本来名单中没有白鸽，但医院有人因病去不了，白鸽便主动请缨称已有过支前经验，“比别人熟悉，愿意再次前去工作”。白鸽二次支前来到哈市东南苇河县亚布力的苇河野战医院，又和一名叫山本一郎的日本医学博士分在一个手术组里。山本年龄较大受人尊重，他的口头禅是“伤员便是命令，救护便是信念”，对全组影响很大。白鸽在尽力配合山本医生做好一切救护伤员工作的同时还时时处处照顾好他。

一次敌人飞机来轰炸起火了，白鸽叫山本带伤员快跑，自己却跑向手术室把氧气瓶和医疗手术器材抢出来。山本大喊：“太危险了！”白鸽回喊：“我用湿毯子把氧气瓶包住，你们快到安全地方别管我，手术器材一件也不能少，救治伤员全靠它，不要命也得保住器材啊！”是的，用湿毯防爆那是她在被酒精瓶燃烧灼伤中学来的。事后山本问白鸽：“为什么总是把危险留给自己，把安全留给别人?”白鸽说：“你肩负救护伤员的责任，比我更重要，你不能死，再说你家里也等着你团聚，而我的父母都已不在了，没有牵挂了。”山本深为同情：“你怎么没有父母了?”白鸽痛心地说：“日本侵略东北这十四年里，我亲生母亲和小弟弟因细菌战得了传染病死了，父亲遭汉奸毒打落下病根死于非命，连同家族里被杀害、被活埋就死了九口人，我已无亲人牵挂了。”山本当即给白鸽跪下并说：“对不起！我是杀害你父母的仇人！”白鸽忙扶起他来问道：“为什么这样说?”山本答道：“我父亲为日本皇军搞细菌战试验，害死了很多人。”白鸽认真地对他说：“你父亲犯罪与你无关，有机会回去见到你父亲，可对他教育，让他把害人的细菌技术改造成对人类有利的东西，给他悔过自新的机会。”山本受到了感动说：“你这个小护士，思想境界已是高到女神了，我给你行个大礼!”说完真的弯腰行了大礼。

这次支前他们所在的手术组受到了部队表扬。白鸽的先进事迹还在《东北日报》以“模范护士”为题刊登报道。白鸽经受了锻炼，决心加入自己的队伍，为中国人民解放事业奉献青春，把一生交给党。她带头报名，和袁雪婵、汪素兰及李兰等四名同学参加了中国人民解放军，坚决要求上前线。留在哈市市立医院原班里其他同学也都转入当地解放军后方卫戍医院当兵做护士工作（其中有一人改行当了政工，若干年后转业当了县公安分局局长）。市立医院为她们穿上军装组织了盛大欢送，个个在胸前戴上了大红花。当时解放战争正如火如荼进行，开始是敌强我弱，后来是我强敌弱。白鸽、雪婵她们四个年轻姑娘参军上前线分在了同一个野战医院，一身新军装，腰间扎一根宽皮带，格外英姿飒爽。院领导批准了她们要求到前方去做救护工作，参加了三下江南、四保临江的战地救护工作。当时没有汽车，前线接送伤员都是用马。白鸽练就了一身骑马的好功夫，可以在马背上疾驰救治。那时国民党王牌军也都聚集到了东北。

1947 年冬季我军发起攻势，部队接到命令攻打长春以北的德惠，由白鸽她们所在的这个团负责主攻，这已是东北联军第三次攻打德惠了。10 月 19 日战斗打响后，为了夺取一个高地，敌我双方展开拉锯战，战斗很激烈。我们的战士都很英勇，敌人也不示弱，双方的伤员很多。白鸽、雪婵、汪素兰、李兰等四人在火线上不但抢救我方的伤员，也抢救敌方放下武器的伤员，就地给伤员包扎止血，抢下火线，搬运到安全地带。李兰有股蛮力，生性泼辣，背送伤员决不输于年轻小伙子，一天下来，她们救治了三十来个伤员。敌机频频轰炸，白鸽指挥担架队喊着："不要跟着飞机跑，往后跑，往两边跑！"在枪林弹雨中没有丝毫慌张，因为她已是久经沙场了。飞机扔下的炸弹在身边爆炸，她总是用自己的身体护住伤员，弄得满身都是土，扒开土把伤员安全送往二线医院救治。

10 月 20 日，总攻开始了。我方重机枪猛烈地压制敌人的火力点，迫击炮逐一摧毁德惠城敌碉堡，战士们扛着梯子攻城，不停地呼喊："冲啊！杀啊！"白鸽她们四个人背着急救包在烽火硝烟中从这里跑到那里，又从那里跑到这里，给火线上负伤的战士包扎伤口，展现了惊心动魄、可歌可泣"背着急救包救死扶伤的战地天使"的形象。战斗进展很顺利，德惠城门打开了，消灭了敌人的指挥部，活捉了敌军城防指挥团团长。这个团长负了一点伤，被俘后显得非常害怕。白鸽一边为他包扎伤口，一边叫他命令部下不要抵抗，解放军优待俘虏。这一天她们抢救护送了四五十个伤员。其间白鸽给一名机枪手包扎伤口时，血溅满了她胸前，别人以为她负伤了，她说那是"伤员给戴的大红花啊"！休息时，她们又忙着为伤员检查伤情，喂水，给重伤员打止痛针，对敌我伤员一视同仁。一个被俘的小伤兵在担架上感动地说："你们真是我的好姐姐，从战场上把我背下来，救了我一命，我一辈子都不会忘记你们。"担架队走到一个大斜坡时，一个担架员摔了一跤，和伤员一道滚下坡去。李兰见状奋不顾身地跳下去，把重伤员背着爬了上来。因为战时前方的女同志都剪了一头短发，难以分辨是男是女。更何况李兰长得有些粗，一般人看不出她是个女的。这批伤员在带到树林里休息时纷纷猜测李兰是男是女。一个说是女的，另一个说是男的，"女的哪有这么大力气背着伤员跑"。回到野战医院，白鸽她们四个姑娘聚在小溪边漂洗绷带，快乐地唱起了此刻只属于她们这几个同班同学的《护士之歌》，如同在歌里唱的“燃烧在岁月忘我奉献——无上荣光青春无悔”，她们的身影在战火中隐现，受伤的战士包扎好伤口冲锋不止……她们真的形同“天使”，换句话可以说是护校培育的当之无愧的“四朵银百合”！那激情的歌声伴着溪流的淙鸣在山野回荡——

……

你看那救助伤残病痛不顾战火纷飞，

热血灼燃黑暗勇敢无畏，

哪怕流血流汗决不流泪……

解放长春时，身着军装的白鸽、雪婵等居然在被押送的俘虏营里看到原护校一个二年级的同学和另几个前期毕业的那些有钱人家所谓校友的其他班同学竟也当了俘虏。白鸽、雪婵、汪素兰、李兰她们不由得一个劲儿发笑，还时不时不自觉喊出“校友”的名字来；被俘虏的同学一个劲儿低着头怕见熟人，听到被喊出名字不得已叹道：“我们错了，走错了，走错路了！”当然，这些被俘的同学经过改造也参加了解放军，可谓“革命不分前后”，她们参加革命在部队做医务工作，并未受歧视。

雪婵救英雄与庆功会

在枪林弹雨中的火线上，已锻炼成长为坚强革命战士的战地四姐妹不管有多危险，见到伤员就往前冲，把一个个伤员从

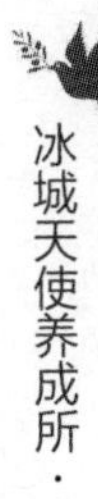

火线上救下来。一次在垭口阵地袁雪婵救了我军一位身负重伤的排长，当时他的左腿被炸断血肉模糊，脸也被战火熏黑，绷带不够用，雪婵想都没想急忙脱下上衣来给他包扎止血。敌人上来了，她扔出别在腰间的手榴弹，伴随火力支援把敌人打退，背着昏迷的排长往山下跑，把他交给二梯队野战医院手术组。战斗结束了，她去看望那位排长，才看清正是她的老同学。排长苏醒后拉着雪婵的手连问："是不是在做梦？"

雪婵说："老同学，我的好战友，不是做梦，是真的。"

排长说："我可能不行了，谢谢你救我，临死前和我亲吻一下好吗？"

雪婵拉着排长的手，轻轻地吻了排长，说："你不会死的，血已经止住了，你失血过多，马上给你输血；我是O型血，把我的血直接输给你，你不会死的！"

雪婵的血缓缓输进了排长的血管，排长慢慢恢复了些气力，含泪对她说："我就算好了，也是个残废，上不了前线杀敌，还会给大家带来麻烦。"雪婵说："你是英雄，我亲眼见你英勇顽强奋力杀敌，我从内心敬佩你，爱你，我甚至愿意嫁给你。"排长说："为什么？"雪婵说："西班牙的共产党女领袖西丽露亚，她说要是嫁给英雄一天就当寡妇也值得，一辈子骄傲和光荣。要是嫁个罪犯、流氓、坏蛋或当第三者娇妻，一辈子也可耻、下流！再说我不是十全十美，我还不知道配不配得上你这位大英雄。"排长说："你在我眼里就是十全十美的天使，我成了残废你还愿意嫁给我，你的善良美丽无形中给了我第二次生命，我愿意把我的一切都献给伟大的革命事业，是你给了我力量！"雪婵说："我说我不是十全十美，是因为我曾经被一个流氓玷污过，为了声誉我没有对任何人讲，所以我担心没有资格配你这位英雄。"排长说："就让那噩梦永远过去，那不能怪你，而在我眼里你就是我无比纯洁高尚的天使。”排长伤愈后荣立了特等功，评为二等残疾军人。后来，他们在哈尔滨举行了隆重的婚礼，过上了幸福生活。全国解放后，富有牺牲精神忘我奉献的袁雪婵还当了妇幼保健院的院长，每逢节假日，哈尔滨大街上总能看到雪婵推着坐在轮椅上的丈夫有说有笑，那是一幅多么温馨的画面……

攻克德惠，部队举行了庆功大会，上级表彰这次战斗中的英雄。白鸽、雪婵、汪素兰和李兰也因抢救了很多伤员，分别立了三等功。庆功会在古老的张庄举行，会场用树枝围成了围墙。庆功会上师长亲临，和团首长们坐在台上，30位立功者胸前戴着大红花上台，面向会场站成了几排。白鸽和雪婵她们几个女兵有意往后靠，退到那十多个英模功臣的后面，谁都不愿站在第一排。台下掌声雷动，热情高涨，有人喊：“看啊，看啊！台上英雄好像新郎新娘，还不好意思呢！”白鸽她们更是你推我，我推你往后躲。团长过来了，声音洪亮：“英雄们，不要客气，列队，按高矮个子排，我喊立正列队向右看齐，你们都是一样的英雄模范，都不要客气。”白鸽她们几个被挤到了台前，因为她们个头比不了那些立功受奖的男同胞。会场坐满了全团指战员，足有一千多人，以连队为阵，战士们拉起了歌子，先是拉《立功歌》：

三国英雄多，首数赵子龙，
长坂坡，单枪匹马闯曹营，
真好像猛虎下了山，
胆大的英雄汉八面威风。

人民解放军英雄数不尽，
要提那独胆英雄最光荣，
总司令发出了号召，

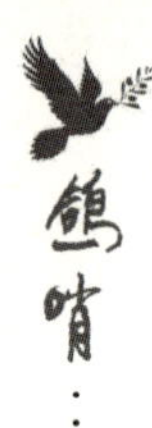

要咱们来比赛争取大功！

歌声未歇，拉歌手跳起来就嚷："唱得好不好——三营来一个要不要——"伴着欢声震耳，掌声如潮，拉起了《南下歌》：

红旗飘扬人强马壮，
无数的英雄无数的行列，
排山倒海浩浩荡荡，
我们跨过山海关，渡黄河，过长江，
向着南方，向着南方，
毛主席号召我们大步前进，
全国人民盼望我们多打胜仗。
母亲们嘱咐儿子勇敢杀敌，
同志们齐心协力抓老蒋……

庆功会上各个团队的拉歌此起彼伏，一浪高过一浪。所有的人内心都有一个英雄情结，台上的英雄全都来自身边的战友，自己也能做到像他们一样，要向他们学习，在战场上接受考验，人人心里都憋着一股劲，为劳苦大众打天下，杀敌立功劳！伴随嘹亮的战歌，将士们激情澎湃，就将奔赴烽火连天新的战场，解放全中国！

行军河畔救治产妇

天津解放后，部队南下。白鸽所在的团驻扎在河北省清河县大月河乡休整待命准备渡河。那里河汊很多，一场大雨过后河水猛涨，白鸽驻地旁边的这条河足有20米宽。河流对岸那边的一个村子里，那天正好有一位产妇难产，人命关天，乡亲们到部队求救，白鸽听了二话不说，请示领导后拿起药箱就往老乡指的方向跑。领导不放心，派了一个小通讯员跟着白鸽。大雨倾盆，洪水猛涨，桥板只有一尺多宽，没有护栏，二十多米长。跟着白鸽的那个通讯员有点紧张，白鸽就叫他不要过去，说："如果我掉下河发生意外，你不必救我，赶快回去叫人，救产妇要紧。你就站在这看着我，等我平安过去一切就都好了。现在下着雨桥很滑，一个人过还好，两个人过的话非常危险。"白鸽当时脑子里只是惦记着那个产妇所承受的痛苦和母子二人的性命，便不顾一切地从桥上疾行过去。那个产妇生孩子生不下来已被折磨了半晌，白鸽还没进屋远远已听到产妇撕心裂肺、痛苦万分的嚎叫，眼看就要没命了。她赶快跑进屋去，动作麻利地为产妇实行侧切，两手抱着婴儿头，几乎用尽全身力气才拉出来。婴儿全身发紫，不会哭，也没了呼吸。白鸽口对口地把婴儿嘴里的黏液吸出来，吸一口吐一口，而后把婴儿的脚提起来拍他的屁股，再接着做人工呼吸，之后又拍屁股，忙活了半天。这时候听到孩子"哇——"哭了一声，全屋子人提到嗓子眼儿的心都放了下来。

白鸽给产妇缝好切口，把孩子放到产妇身边。母子平安，全家喜悦，不知如何感谢她，捧了碗蛋花姜枣汤一定让白鸽喝。白鸽擦了把汗微笑着好不容易婉谢了，说部队有纪律，不拿群众一针一线。村里人都跑来了，竖起拇指夸耀这个女兵娃救了母子两条生命，争说解放军的医生好！

白鸽对大伙说："不用谢我，我是一名医务工作者，是共产党、解放军派我来的。当兵就要为人民服务，救死扶伤是我应该做的，拥政爱民，军民团结如一人，我们都是一家人啊!"

大家都为白鸽鼓起了掌。白鸽看着产妇全家人那么的开心，别提有多么欣慰了。这时，她看到团里不放心又派来了两个战士找她，白鸽微笑着告诉他们这个好消息。回去的时候，看到湍急的河流和那湿滑的独木桥，白鸽心里还真有点后怕，不知道来的时候是一股什么力量让她从桥上飞奔过去！白鸽耳畔又一次响起了《护士之歌》"我们是白衣天使守护人类宝贵生命……"感受到当一名解放军医护人员的荣光与自豪，心里充满救死扶伤的神圣使命，无惧任何个人安危，救治病人，解除他们的痛苦！两天过后，产妇家和村里人拿着鸡呀、蛋呀，举着小红旗，敲锣打鼓，扭着秧歌来部队慰问，感谢部队派医生救了母子两条人命，呈现一片欢腾的拥军爱民景象。

行军途中，有一天部队在河边扎营休息。河水很清，野战医院的医护人员纷纷下水换洗衣服。人站在河边上，水深至脚面。洗着洗着河水突然变浑，呼啦一下水位就升上来了，白鸽大喊："不好，不好，快上岸，快上岸!"有几个人的衣服被大水冲跑了，八个女医护人员也被大水冲了下去。虽然当时已准备渡长江解放全中国，要求指战员都要学一点游泳，但这几个女兵都是旱鸭子，游得不是很好，还不能往岸上游过来，只能在水上漂。幸好下游有座桥，担架营的同志们正在那洗马，把这落水的八个女同志都给救上来了。那天负责洗马的是担架营的修营长，他指挥救人，带头跳到水里救起了朝鲜护士小金。当时小金真的很危险，灌了一肚子水。修营长把她扛到肩上，倒着把水控出来，小金终于活过来了。其他七人经过抢救也安全脱险。这下子修营长和小金有了感情。当时部队不许谈恋爱，政策是二八团，即二十八岁的团级干部才能结婚。修营长那时候已经三十四岁了，特意写了申请结婚的报告。虽然级别不够，但照顾到他当兵时间较长，是个"老八路"，军组织部还是批准同意他俩结婚。小金结婚后改行当了保姆，给兵团首长带孩子。那时部队里实行供给制，保姆和护士是同级别待遇，都穿军装，只是分工不同，而且保姆在留守处带孩子，不用行军打仗，好些朝鲜和日本护士都乐意改当保姆。

过了两天，上级首长找到白鸽说，团以下单位不再配备女卫生人员了，团领导希望培养你，打算把你送到后方军医大学上学，将来成为军医。白鸽说："感谢组织的关怀，我相信战争快结束了，我们就要胜利了。但我不愿意离开战斗部队，我要求到前线去做救护工作。前方将士需要我们医护人员，我愿意继续在火线上为抢救伤员奉献力量！等全国解放以后我再去上大学也不晚。以后到前方打仗的机会越来越少了，而去学习的机会还会越来越多。"首长听后点头说道："那就先去野战医院吧，参加手术组在前线救治医疗工作也很重要。"白鸽心想野战医院手术组很需要人手，那里离火线近，作为医务工作者，哪里需要就应该到哪里去。她愉快地接受了首长的指示，前往野战医院报到。

三千里转战大军南下

为迎接全国解放，毛主席于 1949 年元旦发表了新年献词《将革命进行到底》。白鸽所在的中国人民解放军第四野战军十二兵团四十七军第二野战医院的全体工作人员也同作战部队所有指战员一样都写了请战书，以高昂的热情和扎实的工作迎接胜利的到来。第二野战医院里三分之二是日本、朝鲜医护人员，而中国医护人员只占三分之一。白鸽时不时还得兼做日语翻译。1949 年 1 月 15 日，天津攻坚战胜利结束，第二野战医院将伤病员留下就地治疗或分类转移后方，并将失明的伤员运送到五常一带集中治疗后，随大部队南下。这个时候从天津战役押解的俘虏中有十个女的被送来野战医院，她们声称自己是护士。可是叫她们打针不会，换药也不会，见了伤病员就发抖，一看就是冒牌货。白鸽向领导汇报，经过审问才知道她们这十人原来是国民党机要人员，有报务员、译电员……有个叫李梅的得了一身很严重的性病，走路都走不好。其余的大多也都患有重感冒一类病，怕传染，上级部门把她们都遣送走了。那时部队除军长配有一辆吉普车外，其余人都没有车。野战医院的担架营有很多马，各种医疗器材都靠马驮，运送药材及伤病员也都用马驮。到南方后，北方马不适应病了很多。正好天津俘虏里有个兽医，是位副教授，这下子他在野战医院倒成了宝贝。白鸽陪着他到处给马看病，他还给马夫上兽防课，讲马的卫生知识。他的课讲得好，也正是当时所需，受到了部队嘉奖。

大军南下如风卷残云，国民党反动统治摇摇欲坠。白鸽所在部队歼敌无数，一路战歌嘹亮，将士们激情澎湃，英勇无畏，奔赴烽火连天的战场。敌军大势已去，望风而逃，真像秋风扫落叶一样，部队天天追击敌人。在敌军逃窜的路边，还残留着敌人刚刷写的标语：别掉队，赶上部队给大洋！敌军开小差的很多，早已溃不成军，连他们自己都知道快完蛋了。部队经山海关入关解放天津后，渡黄河到河南休整一个多月，收编了国民党四十军，解放了新乡，遵循中央军委“打过长江去，解放全中国”的战略部署，穿越河南进入湖北山区集结待命。在这一段时间里，野战医院沿途给当地老百姓看病，白鸽又抢救了两个难产妇女，很得老乡的好评和感激。

战场战机瞬息万变，部队又由湖北向湖南进发。这一段徒步行军，有时一天要走一百里。因为敌人跑得快我们也要追得快，每个人脚上都起了泡，都戏称自己为“泡兵”（谐音“炮兵”）。虽然战斗减少了，但是敌人的飞机天天在空中骚扰。部队的行军队伍很长，敌机总扔炸弹。有一次飞机又来了，药材科一匹驮着药品的大青马受惊了，在队伍中间疯狂乱跑。有人喊：“马驮的绿色药箱里是抗生素，快把马拦下！”当时抗生素特别缺乏，全都是从美国进口的，对伤员来讲太宝贵了。白鸽眼看飞奔而来的马就快到自己跟前了，她把背包扔到马前，迅速解下皮带和绑腿系成一个套子套住马头，在那千钧一发之际和冲上前来的战友一起发力勒住了马，将马降住。周围一片唏嘘声：好险，好险！白鸽骑上驯服的大青马，威风凛凛地回来把马交给了驮子队，在场的每个人都为她鼓掌。行军中每每听到警戒号敌机来了，部队就地隐蔽，也算休息一下。大部队后面有个收容队，行军中走不动的，或者是有病的同志，就可以上收容队的木头大板车，车是用马拉着的。同志们常开玩笑：“咱们今天谁当上了押车司令？”意思是说有没有人坐大板车，因为坐大板车谁都感到难为情。那阵子天还经常下雨，部队因没有配发雨伞，白鸽她们医护人员顾不上雨水往身上淋，就像战士爱护自己的枪支一样，尽力护住自己的救护包别让雨淋湿。大雨过后任太阳把身上淋湿的衣服晒干。说来也怪，那时候没有人感冒生病，身体都特别棒，想来跟士气高涨有关。本来还有两三次应该打的城市攻坚战，可是当部队赶到时敌人跑掉了，让战士们不甘心，因为立功的机会也就少了一次。

经过辽沈、平津、淮海三大战役，国民党美式现代化装备的几百万军队已呈崩溃之势，每天报道各地解放的“号外”铺天盖地，人人热血沸腾。4 月 23 日传来特大喜讯，中国人民解放军百万雄师突破长江天堑，占领了国民党首府——南京，蒋家王朝覆灭了！独裁专制的国民党反动统治覆灭了！与此同时，第四野战军横扫豫、鄂、湘三千里大地，敌军兵败如山倒。6 月 5 日解放武汉后，四十七军主力迂回穿插进驻鄂北襄阳、樊城地区，准备参加宜昌战役，并相继渡江。

在战火中成长

1949 年 7 月 4 日傍晚，四十七军向宜昌守敌发起进攻。野战医院所属军卫生部是第二梯队，连夜向前线进发。晚上部队在湖北大山里行军，天又黑，又下雨，路又滑，又没有灯，一个排只能领到一盏小马灯，队伍中离马灯稍远的人什么也看不见。医护人员都跟着担架队走。这是因为，担架队是营编制，马匹很多，虽然大多是骑兵营挑选剩下来的马，可算得上是支骑兵营的战斗预备队，夜里可以拽着马尾巴走，省不少劲还防止摔跤。由于队伍过于缓慢，夜行军中人特别困，稍一停歇就睡着了。为防止犯困掉队，大家死死拽住马尾巴，马一走人就醒了。山路狭窄陡滑，队伍走走停停，人困马乏，累了一晚才走了八里路，可以说是南下以来所碰到最困难的一夜。野战医院医护人员互相鼓励都没有掉队，只是驮着医疗器材的两匹马掉下了山谷，让人心痛。一直到天亮下山后经过一片丘陵地带，那里刚经过战斗，没来得及打扫战场，天很热，敌军留下的尸体开始腐烂，老远就闻到一股特殊难闻的腐尸味。有的尸体上还戴着手表也无人去捡，部队纪律严明，“一切缴获要归公”。

7 月 15 日，四十七军主力攻打宜昌。作为第二梯队的野战医院赶到宜昌时已没人没粮，老百姓都叫国民党撵跑光了。医院面临断粮，除了干粮袋里还有一点外，只能挖野菜充饥。部队在郊外选定了一座大庙做临时野战医院，在那里进行救护，实施战场抢救、清创（取子弹头）、止血包扎等救治。然后根据伤情分批分类转移后送，完善手术和治疗。在大庙的地面铺了一些稻草，权作临时病床。我军伤员不少，同时还要为俘虏伤兵治疗。白鸽在大庙看到门口半躺半坐着一个伤员，却没发现身上有伤，但脸色很苍白，他表情痛苦地对白鸽说："同志，我很疼啊，快给我些止痛药。"白鸽说："你等一下，我就去找。"治疗室设在庙里面，刚到很杂乱，东西有的还没有归位。白鸽找到止痛药针再赶快跑了回来，可是那位伤员已经牺牲了。白鸽很内疚，怪自己动作慢了，因为找药耽误久了一点时间。白鸽解开他的胸章看到烈士名叫"赵杰"，黑龙江人，在军部文工团工作。白鸽把胸章上交给组织，心里一想起这件事就很难受，觉得自己动作慢了，伤员死于重创性疼痛休克，是内伤，外面看不出伤口，或许当时快点打止痛针就能挽救他的生命了。白鸽郑重地将此事汇报，请求组织给自己记大过一次。领导勉励了她没有记过。白鸽在自己的日记上写下了这个人的名字，她写道："因为自己动作慢，使他没能扛住疼痛去世了……应该给我记过，应该给我记大过！"以求吸取血的教训，"时间就是生命"啊！

晚上，庙里医护人员分批值夜班，没有电灯，只能点小马灯。白鸽提着一个小马灯去查看伤员。庙门里两旁泥塑的四大金刚在油灯的映照下晃来晃去很吓人，白鸽甚至有点不敢看，但不敢看又想看，特别那个绿脸的倍觉阴森可怕。她走过那儿想快步离开，一紧张反而滑了一跤，小马灯也摔灭了，四周漆黑。这下她真的害怕了。但想到伤病员要等着去检查，她将内心的恐惧驱走什么也不怕了，摸到小马灯重又点燃后站起来，细心检查庙里每一个伤员。白鸽发现一个伤员出血太多，马上找医生，让医生抽她的血输给伤员。因为白鸽是O型血，是万能输血者，她毫不犹豫献出400毫升血，经抢救，伤员转危为安。事后医生要给白鸽请功，白鸽坚决不接受，她说："战士在前线流血，我们在后方输血难道不是应该的?"

这次战役后，军部在常德开设了野战医院，除了救治伤员外，还为常德穷苦老百姓和军烈属免费看病治疗，方圆几十里的人都来瞧诊治病。野战医院有位日本博士名叫水谷，军卫生部专门给他配了一匹马，还安排了一个小勤务兵照顾他的生活。水谷博士负责疑难重症病人的治疗工作。他跟医院里一名日本护士结了婚，名叫水谷英子。英子是个醋坛子，水谷和其他护士说多几句话她就生气，老到白鸽那里告状。白鸽即使每天工作很辛苦也要抽出时间为他们夫妻团结做思想工作，日常还得为水谷博士做翻译。水谷博士是有名的手术专家，做手术既快又好。他特别强调外科医生技术熟练的重要性。给医务人员传授技术则格外重视医德，一再告诫要想病人所想，急病人所急，把病人的痛苦看成是自己的痛苦，外科手术必须精心准备，认真负责，动作要准、快、轻，千万不可在病人身上拉锯，以减轻病人的痛苦。受到水谷的影响，医院里的日本医生护士表现得尤为积极，和所有医护人员一起多人立功受奖。野战医院也因此成为在湖南西部常德地区很有名气的医院，在当地影响很大，颇受老百姓欢迎。

伴随人民解放战争的烽火硝烟渐渐远去，迎来了 1949 年 10 月 1 日新中国诞生！为民族独立与复兴，为人民当家做主与平等自由，中国共产党领导中国人民浴血奋战，无数先烈流血牺牲，推翻了半殖民地、半封建、半官僚资本主义压在中国人民头上的三座大山，任人宰割满目疮痍暗无天日的旧中国一去不复返了，中国人民站起来了，从此走向光明！白鸽虽然没能有机会得到她在护校曾渴望的那朵"银百合"，但在为民族解放事业赴汤蹈火、不畏流血牺牲的军旅生涯中，历经血与火的洗礼，党和人民授予她一枚无比珍贵的金质“解放战争纪念章”，那无上荣光永不可磨灭，在建立新中国的史册上闪耀！全国解放后，白鸽与四十七军第二野战医院那些立功受奖的护士都被选送到军医大学进修。当时医院一些日本护士都想找中国人结婚，但未获批准，反倒有不少朝鲜护士和中国人结了婚，直到1953年3月，这个医院的日本医护人员都被迁返送回日本。白鸽毕业后当了军医。原哈市高级护士学校第九期15名中国学员中，除了一人改行做了政治工作，其余都先后被保送或考入各类医学院校学习深造，学有所成报效祖国为人民服务，在各自的岗位上为社会主义建设添砖加瓦。二三十年后她们都已成为专家教授，也有的还当了医院院长，终生相守“白衣天使”，是殊荣，更是信念，无怨无悔……

2012年初稿，2014年定稿于广州

鹤舞他乡

鹤之屋

1931年至1945年，日本侵略者霸占我国东北三省长达十四年之久。他们在那里扶持了一个伪满洲国的傀儡政权，我三千万东北同胞遭受日寇铁蹄下惨无人道的统治压迫，挣扎在水深火热中过着暗无天日的亡国奴生活。

哈尔滨北边的A市，是北方较大的交通枢纽中心。城东五里左右就是火车站，铁轨纵横交错，四通八达。每天由多趟列车喷吐着雾气轰隆隆驰过，运输军用物资与往来旅客途经这里。从东大街至东门外火车站是这个城市最繁华热闹的地段。这一带街铺琳瑯满目，杂货店、宾馆、酒楼、南北货摊等应有尽有，还聚集了几家日本贸易公司、日本妓院、艺伎院，日本侨民大部分也都居住在这一带。这个城市不算大，站在城中十字街站台上，可以看见此城的东西南北四座城门，每座城门每天都有日本兵站岗，城门像张开的虎口吞噬着被奴役的中国人民。听人说此城周长20里，是四方城，各有四条街，头道街均为商铺，东西二道街有许多妓院。当地老百姓把花柳巷叫窑子胡同，东二道街窑子胡同的窑子铺一家挨一家，邻靠邻门对门，尽是妓院，什么“回春院”“玉春堂”“赛仙楼”等。有一家名气最大的妓院叫“居仙楼”，听说这里的姑娘，全是从江南扬州、苏州、杭州三地接来的，面肤细嫩，身材苗条，会打扮，个个美若天仙。她们有点文化背景，会管弦，会唱歌，会跳舞，会绣花，会陪酒，甚至还会吟诗作画，受过专门训练，尤其会唱爱情诗：什么月上柳梢头啊，不见哥哥妹心愁啊，一日不见如隔三秋啊……叫那些好色的男人神魂颠倒。风传她们有专会调男人魂魄的门道，有钱人可一掷千金寻欢作乐。那些二三流妓女，当地叫她们“土包子娘们”，这些人每天梳妆打扮，脸上涂上厚厚的白粉，口上涂上浓浓的口红，画上又黑又长的眉毛，穿着绸缎旗袍，在门前悠闲地坐着嗑瓜子，或绣花，或哼着色情小调，见到路过男人就主动打招呼，甚至主动去拉客，说：进来坐嘛，喝杯茶不？对见过面的就说：哎哟，好久不见了，想死你了，怎么不来呀？听着都令人身上起鸡皮疙瘩。

在东门里的东大街上，是日本妓院，及日本艺伎集中的地方。其中有三处大的妓院，占地较大，门面装饰得富丽堂皇。这里的姑娘兼具茶道、酒食、歌舞、按摩、陪浴、陪宿。还可以出租，按时间算价钱，可做临时老婆也可以做下女，每家都有二三十位姑娘，她们每月都要到日本大兵营去“勤劳奉仕”做慰安妇，当地叫“慰问妇干活计”。此地驻防一个日本师团，老百姓称为“大兵营”，慰安妇们每月都要去奉仕，换防时还要去送旧迎新更忙了。奉仕回来，带妇科病者不少。

慰安妇去日本大兵营前，都必须做妇科检查，怕把性病带到兵营。按常规一般去前要做涂片检查、冲洗，合格者方可入选去“奉仕”。县立医院妇产科妇长（护士长）神田专门负责对慰安妇的检查工作。每次慰安妇“奉仕”前的检查是她们妇产科最忙的日子。因为妇产科只有一架冲洗台，其余十几台都是临时用桌子架的。中间挡着一块白布，遮着头部和脸，新来的姑娘初次上冲洗台都吓得两腿打战。几十人冲洗外阴，神田手下两个日本护士小米和山田忙不过来，又加上两个见习看护妇，苏玉兰和柳絮，由她们两人保管调配冲洗的0.01%过锰酸钾。水要求不冷不热，与皮肤温度相当，因此她俩要兑调温水、配药、打冷热水送上冲洗台，又要把下水倒掉，忙得她俩来来回回像陀螺一样转着跑，慢一点神田妇长就骂“八嘎”

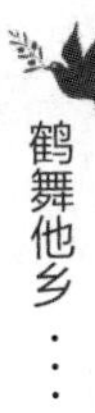

（混蛋）。神田妇长对护士、见习看护格外严厉，平时在工作中都得快！快！快！她们上班时都是抬着脚跟跑步，脚跑着还不许有大声，所以只能踮着脚尖小跑。神田不许护士停下休息，护士们背后给她取个外号，叫“小寡妇”。神田妇长丈夫是日本低级军官，她以此颇有一种优越感。她忙完一天问苏玉兰和柳絮：“今天看到什么?”苏玉兰说：“没看见人脸只见屁股，因为有白布遮着。”神田骂了声“八嘎”（混蛋）！又问柳絮，柳絮当然也不明白，更别说还不能用日语来说明白，只好说“忘了”，神田非常高兴：“幺西（‘好’的意思）!”神田说：“今天工作（检查）的事不许对外讲，否则当心，别怪我不客气!”她要两个见习护士对此保密。

与那些日本妓院不同，在东大街尽头有一处占地很大与众不同的日本艺伎院，门头是一块从山上拉下来，树干直径足有一米粗的千年松木剖出来的，树皮鳞斑皲裂，累累疤痕，中间削平，用浓墨书写着“鹤之屋”三个斗大遒劲的楷书大字。门洞与围墙松枝虬绕，密密交错，让人疑似来到深山老林幽深而神秘的“神仙洞府”。院内饰有假山、太湖石及卵石铺就的绕着水池的蜿蜒小路。池内锦鲤戏游，就像陶弘景所说的：“沉鳞竞跃，实是俗界之仙都。”池畔有几只雕塑的仙鹤。鹤的姿态有动有静，有的昂首高歌，有的低头觅寻池中鱼儿，有的弄姿跃舞，展翅欲飞，似鹤唳云霄之势。好个鹤之屋，奇花异草，诗情画意相伴院落三进三出，四层楼房，独占鳌头的当地最高的日本古典建筑，结构巧妙，楼道穿来绕去，不知有多少间房，里面有作法室，成排的单人浴木桶及男女混浴池，雅称“仙女浴”，大厅里面还有一个用做姑娘出租办公处的大房间……五花八门，好个“人间仙境”，外面冠冕堂皇，里面男盗女娼。这里花枝招展年轻貌美的姑娘们都是从日本和日本侵略占领的中国、朝鲜等国家掠夺强征来的。

姑娘出租

这些经过短时间的训练挑选出来的姑娘，不但有姿色，还有点文化气息，芳龄均在二十岁左右。在鹤之屋大厅里那个姑娘出租办公地的房间，墙上挂着大花名册，所有三十多个姑娘的照片按吹拉弹唱艺伎和腰围身材胖瘦、美丽程度分三等，下面标明每月出租的价格，一等的千元以上，二等八百，三等五百元，一二等日本姑娘居多，三等的有朝鲜、中国及东南亚的姑娘。客人进来认花名册来挑选。

这天，日本洋行老板村上次郎又来选姑娘，给他做短期太太。老鸨小板见村上进来，毕恭毕敬非常客气地把花名册交给村上任选。村上四五十岁，留着仁丹八字胡，肥胖的身躯，大肚腩行动有些受影响，但脸上精光冒油，嘴裂得很大，下巴肥得像猪头肉。他每个月都换一次姑娘。他坐在椅子上，拿着花名册一页一页地看，看了很久，很认真地挑选他要的姑娘，租金一千元以上用一个月退回，这次他把中木姑娘退回来，中木站在村上身后，眼睛红肿低着头，有说不出的委屈。小板看着中木并不同情，还生气地说："中木，你没有伺候好村上大人吧？下次弥补，你回到28号，你过去的房间反省去。"小板没好气地呵斥完转脸向村上讨好地说："村上大人，这次你选好哪一位？"

村上说："就叫26号小野合子吧，叫来让我看看再定。"

小板走向门口喊道："小野，快来接客！"二十岁的小野进来后，站在村上面前行礼说："先生好。"村上像选猎物那样审视小野，把花名册对照了很久又审视小野一番后，拿出钱

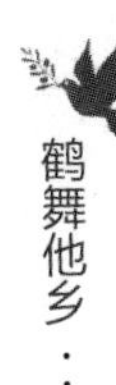

来交给老鸨。小板接过村上的钱，一边笑眯眯地数钱，一边连声致谢。小板讨好地说："野合子，你要好好地伺候村上大人，争取多住几个月。"野合子回过身说："记住了。"就跟着村上往外走。村上牵着小野刚走几步，迎面走来一个姑娘叫山本杏子。村上惊愕地把山本杏子从头到脚打量一番，转过身来，用手指着山本杏子对着老鸨说："换下这一个！"小板就把两个姑娘换了。山本说："欢迎先生选我，谢谢。"村上又仔细看了山本一遍，对老鸨说："这位和小野差不多，只是胸部和臀部长得好，就要这位先用一个月再说。既然这两个姑娘价格相同，就再给你一百元奖励作交换手续费吧。"山本中选美得不行。这些姑娘都愿意做短期太太，比在此天天接客轻松多了，所以都愿意选中。村上带着山本上车走了，小板笑眯眯地招手相送，又忙着数钱。

一会又进来一个叫中岛的日本商人，六十岁上下，戴眼镜，也是八字胡，西装革履，比方才村上更气派，他是本城最有钱的日本商人。他经营艺术品、搞假古董，买卖旧货，事实上他不是买而是抢，连偷带抢中国人的宝物。

当地人那时都有个习惯，姑娘结婚的嫁妆是座钟、帽筒、花瓶、灯台、尿壶五大件。奶奶把这些嫁妆留给孙女，一代一代往下传，再传下几代后就成古董了。中岛看中当地人的旧古董、旧家具，专门倒腾，十元到一百元买入，一千到一万块钱卖出，成了发大财的阔佬。他是鹤之屋常客，除每个月按时换姑娘外，更是天女鸳鸯浴池常客，他在此用钱非常大方，老鸨知他的底细，故意搭讪："中岛大人，近来又搞到什么珍品，拿来给我们开开眼？"

中岛说："东西不少，不知你喜欢什么？"

小板说："我想看看珠宝首饰类的。"

中岛说："你给我选个好姑娘，最好是新来的，嫩的，没有去过大兵营慰问过的，要是处女我就送给你一件珍宝。”

小板说：“好说，好说！下次有新来的，我找一个完好无缺的给你留着。”中岛一边翻着花名册一边对小板说：“你得把每个姑娘特长写上，如歌舞、茶道、按摩、料理等都写上。让客人各取所需，确定做临时太太，还是做下女。”他说着点了13号叫米田的十八岁姑娘，小板说：“此人有点笨，不会做料理，正在学茶道和按摩呢。”中岛说：“这些到了那里再说吧，我有厨师不需要她做料理，伺候好我就行。”

小板高兴地说：“太好了，我这就去叫她，把米田叫来。”米田很年轻，没见过世面，进来给中岛行礼问好后，有点害羞。中岛说：“好，就要她了！”然后把钱交给老鸨，小板瞟了他一眼笑眯眯地数钱。

在这些姑娘中有一位日本音乐教师，叫山崎美穗子，她曾是东京帝国大学音乐学院的学生，山崎的父亲曾是日本前政府近卫内阁大臣，被东条英机发动军事政变推翻惨遭杀害，并定了叛国罪，从而发动了日本侵华战争。山崎的母亲被发配到日本军工厂做被服。山崎与哥哥山崎太郎，被充军到伪满洲国，她不知道哥哥在哪个部队，杳无音讯。山崎美穗子是鹤之屋歌舞艺伎院的琴师，不接客，一般有重要接待才出场献技。这里的艺伎们个个都浓妆艳抹，梳着日本和式大飞机发型，颈上擦着很厚的白粉，甚至比脸还要白，穿着艳丽的和服，后背背着一个用宽腰带卷成的大背腰包。穿着木屐，走起路来迈着小碎步，咔嗒咔嗒响。她们穿着和服紧裹着双腿，迈不开步，把自己装成偶人一般。

山崎美穗子与所有艺伎不同。她从不化妆，不梳日本和式飞机头，很少穿和服，尽管她一贯素服简装，但她那一身白皙如玉滑腻肌肤，水灵灵一双大眼睛，鼻梁直挺，光彩照人，时常把一头又黑又浓又亮的长发扎在颈后束一带子。她与这些浓妆艳抹的艺伎们相比，真像鹤立鸡群，天壤之别。山崎举止优雅，气质非凡，真是阳春白雪，如仙女下凡。另外还有四个朝鲜姑娘，一个叫金美顺子，家乡是新义州，离丹东很近，还有南浦小崔、韩美英和朴花子。这四个姑娘日语都很好，一般人看不出她们不是日本人。其中金美顺子比其余三个大两岁，已二十岁了，显得略高，身材苗条，容貌出众，跳舞也跳得婀娜多姿，故而金美顺子是这个舞蹈组的领舞。她们四个人有时在一起讲本国语言，若被老鸨小板听到，准会臭骂："不许讲本族语言，此处只能全说日语，否则对你们不客气！再叫我听到你们讲你们的"高丽棒子"话，我就撕破你们的嘴，听见没有！"四个朝鲜姑娘在人们面前再也不敢说本国语言了。越是如此，越使她们四人有一种同是天涯沦落人之感，饱尝了在异国他乡的孤苦和民族压迫之痛，使得这四个朝鲜姑娘越发亲如姐妹，有福同享，有难同当。每当在无人处，小崔骂老鸨，金美顺子就用手捂住小崔的嘴，怕被人听到给小板汇报，少不了挨一顿毒打。金美顺子看问题比她们明白，她对小崔、小朴说："我们是在虎口里，随时可能遇到不测。万一我出现意外，你们千万别哭，而要装着骂我恨我，否则后果难以想象。"她以姐姐身份时时关怀着三个同胞妹妹。有一天一个日本宪兵到鹤之屋来喝酒，要小朴陪。小朴喝几杯后醉了，那个宪兵叫她去端菜汤，醉了的小朴端菜时身体不稳，汤洒在宪兵身上。宪兵站起来解下皮腰带做鞭子，从头到脚猛抽小朴，一边抽还一边狂笑，以此出气取乐，每抽过一鞭，小朴就痛得大叫一声。老鸨闻声跑过来，先给宪兵道歉行礼后，再连骂带打小朴，小朴遭此二人毒打一顿还得说："是，是，对不起！"小朴遭毒打后病倒了，躺在床上全身痛，头晕并发烧。老鸨叫她少装病，起来干活，接待客人去。小朴不得不带着满身伤痛去仙女浴室打扫卫生。这汤池足有四十平方米，是男女共浴、被称作“风吕”的地方。浴室冬天温度也在二十六度左右，雾气很大，似云里雾里。这汤池房里每天有数个浓妆艳抹的姑娘值班。这些姑娘裸体在云遮雾掩的蒸汽中影影绰绰宛似云中仙，不过可以想见她们摆弄那些情色诱惑、极不雅观的各种妖姿丑态。那些日本官僚买办和汉奸特务们，高价到这汤池嫖娼，雅称为鸳鸯浴，周边有大床可做按摩。小朴在此打扫卫生，头昏昏沉沉，掉在水里差点淹死。这个仙女浴池是鹤之屋赚钱最多的地方，高价的入浴费，按摩费，生殖保健费，吃茶与嫖娼费，各种各样的养生与娱乐收费，五花八门。门口有个偌大的收费箱子，每天都能收满一箱钱，对那些扭捏放荡、使嫖客多出钱的姑娘，小板就给她们多分一点钱，让她们更加为鹤之屋卖力赚钱。小板每月把鹤之屋收到的钱绝大部分交国防军费，另交田中大佐也不少，只有百分之十留着自用，即使这样她也发了财，成了远近有名的老鸨大富婆。

这位老鸨，千叶县的小板可美子，虽已四十出头了，依然打扮得妖艳风骚，却为人凶狠。“鹤之屋”平时接待的都是日本中高级军官、政要、宪兵队的人等。他们常到这里来，喝茶、饮酒、下棋打牌、谈生意、听歌赏舞、嫖妓按摩等为所欲为。自然也有不少汉奸过来寻欢作乐。

这不，小板接到宪兵大佐田中电话。电话铃响了，这边小板拿起电话，“毛西，毛西（喂，喂）。”那边田中大佐粗声粗气已不耐烦：“小板，我是田中大佐，今晚五时以后上你那儿吃宵夜，你的明白?”

“是，是，明白了，敬请光临。”小板早已乐得眉飞色舞，她知道，这个田中可是不可得罪的，“鹤之屋”原来就是他暗中一手操办起来的。两年前为了迎接上司土肥到此，特地保留山崎不接客准备留给他，并视这里为他们的大后方，在此大兴土木，建立“鹤之屋”。可是近一年战况不好，土肥根本不可

能来了。田中成了此地决策人和主人了。他今天要来，小板赶紧动员上下全班人马搞清洁，要姑娘们化好妆，穿着漂亮衣服打扮好，迎接上面的大人物——她们的后台老板田中大佐。小板每月定时给田中送钱，这可是含糊不得的。

小板对姑娘们说："今天田中大佐光临视察我们，咱们要马上行动起来，先搞好卫生，打扮好面孔，把最好的衣服拿出来穿上，听我吹哨子。我一吹哨子，你们就赶快列队欢迎。"并接着说："听见了吗？明白了吗？"姑娘们齐声说："听见了，明白了！"小板随即吩咐厨师做几道好吃的菜，备好日本清酒，还有中国烈性的西凤酒。小板又说了一遍："田中大佐来时，要列队欢迎，所有人员都不得缺席。"

下午四点多钟，田中大佐在菊地少佐陪同下，坐着汽车，还有两辆摩托车六个卫兵护驾保卫，到"鹤之屋"来了。老鸨小板赶快吹哨子，集合所有人员列队欢迎田中大佐和菊地少佐来临。田中大佐已五十来岁，中等身材，身着日本和服，留着八字日本仁丹胡须，拿着一个手杖"STICK"（一种带枪藏刀式的手杖），戴着一副眼镜，外表看像个伸士，但他那满脸横肉，凶狠的眼睛，是怎么也掩饰不住他法西斯杀人魔头的狰狞面目。他到中国14年了，干尽坏事，他不但参加了"南满洲事变"，更参与策划了"卢沟桥事变"，使中国人尸骨成山、血流成河。这个双手沾满了中国人民鲜血的刽子手，因为侵略有功，从少佐升为大佐，深受上司土肥欣赏，官运亨通。他们一行在"鹤之屋"门前停下，田中大佐摆着达官显贵的架子下了车。

小板吹哨集合完队伍迎向贵宾说："欢迎田中大佐大驾光临……"田中走在欢迎他的队伍中，对欢迎他的每一个列队姑娘从头看到脚，也不说话，又从这头看到那头。姑娘们被他看得都不自觉地低下头，这使田中很生气。田中说："为什么不带微笑？不欢迎吗？”他未曾料到队列中的金美顺子仇恨的眼里几乎都在冒火，恨不得马上要了这老狗的命。

田中转向老鸨生气地说：“小板，你是怎么教育这群姑娘的，对我来没有笑容，还低下头，这样不懂事，能叫欢迎吗？小板，你没教育好啊！”

小板赶紧说：“姑娘们赶快微笑，鼓掌欢迎田中大佐！”她说完后，田中又再次从队伍头走到队伍尾，一个一个地细看，像野兽寻找猎物，姑娘们个个带着强挤出的微笑说：“欢迎，欢迎！”田中像站在水果摊前挑水果，挑来选去地看，他最后站在乐师山崎面前色迷迷，那双贼眼让山崎很讨厌。田中从头到尾看了两遍，挑了两个日本姑娘陪他喝酒，并让山崎演奏“曼陀林”（一种乐器）。

田中带着两个日本姑娘到大厅，他们坐在榻榻米的垫子上，中间有个矮桌子。老鸨小板跪着亲自给田中按茶道方式敬茶，喝的是加糖的日本红茶。田中慢慢地品尝着说：“小板，你传授姑娘的歌舞都上手（熟练）了吧？怎么样啊，让我欣赏一下？”

小板假装客套：“请大佐赐教！”随即拍了拍手。歌舞的十个姑娘和乐队的四个姑娘，列队走进大厅来。乐师山崎领奏，轮奏并合以伴奏“迎宾曲”，姑娘们跳起了迎宾舞。又接着跳了“祝福舞”，因日本歌舞伎穿的都是日本和服，紧裹着双腿，不能迈大步，只能上肢舞动做各种优美姿势，虽拿着小扇小伞翩翩起舞，但幅度较小。田中看了一会，两只贼眼却总是盯着山崎乐师。山崎始终低着头，好像一心奏乐不理会他，然而却从内心深处感到厌恶。

烈女金美顺子

田中不太尽兴，就告知小板说：“这不怎么样，老一套不新鲜！”小板讨好说：“最近我们这里请来了四位朝鲜姑娘，训练有素，能歌善舞。”田中说：“让她们跳跳舞吧！”

金美顺子、小崔、韩美英和朴花子四个朝鲜姑娘翩翩起舞，跳朝鲜民族舞蹈《道拉吉》，乐队伴以清脆响亮和悦耳悠扬的朝鲜音乐，旋律优美，动人心魄，朝鲜姑娘动作大气，四肢舒展，风采迷人，舞起来衣裙飘飘飞动。看这种舞是一种享受，其中跳得最好的金美顺子长得也好看，面孔亮丽，她那柔软的肢体轻轻地婆娑起舞，翻动着衣袖，如从高山轻轻飘落，如从大地徐徐掠过。看金美顺子跳舞宾客们无不着迷，如痴如醉，内心像火焰一样地燃烧起来，人人都不自觉地扭动身体，不停地喝着清酒。特别是金美顺子踢腿翻身腰向后弯的张力，真是到位。田中鼓起掌来，笑道：“好！再来一个！”

小板见田中高兴，真心讨好地说：“她们的长鼓舞也非常棒。”马上就叫乐师配合让她们跳起了长鼓舞，朝鲜那种中间细两头大的长鼓，伴随舞者兰花指持系绸小棒点击轻敲变幻莫测，配以长裙疾旋翩舞，煞是销魂。四位姑娘忘情欢舞，飘飘欲仙，美不胜收，令人陶醉。田中看得入迷，骨也酥了，他情不自禁以日本和歌方式，吟咏起李清照的《醉花阴》：

半夜凉初透。

东篱把酒黄昏后，有暗香盈袖。

莫道不消魂，帘卷西风，人比黄花瘦。

山崎不由看了一眼田中，田中正为卖弄自己的文雅风情而得意，殊不知这也正因山崎所起，此刻他正瞪着贼眼瞟山崎，暗想："我可是文武全才呀！"想到这里便站起来高兴地说："喝酒，喝酒！真是起舞弄清影，何似在人间……但愿人长久，千里共婵娟……"

田中问："穿粉色衣裙领舞的女子叫什么？"小板介绍说："她叫金美顺子，因为跳得最好，是从朝鲜接来的。"田中点头连说："喝酒，喝酒！"小板赶快让人上菜，田中兴致高涨起来，吟道："好酒好乐人欲醉；好歌好舞独销魂！"并举杯道："每个跳舞姑娘和乐师都来碰一杯！"姑娘们都来给田中敬酒，田中真有些醉了，他满脸通红，脖子都红了。田中叫乐师："你的，不来干两杯！"山崎早已料到这老东西不醉姑娘们得倒大霉，不如让他大醉睡大觉，大家都平安。

山崎举杯与田中大佐一饮而尽，她哪里知道，就在她演奏曼陀林时小板已偷偷在她杯里下了安眠药粉，并向田中使眼色，田中会意大喜……此时田中喝得正起兴，乐坊奏起了《阿里郎》，歌声乐声悠扬婉转，如诉衷肠。这乐声激起田中内心深处的一片涟漪，陡然忧伤，悲从心来。他不由自主地哼起了一首有名的日本和歌《旅愁》：

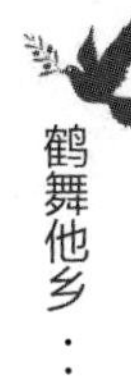

西风起，秋夜深，秋容动客心。
独自惆怅又飘零，寒光照孤影。
忆故土，思故人，高堂念双亲。
乡路迢迢何处寻？觉来归梦新。

田中低头叹息，突觉失态，猛又抬头唱起激情高昂的

《爱马进行曲》：

我从国家出来很久了，
生死和这匹马在一起，
昨日骑着你翻山越岭去战斗，
明天又要冲锋陷阵和你生死在一起。

唱罢脸上马上又堆起笑容巡杯把盏与桌上一干人灌酒。山崎喝了小板下了安眠药的酒，已瘫倒在桌上，不省人事。田中叫小板把山崎扶回房，他要在此过夜，并点名金美顺子陪菊地过夜。金美顺子回到房间，静思着仇人就在眼前，想到父母被杀情形，一不做，二不休，报仇雪恨绝不能错过良机，暗暗下了决心准备等少佐进来下手，专取少佐要害。

田中喝了很多酒，已感到头重脚轻带有醉意。小板给他泡了一杯浓浓的腊梅花解酒茶，使他清醒很多。他进了山崎房中，山崎已处在昏睡状态。她面如桃花，颧骨上泛起朝霞状的红晕，微闭双眼，浓发散于枕上。田中兽性大发，忙着解衣。昏睡中的山崎肢体无力，她毫无保护自己的力量了，任野兽般的田中摆布。他凝视着这美丽的胴体，嫩滑白玉般的肌肤，和那美丽如天仙般的面孔，这才觉得人生难得几回醉，直陶醉在美色中。他想这本是给土肥准备的一切，土肥无缘来享受，而这是他的福分，人生难得几何。因为战局变了，对日本不利。他知道他的命运和战争结合在一起，战争失败了也就是他们的末日到了。他也顾不了这许多，对他来说还是今朝有酒今朝醉，尽情蹂躏山崎。

田中兽性大发，对无力反抗的山崎极尽糟蹋。当田中发现山崎还是处女时，更得意，更疯狂了。直到山崎流血不止时（山崎原有血友病），发现她已奄奄一息。就在这时猛听到隔壁大呼救命，是吃酒大醉迷糊中的菊地少佐，东倒西歪来到美顺子房间，美顺子正卸妆，看到菊地醉醺醺、色迷迷令人作呕的丑态，怒不可遏，正待时机报仇，不想少佐倒自己找上门来送死。她内衣未解，见少佐自解衣裳赤着身子扑来。金美顺子把聚积已久对日本人杀父母之仇和亡国之恨，国恨家仇，集中全身的力量踢向少佐下身。少佐万没想到遭此袭击，被踢得剧痛的少佐弯腰护住裆部，岂料金美顺子第二脚踢来正踢中了他弯腰护裆而不及保护的眼睛，那坚硬的皮制舞鞋尖把少佐眼球都踢爆了出来。菊地大喊："救命！救命！"金美顺子早把枕下藏着的一把剪刀分成两片磨成的小飞刀，一片扎向他喉咙要害，切断颈动脉；另一片刺向他的心脏。此时守在门外的两名宪兵闻声冲入，田中也听到喊叫声跑进来，只见一宪兵将刺刀刺向金美顺子的腹部。当他抽刀时，金美顺子的肠子和着血一起流了出来。金美顺子带着重伤猛回头，双手紧紧卡住身边另一个原想抓捕她的士兵的喉咙，至死不放，那窒息的士兵竟被活生生地卡死了。

金美顺子英勇地牺牲了，她死时带着微笑，一命抵两敌人命，给父母报仇为国尽忠了。她原来是朝鲜杂技团的演员。因父母被日本关东军杀害，她隐姓埋名，进了艺伎院一心只为报仇，今天终于如愿雪恨，告慰父母在天之灵，死而无憾了。

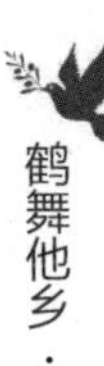

金美顺子能歌善舞，腰身灵活，动作快捷，是舞中高手，连老鸨小板也另眼相看。由于她跳得好，得到顾客的赏金她都会分给崔英子、韩美英和朴花子三个同胞妹妹，对她们格外体贴照顾，自己却很少留着用，平日面容忧郁，很少说话。朝鲜姑娘崔英子是南浦来的，没有金美顺子那样亮丽，但也很美，舞姿一般。金美顺子教她跳舞，私底下叫她提防多长心眼，不要对外人讲，说这里时时有危险，是个人吃人的地方。在外人看来是金美顺子教她跳舞，实际她经常做小崔的工作，告诉她老鸨是个日本特务，笑面虎，表面对咱们好，实际在暗中一直盯着咱们。小崔问：“没有一个可信赖的好人吗?”顺子讲：“对面马路有个卖糕点店，那个大妈人很好，但不可接触过多，以免暴露。”

小板哪里知道金美顺子的真实来历，她父母带她参加了东北抗日联军。两年前那场牡丹江边与日本鬼子的遭遇战，抗联只有八十人，而日本鬼子和伪军有两百多人，那天傍晚敌人包围了村庄，可能是叛徒出卖引来的。游击队和敌人英勇作战，虽然敌人死伤数十人，可游击队也牺牲了许多人。父亲中弹牺牲前，叫母亲和金美顺子泗水从江中逃生。可是母亲也负伤了，在江中游了半个小时后失血过多，眼看不行了，叫顺子赶快向江边树丛中游去，说别管我，你要活下去，要消灭敌人，为父母报仇。顺子拖着母亲在水里游，一直游到牡丹江对岸，在灌丛茂密处，把母亲安葬了，并对母亲坟头发誓，一定要消灭日本鬼子，告慰父母在天之灵。金美顺子知道老鸨对她和南浦小崔都是不放心的，明里暗里常到她俩的房间查看，检查信件，查找有没有武器。金美顺子房子什么都没有，她对老鸨说，自己从小会剪纸花，要小板给她纸和一把剪刀。老鸨给她一些纸和一把剪刀让她剪纸花。金美顺子很巧妙地剪了花鸟，真是很美，小板看着也很高兴。小板走后，金美顺子把剪刀分成两片，用做两把尖锐的小飞刀。金美顺子告诉小崔，并一再对她讲：“老鸨是日本特务一直在暗中监视，咱俩均已落入虎口中。一旦我发生意外，你千万别哭，还得大声骂我才能保住性命，一定要记住啊!”

金美顺子极为壮烈，对崔英子震动太大了。她看着金美顺子的遗体跑过去想放声大哭，但猛然记起金美顺子跟她说过的话，马上咬住嘴唇，骂道：“金美顺子该死!”就扭身回到自己房间，到暗处掉泪去了。小朴看到金美顺子遗体却忍不住哭了。第二天“鹤之屋”内对所有的姑娘进行审问，逐个过关。崔英子这时才明白金美顺子的良苦用心。老鸨不放过崔英子，叫她老实交代金美顺子平时跟她讲些什么，干些什么。还说不老实交代的话，“明天送到宪兵队毙了你。”崔英子谎说：“金美顺子舞跳得好，我很想跟她学提高自己。可金美顺子也很坏，不愿意教我，怕我超过她，所以我俩平时都有点别扭。”老鸨仍不信，还要她好好交代，并派人监视她，她这才觉得自己身处老虎笼子中了。这让她更加钦佩金美顺子，暗中敬慕，觉得要像她那样为民族为国家死才值得。在卧室熄灯后，崔英子向金美顺子那个房间深深鞠躬敬礼。金美顺子壮志凌云，死得有价值，而自己每天在这污浊地方，任人取乐欢笑，还得勉强应付，略有怠慢不能取乐对方，老鸨发现不是打就是骂，她真想学金美顺子，可觉得自己没有那种本事……老鸨在金美顺子死后对非日籍的姑娘反复进行严密审查，检查她们室内各种物品，把金属剪刀都没收了。对当时为金美顺子哭泣的小朴进行隔离审查，让她交代和金美顺子的关系，说不清就打就骂。小朴才 16 岁，她见金美顺子死得很惨，而且金美顺子平时对她像亲姐姐一样，所以她当时哭得很厉害。这一下给自己找来了麻烦，小板问她：“为什么你对金美顺子的死那样伤心，你们有什么亲密关系?”叫她如实交代。小朴人太小，还是个未成年的孩子，确实没见过这种场面，她说金美顺子对她就像自己的亲妹妹，所以就哭了。小板还叫她好好交代到底有什么特殊的关系，不说就没头没脑地打她踢她。踢中她的胸部要害，小朴昏过去了。小板不给她及时救治，小朴在地上站不起来了，小板笑着说：“别再装蒜，给我站起来!”越说越气，还继续狠命地踩她踢她数脚，这一下真的把小朴踢死了。小板如此残忍毫无内疚，打死几个在她眼里只不过是“高丽棒子”的“拉库他一”（落后民族），还觉得是为帝国尽忠尽责呢，活该！叫人将小朴拉出去简单埋了完事。崔英子亲眼看到小朴的死，激起她内心对日本鬼子的无比仇恨。她决不愿像小朴那样在“鹤之屋”被活活打死，要像金美顺子那样才死得值，天天想着要为金美顺子做点什么。她想起对面小店卖糕点的大婶。小崔偷跑到那里试探性地对大婶讲：“金美顺子和小朴都被打死了。”那大嫂一听惊呆，马上哭了。小崔问大婶为何？大婶说：“金美顺子是我的外甥女。”她俩抱在一起哭了起来，大婶说要报仇！要小崔在“鹤之屋”刺探情报，找机会报仇。

出事那天天还没亮，田中带着两具尸体，——一个少佐，一个士兵，像丧家犬一样回到日本大兵营，等着受处罚去了。临行前不住地骂老鸨小板，还打她一个嘴巴，要她等着好看！临了还不忘要她对反日者进行清查，对可疑人杀无赦！另一方面又叫小板把山崎送医院抢救。田中说：“把山崎送到医院抢救，不能出任何差错！”老鸨小板毕恭毕敬地说：“请放心，交给我送医院抢救，我会努力让山崎早日恢复健康的。”说完后，把山崎送往市立医院。该院老院长松尾，亲自对山崎进行了详细检查。他觉得山崎这个可怜的女青年，遭到如此强暴，真是不幸。院长联想到自己女儿和山崎年龄差不多，直叹气摇头。院长摸摸山崎的脉搏，又用听诊器听心脏，妇长（护士长）说血压60/40mmHg。院长赶快组织医务人员抢救，叫中岛医生给她输血，并注射消炎止血药。虽然病情有所缓解，血压也上升了些，但院长仍不放心地说：“送往病房吧，一病栋第二床，还要派一个特护。”

待病情稳定后，山崎被抬到一病栋第二号病房。当时山崎面色蜡黄，满脸是泪，紧闭双眼，表情痛苦，口唇干枯，下身仍时有不间断出血。

病　房

A 市市立医院不但是市里唯一的国立医院，也是本地区及周边最大的医院。医疗设备条件与技术条件都是比较好的，从院长到各科领导及医务人员基本上都是日本人。仅有一位中国医生和二名中国护士非日本籍。五个见习看护妇均是最近在当地招聘来的初中与高小毕业生，仅经过了短期的医务培训。在这里，日常医疗工作与病案记录均用日语，简直就如同是个日本医院。这个医院有八个病区，叫十大病栋（区），1、2、3 病栋，为日本人专用病区，设备比较先进，5、6、7、8、10 病栋为非日本人病区，没有 4、9 病栋，因为是“死”和“哭”的发音，不吉利，所以不设这两个病栋。

一病栋条件最好，相当于三星级宾馆，有客房、套间、卫生间，是给日本政要与高层人员及其家属准备的病房。这个病栋平时没有人住都是紧紧地关着门。这天下午一病栋门开了，二号病房住进来一位美若天仙的日本姑娘，她就是山崎美穗子。

早晨见习看护妇柳絮到一栋二号房来打扫卫生，并做晨间护理。她先看了一下床上躺着的这位姑娘，那美丽的面容真让她吃惊，眼角还挂着两滴泪水，如同荷花上两颗滚动的珍珠，那又黑又细的眉毛下紧闭着睫毛长长的双目，满头浓密的黑发撒在枕上。柳絮想：她是谁呢？为什么哭呀？她有什么痛苦住进病房了？柳絮呆看了好久，才去看床头牌上写着“山崎美穗子，二十岁，东京人”。病栏里没写诊断，在柳絮眼里日本人是那么可恶，杀人不眨眼，从日本铁蹄踏进东北开始，便无恶不作。可眼前这位日本姑娘真不像坏人，那满脸泪痕难道她

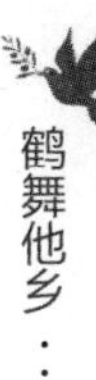

也受委屈了吗？样子好怜人呀！她住院后经输血治疗应是没问题了。可她对一切没有任何好感，不吃不喝，也不说话。柳絮把室内晨间卫生搞好后，便端来了脸盆，连同漱口杯，对病人说："小姐，洗脸，漱口吧！把水给你拿来了。"

她不做任何反应，也不吭声。再问她，她仍不答话。柳絮看她还在流泪，便说："我用毛巾给你擦一下脸吧！"说着便把一条毛巾用温水揉了两下，给山崎轻轻地把脸擦了一下，又轻轻把她的手也擦了一下。而后，柳絮说："山崎小姐，喝点水吧！"其实这时从她那干裂的嘴唇可以看出她已很渴了。柳絮倒了一杯开水放在她面前，并用吸管放在她嘴里，她仅吸了两口便示意让她拿走，柳絮说："再喝一口吧。"她摇头睁开眼看了一下站在她身边的这位一身白色护士服、瘦得只剩下一双大眼睛，年仅十四五岁的小姑娘，这般殷勤地看护自己觉得有种温暖感，便问道："你叫什么名字？你是谁？"柳絮说："我是见习看护妇，叫柳絮。"山崎听到"柳"字心里微微一震，再细看这位小姑娘，白嫩皮肤高鼻梁，大眼睛，对这副面孔有几分熟悉，似在哪儿见过，随即又问："你姓什么？"

柳絮说："我姓柳，就是柳树的柳呀。"

山崎又问："你们国家姓柳的人多吗？"

柳絮说："不多，可是在我们这个医院里啊，就有两个姓柳的，是我和我叔叔柳之青医生。"山崎一听，"柳之青"这个名字真像冬夜里吹来的一阵春风，心底的死水不由得起了涟漪，她不能忘却那失去的梦。她在心中默念，柳之青啊你为我留下一篇春的诗，叫我年年寂寞过春时，真是命运捉弄人，又让我们无意中在我被糟蹋的日子里再度相逢，多少辛酸苦楚尽在无言中。

山崎闭上眼睛，回忆起那三年前父亲惨遭杀害前的一段往事……

那时哥哥在东京帝国大学医学院同班的中国同学柳之青，常来她家作客。哥哥和柳之青还与她三个人偕伴远足（旅游），在那些愉快的假日里留下幸福快乐的美好时光。最难忘怀那次他们三个人去静冈县远足。那里山清水秀，正值盛夏，草木茂盛，花开遍野，远望那高耸的富士山依然白雪皑皑，美不胜收。这以后每当听到人们歌咏富士山的诗句时，山崎都会想起他们三个人那次在富士山下的感受。尤为感动的是柳之青每次远足都会带着他那把心爱的二胡，每到一处，他拉起二胡来，那悠扬、婉转、美妙、悦耳的琴音，总带着忧伤，那是他深深地哀伤他的祖国被敌人的铁蹄蹂躏；哀伤父老乡亲、骨肉同胞们亡国奴生活的痛苦。那如泣如诉的旋律在低吟后爆发出悲愤激昂反抗的强音，似秋寒萧索冷雨凄风，秦时明月汉时关，折射出多少将士在指尖奔腾而来，金戈铁马，剑影刀光，惊心动魄……厮杀声渐渐隐退，呐喊声越来越远，刺痛热血沸腾的胸口，电闪雷鸣，天地哭泣。泪水打断了琴弦，铮铮乐音，戛然而止……

山崎随着思绪涌动流下了两行清泪，此时柳絮也凝神地看着眼前这位可怜的日本姑娘，觉得她一定受糟蹋了，一定是被那些凶残的日本宪兵欺负了，内心莫名滋生出同情感。

柳絮说：“你觉得身上哪个地方很痛苦？让我找医生给你检查一下好吗？”山崎一听到“检查”二字不由紧锁眉头连说：“不要，不要，我不要检查。”她担心一旦柳之青知道自己被蹂躏、糟蹋到如此境地……她不敢往下想，连着又说几个“不要，不要，不要……千万不要！”

打扫完卫生，柳絮和另一个见习看护妇苏玉兰给患者准备早饭。苏玉兰是她们几个考到医院里的见习看护妇中年龄最大的一个，她已 18 岁了。身材已长成，近 1.65 米，微胖，皮肤很白，只是眼睛小一点，身体健壮，和柳絮很要好，一般重体

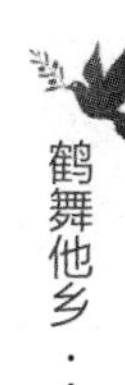

力活她都会帮助柳絮。山崎住院后，宪兵队相马林三郎得知后，一大早便带了水果、点心礼品来看望山崎。山崎对相马印象恶劣，尖嘴猴腮一副老鼠相，专干杀人的勾当，是不折不扣的刽子手。相马进病房，山崎总是闭着眼睛说胃痛，不讲话。相马呆坐一会儿冷板凳只得告辞回去了。

柳絮和苏玉兰给山崎送来了早餐，放在桌子上说："小姐，请用早餐。"山崎摇头未动。到中午她俩又给山崎送来午餐，却见早餐仍原样放在桌上丝毫未动，午餐也不吃。苏玉兰无奈地对柳絮说："你看山崎绝食了，怎么办?"柳絮想了想，叹道："快去告诉'小寡妇'神田妇长。"神田，前面已提到这个近四十岁的妇长，对下人很凶，好骂人，护士们都怕她，她总嫌别人慢，要求护士一切都要快。苏玉兰向她报告山崎两顿饭没吃时，神田先骂了苏玉兰一顿："八格，八格（混蛋，混蛋）！为什么不早来报告?"神田急忙向医生报告山崎绝食。神田丈夫是日本低级军官，她平时都以自己是军官家属自居，作威作福，要人家尊敬她，可背后人们都骂她"小寡妇"。

医生得知山崎不吃东西，决定马上输营养液——维生素葡萄糖加能量合剂。但山崎拒绝输液，她绝食不想活了。神田知道她的心情后，板着脸严厉地说："你拒绝输液，把你绑起来也得输。"输过液后，神田这次对山崎劝道："山崎小姐，你还是吃饭吧，输液总不是好办法。"山崎很勉强，此后每餐只吃一点点饭，表示"没有食欲"，给吃什么好东西也不成。

山崎与柳之青

每周一院长总查病房，院长总是亲自带着医生们看病人。

在查到山崎病床时，院长听主治中岛医生先汇报治疗山崎的经过，柳之青医生站在医生中的最后边。他注意到山崎主治医生说她住院已三天，已停止出血，就是不吃东西，情绪不稳定，总是流泪，失眠头晕。柳之青看着山崎，听着病情，每一句话都觉有如刀绞着他的心，说不出的痛苦。其实他头一天就知山崎住院了，也看过她的病历，往事历历在目……当年山崎的父亲也很喜欢柳之青，他奋发图强，毕业取得全班第一的好成绩……而今他却无法来安慰她，无法来看她，因为这是中岛管的病房，不是他管的。今天看到往日那天使般模样的日本小妹妹竟也被糟蹋成如此境地，真叫人痛心疾首。从目前情况看，她痛苦极了，她厌食了，不想活了。他想用什么方法挽救她呢？在这关键时刻怎样才能给她勇气，给她信心，让她勇敢地活下去呢？她的病用药治疗是不行了，没有什么药可以解除她心中那极大的悲愤与痛苦。柳之青摇了摇头，心想还得要想办法给她勇气，给她信心。

柳之青写了封信，并默默附上一首诗，将写好的信与诗交与柳絮，在柳絮给山崎送饭时放在山崎手中：

Angel：

从第一次见到你，你那时是高贵的千金小姐，善良淳朴，美丽大方，真是光彩照人，使让我内心激动不已。是你父亲鼓励我好好学习，我崇拜你父亲并为你折服，努力学习，毕业取得了全年级第一的成绩，我感受到了爱的照耀，那是因为真心爱你之力。你高贵典雅，身上迸射着令人敬仰的气质，我封闭的心灵从此为你打开……离开你这三年我常梦到你，却一直未能再见到你。那天我看到你入院的病例，无比痛惜，那个害你的畜生，气得我肌肉痉挛，心和手都在颤抖，我捧着你的病例在黑暗中流泪。我

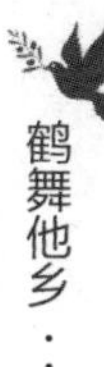

不管你遭受多大的侮辱，你在我心中仍是纯洁无比，我发誓今生今世心中只有你一个女人。我永远爱着你！

美丽的 Angel（天使）

你是一朵出污泥而不染的荷花
纯洁娇羞，清芳无比
不，你是一只仙鹤，那在白云中飞翔的就是你
是谁把你抛向鸡群里
莫屈服，莫丧气
待得时来运转，苦难终有尽头
坚强勇敢地活下去
胜利属于你，翱翔在天空高高飞起

你更是一只浴火的凤凰
无论灾难何等磨炼你
你要坚强地从火坑中飞起
那地狱之火烈焰熊熊燃烧
烈火真金狂歌无畏的灵魂
冲出地狱展翅高翔
迎向曙光，凤凰涅槃
胜利属于你，翱翔在天空高高飞起

火使灵魂净化百炼成钢
雷声闪电只为那彩霞在望
暴风雨后天气晴朗
春天复苏，万物兴旺
亲人盼你，早日安康
母亲期待，黑发成霜

爱护生命是孝敬父母

因为生命是那祖辈血脉的延续！(画一棵柳树)

(署名) 哥之友

山崎看了信和诗后，抑制不住流下泪水，目光呆滞望着窗外，似在期盼。柳絮轻轻咳嗽了两声，山崎才回过头来看着柳絮。柳絮劝她吃饭，山崎对柳絮点点头，开始吃饭了。

柳絮说："你每餐都要好好吃饭，爱护自己的身体。你母亲，我叔叔和我都热切盼望你早日恢复健康。"山崎点点头，觉得一阵温暖，说了声："谢谢。"也写了一封信交柳絮带给柳之青，并说："请转告柳医生，我吃饭了，为了亲人只有勇敢地活下去。"

致柳之青

谁能忘却那失去的梦

当初见的时光里鸟儿停留在柳枝

遇见心爱的恋人魂儿已跟他飞去

山谷听见溪泉淙鸣的歌声

从此留映在我心灵永不消逝

鸟儿爱上柳树可我却坠入冰冷的深渊

当我无求生只待死时

你却似一缕阳光照耀我心扉

给我无限温暖

迎向你坚实有力的臂膀

唤起我重生的勇气回归人世间

今夜倍觉月光寒

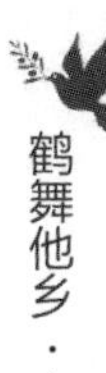

你和我处境异常艰险
不敢相约想见
通山此去无多路
青鸟殷勤为哪般

你周围有虎视眈眈
从我父亲遇难到你今天
我总是提心吊胆
危险的预感无从排遣
你千万警惕
你千万要警惕
我每日祈祷你平安

你的穗子

地狱恋歌

这个医院第十病栋，有个特殊的病房，门窗都用铁栏杆围着，门口还坐着个哨兵，像牢房一样。病房内无床，病人或坐或躺在地上，房内有两个桶没有盖子，为他们大小便用。这房里关着三位断手或腿残的患者。柳絮和苏玉兰每天要给他们送两次饭倒一次粪桶。送饭时哨兵跟着，从未说过话，开始看得很紧，后来老是这两个小姑娘送饭倒桶，哨兵也就坐着不管了。

柳絮与柳之青医生虽是叔叔与侄女一家人，但在医院里很少见面，更无机会谈话，只有在假日他们回家时，才会在家里聊一聊。柳之青的朋友肥叔来时，柳之青就叫侄女柳絮到外面放哨，有可疑的人，她就大喊："鸡跑了!"提醒他们注意安全。这次肥叔要柳絮的叔叔柳之青弄些消炎药给他们。这阵子每当柳之青回家，肥叔也总会来，他们个别谈话，一谈很久。这次又多了一位余叔叔。当时每天都有一列日本军用火车从北方往南方开，途经这里，军用列车上四周都有日本兵护卫，不许外人靠近。余叔叔计划要炸军用列车，几个人商量是在轨道上放炸药呢，还是在火车上放定时炸弹。最后选择了前者，由肥叔具体负责。另一项是当地牡丹江抗日游击队缺医少药，要叔叔负责弄到医药，送往镜泊湖有人来取。到镜泊湖会有卖菜的接头，把药交给卖菜的就成。叔叔告诉柳絮对任何人都不能讲此事。没过几天医院连续发生丢失药品案，警察对此进行了调查，但没有结果。

柳絮问叔叔柳之青："四叔，十病栋铁窗的病人，他们是犯人吧！犯了什么罪?"

柳之青说："他们无罪，都是好人。他们是反满抗日的游击队。日本人要用他们的器官搞试验，所以让他们活着，对任何人都不能说，只能说什么都不知道。千万记住！"他还对柳絮叮嘱："他们说自己是山上猎户，是上山打猎时冻坏了手脚，被日本人抓住了。"他又说到那个拐角病房的朝鲜族姑娘，尿闭塞，经一周治疗后不见好转，日本人放弃给她治疗，最后尿闭死了。这些丧尽天良的日本狗强盗没有好下场，他们的末日快到了！

柳絮说："四叔，一栋二病房的山崎姑娘不像坏人，她老不想吃饭，没有食欲，这样下去会饿死吧。我看她好可怜，你救救她吧！"柳之青望着天际凝思很久。他想用什么办法挽救这个弱女子——他同学山崎太郎的妹妹又是他心中的情人，一定要让她坚强地活下去，药物是达不到目的的，用什么办法给她力量，给她勇气，让她坚强勇敢地活下去，爱护好自己的生命，认识到生命的宝贵？更何况他早已深深爱着她。

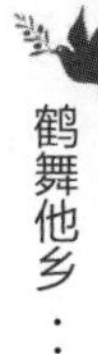

他于是摘抄了两首诗交柳絮，等她去做晨间护理时交给山崎。

Angel：
有位爱国诗人叫于谦，他说
千锤万凿出深山
烈火焚烧只等闲
粉身碎骨全不怕
留取清白在人间

现代大诗人郭沫若写道——
暴风雨后出彩虹
痛苦和磨难造就人的坚强才成英雄
思念海
那浩浩荡荡无边无际的波涌呀
那浩浩荡荡伟大的力量呀
那是自由，是跳舞，是音乐，是诗
相信自己还有勇气
未来光明
幸福属于你

我近日看了伟大音乐家《贝多芬传》，非常令人敬佩，多少人赞颂他艺术伟大，但他还不止是音乐家第一人，更给人以勇气，是一切受苦而奋斗的人最好的朋友；当我们对劫难感到忧伤时，他会到我们身边来，一言不发，在琴上弹着他隐忍的悲歌，安慰哭泣的人。当我们对善与恶斗争感到疲惫时，在此意志和信仰的海洋中浸润一下，获得不可言喻的裨益，他分赠我们的是一股勇气，一种奋斗的欢乐，你要快乐地活下去！你要珍惜生命的价值，有生命才有你的一切，说明一切。否则无人能替你证明。你要活下去！为亲人，为自己活下去！

过了几天，柳医生又把现代著名诗人艾青的《礁石》记下来，让小柳送给山崎。

一个浪，一个浪
不停止地扑过来
每一个浪都在它脚下
被打成碎末，散开……
它的脸上和身上
像刀砍过一样
但它仍然站在那里
含着微笑，看着海洋……

Angel，这么一首诗，是自由体的诗，可以不押韵，耐人寻味，也像我们历尽沧桑，饱受磨难，依然在风浪中屹立微笑。千万别为受侮辱而寻死，那太软弱，不值得，叫亲者痛，仇者快，别干傻事，让我们共同快乐地活下去！（画一棵柳树）

次日，柳絮把艾青的诗与柳之青的信交给山崎。山崎看后，沉思很久，为贝多芬感动，决心要活着，为她亲爱的母亲活着，为将来的希望而活，为朋友活，不能白白毁掉自己。想到此，她觉得全身轻松多了。只是得想办法住在医院的时间长些，可以和柳之青在一起，越长越好。此后她每天说胃疼，不能出院。但给她治胃疼的药，她就偷偷地丢到厕所里。山崎住院这段时间，相马林三郎常去看山崎。相马是东京人，虽说只

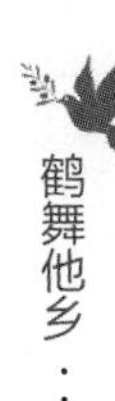

是相识，但得知山崎住院，表现尤为殷勤，每次来看望山崎都带着水果点心。山崎讨厌他，贼眉鼠眼的，不愿搭理他，每次都闭上眼睛懒得说话。她知道相马是宪兵队的刽子手，偶尔问一句："近来又忙什么？"

相马嘿嘿干笑说："忙搜捕，犯人来宪兵队就没有活着出去的。"

山崎听此言猛睁开眼睛看着相马，很吃惊地问："你们天天抓人就没有别的可做，人家就不会逃走吗？"

"谁也逃不出去！围墙五米多高，还有电网，门岗哨岗都是双套的，只要有要犯往哈尔滨送一般都是被处死。"相马得意地说。

"往哈尔滨送？怎么送？"

"方法很多，火车、汽车、飞机。"

"什么最保险？"

"专用的军用飞机，送重要犯才用。"

山崎心里咯噔了一下，若有所思，慢慢从躺在的床上坐起身来。相马赶紧上前扶，讨好她，山崎摇了摇头，示意不必，因为她打心眼里就厌恶相马，只是想套他的话，于是又问："那你现在忙什么？"

"做准备，明天就又要去讨阀抗联游击队了。"

"现在很冷，冰天雪地的日子，自找罪受。"

"雪后才是好机会，探子查出了进山之路，按着雪中脚印、马蹄印、车痕就可以找到目标。"

相马林三郎喜欢在山崎面前炫耀，以求她的青睐。山崎暗中记住相马的话，把相马林三郎打发走后，借助柳絮每天给她送饭见面，把它都跟柳絮说了，直觉告诉她，柳絮和她同样痛恨日本"皇军"，自然建立起彼此的信任。柳絮当晚回家，把此重要情报告诉肥叔，让这次讨阀的敌人扑空。

此后山崎长住在医院，平时看一些从护士那儿借来的各类书和小说来消磨。就这样过了一段时间，山崎天天盼着和柳医生多接触，很想看到他，她有意了解哪一天是柳医生值夜班，在柳医生值夜班的半夜，她说她胃疼让值班护士找值班医生给她检查一下，用此法找柳医生有数次了。今天又是柳医生值班，半夜山崎要护士给她找医生看一下胃疼。不久，柳医生迈着轻轻的脚步到山崎单间病房，山崎仰面躺在床上说胃疼。当柳医生把自己的手搓热之后伸向山崎胸前腹部，山崎两手压在柳医生手上，两眼渴望着柳医生，柳医生慢慢低下头亲吻山崎，数分钟不动，陶醉在啜饮爱人的甜蜜……当听到护士脚步声，柳医生才直起腰来，对护士说，给她吃点胃舒平吧。护士出去拿药，柳医生对山崎说："亲爱的爱人，你保重!"柳医生回到医生值班室，坐在办公桌前想着与山崎的第一次接吻久久不能平静。山崎躺在床上回味着那一刻甜蜜幸福的接吻，望着天花板，一次又一次回味。护士把药放在山崎的手里，山崎说谢谢，我起来洗洗手再吃，等护士出去后起来，把止痛药片丢在马桶便池里，顺水冲走。她才又回到床上，想着柳医生，静静沉浸在和柳医生接吻的甜蜜中。她要彻底忘却，以避免回到"鹤之屋"的恶性刺激和那些慰安妇的记忆。山崎无法承受那一种痛苦，那是暗无天日的地方。她要尽量想办法待在医院里，想尽办法和柳医生见面，哪怕说一句话也好。她尽量找机会关心柳医生的夜班。这次又看到柳医生值夜班，对护士说胃痛找医生过来给看看。这次夜班是王护士，把柳医生找来告诉柳医生山崎又犯胃痛了，接着就忙活别的去了。柳医生到病房假装用听诊器给山崎诊脉，山崎拉起柳医生的手亲吻。当护士来时柳之青叫护士给山崎量血压，支开护士去拿血压器，他们俩又紧紧抱在一起。山崎说："我没把最珍贵的给你，真是遗憾。"柳医生说："我的天使啊，你永远是我眼里最纯洁、

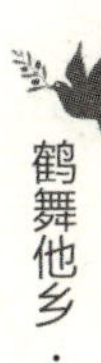

最美丽的，你愿意当我的未婚妻吗?”山崎说：“我愿意，我会永远爱着你的，我的爱人!”他们听到护士脚步声才松开。

特殊治疗

松尾老院长在医学上很有造诣，他对手下几位医生的医疗作风与技术水平了如指掌。对小岛医生最近连做两个剖腹大手术，病人都死在手术台上，这样下去会影响医院的声誉，他得对小岛采取合适的办法，防止这类事情再发生。明天又有一个腹部的胃肠吻合大手术，是小岛主刀，定手术时要医院院长批准。院长考虑要叫柳医生做第一助手，院长知道柳医生比小岛技术强得多，批准手术时特意让柳医生当助手帮助做。他知道这样是委屈了柳医生，叫他做下手也有点不忍。故他把柳医生叫来面谈，让柳医生协助。柳医生不愿意与小岛同台手术，这是可想而知的。

院长对坐在对面的柳医生说：“叫你来有点事。”

柳医生问：“院长叫我来不知道有何指示?”

院长说：“柳医生，我知道你是医院的手术技术上最好的医生，你做的几个大手术的病人都痊愈了。使医院提高了声望。护士们都反映你做手术快而准，别人做阑尾手术要 40 分钟，你 20 分钟就做好了，病人第二天便可以下床，第四天就拆线出院了。当然手术时间拉长会给病人带来更多的痛苦，所以要像你那样眼疾手快才行。”

柳医生说：“感谢院长对我了解，医生的道德与医德我是最看重的，尽力解除病人的痛苦，这是对一个医务人员起码的要求。”

院长说："明天小岛医生有个病人做胃肠吻合术，我想让你做我才放心。可是，那是小岛病房的病人，他手术报告送来要求自己做，我想委屈你给他做助手。"

柳医生心想：小岛平时对病人不负责任，拿我们的中国同胞给他练技术。小岛有一种大和民族优于一切的狂妄思想，在他眼里满洲人是劣等民族，死两个无足为惜。他对我同胞的迫害不择手段，他对医院丢药的事已产生怀疑，但苦于没有证据。

小岛要做这个手术让柳医生憋了一肚子气。今天院长这个要求有点请求之意，他本想说不愿与小岛同台做手术，就是他给我做助手我都不要，可是一想到那个病人如果叫小岛做就会增加更多的痛苦与死亡的危险，而且想到那个人是自己的同胞。想到这里柳医生马上说："由院长决定，我服从！"

院长知道小岛平时很嫉妒柳之青样样比他强，使他不服气。然而今天非常高兴，想不到柳之青听他指挥。小岛对柳医生讨好似地说："由你在手术台上，遇到什么风险，我都放心了。"院长说："你们明天做手术我去看看。"柳医生说："欢迎院长亲临指示！"说完站起来往外走，院长看到柳医生的背影，心里赞叹道："多好的医生呀，不为名利，甘为下手。"

平时护士们都说柳之青手术做得好，阑尾手术二十分钟，别人三十分钟也不行。院长早就知道护士多次反映柳医生好手术快。不由想起来拿柳之青和小岛对比：柳医生身高一米七六，小岛一米五六，柳之青浓眉大眼，一表人才；小岛小矮子小眼睛，这个人还特别傲气，连日本护士都躲着他。

第二天，手术开始，院长来了，站在门边看。小岛切腹部的皮肤，柳医生双手紧握四把止血钳子，柳医生麻利地止血，动作飞快，小岛切口走到哪里，柳医生的止血钳卡跟到哪里，几乎未见多少血迹。胃肠暴露出来了，切胃部分时，柳医生给小岛定位协助，切除做胃和肠吻合，黏膜、肌肉、胃外膜三层

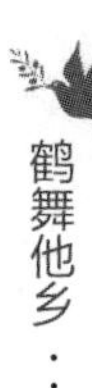

各分别吻合术后，检查腹部无渗血。很快，大手术做好了。院长看柳之青，手疾眼快，操作准确无误，熟练得像绣花姑娘飞针走线，简直是艺术表演，不住地点头赞许。术后，院长说："这个手术进行得很好，很顺利。明天周末了，我带你们和两个神经衰弱的病人，去一次周末远足，接受大自然负离子给神经衰弱的病人治疗吧。"

菊地少佐被刺杀以后，他的夫人菊地美英子得了严重的神经衰弱和神经官能症，每天哭，不吃不喝不睡，被送到医院来了，就住在一病栋五床。她婚后一年刚从日本来了不久少佐就死了。菊地夫人一个月都未能睡觉，吃什么药也不能睡，为此医院提出病案讨论，研究如何对她治疗。负责她的医生中岛将病情与治疗经过先做了发言。五十多岁的松尾老院长是医学博士，他精通医疗技术，并有丰富的汉医（中医）理论基础，院长又问："你对今天病案讨论，下一步对菊地的治疗做如何打算?"中岛想了想说："目前对菊地尚无好办法，请院长阁下指示。"院长让在座的六位医生提出治疗方法，小岛医生说，用最好最强的安眠药，其他几个日本医生也认为需加大安眠剂量。

柳之青一直坐着听着，松尾院长看了柳医生一眼，便说："柳医生有何提议?"柳医生在听过几位医生发言后，想好了自己的方案，站起来说："我对上述所提治疗方案有异议，不同意把安眠药加重，我认为对严重失眠者用大量安眠药有效量和致死量很近。病人是受了严重精神打击，致使神经兴奋和抑制失控，中枢神经混乱。对她的治疗，不是一两种药或大量的安眠药能扭转的。"小岛马上强硬地质问："那你有什么好办法?"柳医生说："人是一个整体，不能头痛医头，脚痛医脚，尤其对中枢神经系统分开治疗不行。要从生活、环境、饮食多方位调理。在汉医学中对失眠有很多有效办法。”院长点头，他想听听，柳之青继续说：“我认为，主要是天人合一：

“第一，不要老卧床，我们没有疗养院，实际我们有的病房也兼疗养院，他们可到山明水秀、负离子含量高的环境休息散步；

“第二，饮食，定制有助安眠的饮食：早餐牛奶、鸡蛋、面包，一碗小米粥。需要说明的是日本人吃白米粥，而小米粥是特别安神的，小米粥里再放桂园、百合、忘忧花，在当地叫黄花菜煮粥。中午要吃猪蹄筋，大米和小米合起来做饭，一个绿色菜，一条鱼，一个紫菜汤或米少汤，当然这是日本人常吃的用黄豆粉做的汤，再加点红枣、桂圆。晚上尽量不吃兴奋食物，像韭菜、辣椒、葱、蒜、咖啡或浓茶等，以上饮食可够“卡路里”，又可安眠镇静；

“第三，去负离子含量高的环境远足，爬山、游泳，骑马或划船，可以到近距离的镜泊湖去玩玩，那里是天然大氧吧。”

院长笑着说：“我非常赞许柳医生的医疗方案，我到医院两年多，从未离开医院一步，今后我们可以分批带着神经衰弱的病人去远足。”大家一听兴奋起来，有的甚至鼓掌。院长说：“为了不影响工作，每个星期六、星期天十个人一组分批去远足。柳医生，哪个地方好你说说看。”柳医生又站起来，如数家珍一样，他把镜泊湖情况作介绍，他说：“本省镜泊湖，在牡丹江宁安市河段，是离我们最近最好的风景区。那里有一百一十千米，长是四十五千米，宽是六十千米，面积很大，是一万年前火山爆发，火山岩堵塞牡丹江而成。有瀑布，山重水复，群山环抱，景色优美，天然形成了吊水楼瀑布，大小孤山、白石粒子、城墙粒子、道士山、老鸹粒子等著名八景。那里山上各种鸟很多，水里的鱼成群，当地有一句话：棒打兔子瓢舀鱼，野鸡掉在饭锅里。”大家听后兴致更高，都有

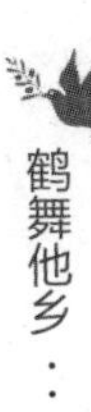

些迫不及待了。院长原本就是钓鱼高手，明天正好周末，马上决定先去十个人，八个工作人员两个病人，院长也去看看，并确定医生是中岛医生、小岛医生、柳医生、两名护士，再带上两名见习看护妇主要负责野炊。

正在好多人准备着明天远足的头一天晚间，十病栋屋里的那些特殊病人，那个犯人病房里的人失踪了，医院工作人员到处找也没找到，只有上报了。警察方面来人前后检查，仍找不到线索，问当夜值班警卫、医护人员都无结果，也只好上报，并把当夜值班看守关起来审问。

那个看守说：昨天夜里没有人到病房，值夜班的医生是柳医生，也没见他去那病房。但柳医生仍成为这一次事件的怀疑对象。看守说他那一天不知为什么困得厉害，睡着了，什么也不知道了，等他醒来一看，病人都跑光了。看守还是被抓起来继续审问。

那个星期六院长亲自带着医护人员与患者乘大巴去火车站，往牡丹江镜泊湖远足。院长喜欢钓鱼，带着钓鱼工具，还说带点盐，从湖里钓上鱼来用湖水放点盐煮熟就可以吃了。医护人员带了点医药，见习看护带着炊具。柳絮管野炊，所以带着锅碗瓢盆，她把这些东西装满了给游击队的医药，按指定地点送到。下大巴时有个穿紫衣服的大嫂卖菜，柳絮以买菜的方式把医药交给大嫂。他们在头天晚上就出发了。

火车上旅客很少，人们可卧可坐。柳医生和院长面对面坐着，他的背后是柳絮和山崎也面对面坐着。在此之前，柳医生和山崎保持着非常秘密的关系，除了柳絮以外谁都不知道他们的爱情。车过一面坡后，山峦起伏，松树林层层叠翠。柳医生突然站起来，向着那密密排列的深山松林默默行礼，他心想：在密密的树林里，有我无数抗日的好兄弟，没有吃没有穿，不畏流血牺牲，坚苦地抗战。他想起那首游击队歌：

没有吃，没有穿，
自有那敌人送上前；
没有枪，没有炮，
敌人给我们造。
在那密密的森林里，
到处都是同志们的宿营地……

火车快要到牡丹江，柳医生离开座位的时候，小岛神秘地坐到院长这边来告诉院长："最近医院发生几件事情，可能和柳医生有关。"院长知道他嫉妒柳医生，所以不耐烦地瞪着他："你有什么根据吗？"小岛说："做这样事情的人一定是非常聪明精干的满洲人，而且一定是在我们院里的人，所以我锁定了是柳医生。"院长说："没有证据光怀疑不行。"这些话都被山崎听到了，她有些紧张，赶紧把这个信息告诉了柳絮，让她告诉柳医生：有坏人跟踪他了，千万要警惕。

镜泊湖远足

火车在牡丹江停车后，坐大巴到镜泊湖。进入镜泊湖景区不久，就能看见一个大瀑布，叫吊水楼瀑布。宽而大的瀑布，自百丈山崖直泻而下，发出轰轰巨响，宛如万马奔腾，气势慑人，他们这一队十个人站在它前面显得是那么渺小。每个人站在那里什么都不想了，放松身心，悠闲自得，真是进入物我两忘的状态，全然融入自然，让人身心净化。他们与游客们在那静立好久谁都不愿动，希望多净化一会儿。

镜泊湖怪石嶙峋，似景似物，惟妙惟肖。火山岩地质结构

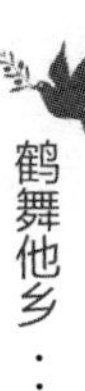

复杂，高山峻岭，古树参天。因为山高峻，河流落差大，形成瀑布奇观。也有说瀑布是火山口形成的。镜泊湖在阳光映照下波光粼粼，五光十色，分外耀眼，让人陶醉。飞禽点点，像音符在湖面与山峦之间飘动，奇山异水，组成一幅山水画，人置身于画中行，美不胜收，其乐无穷。往前走山势陡然转向险峭，路旁有奇石怪树，鬼斧神工，石阶绿苔很滑，有数百阶，在顶峰有一个瞭望石，高十米左右。四周烟雾迷蒙，远山尽在眼底，让人浮想联翩，心生对祖国大好河山的由衷赞美。

随着峰回路转，流水潺潺，循声而望，烟波浩渺的湖面上有三两条小船行在其中，前面山坡上有几座新坟。柳医生想：一定是抗日烈士的，先烈英魂浩魄，蔚起青葱，与日月争光，虽死犹生。山坡上乱岩嶙峋，人迹罕至，倍觉幽寂。拐过一座小山，在一棵造型独特的孤松旁边，柳医生放下所带的珍贵的急救药品，埋在树下，那是按约定游击队去取。过了小山就到了镜泊湖的岸边，这周围的大小石块全是黑的，而且很轻，因为那是火山石。那两个神经衰弱的女病人——琴师山崎和少佐遗孀菊地英子，以及柳絮，还有一个米田护士，她们都累了，坐在湖边上把脚伸到水里，在岸边歇脚。这时有成群的两寸长的小鱼，来啃她们的脚趾，因为那鱼没有什么牙齿，所以啃起来不但不疼，而且还很舒服，像是按摩，让你有一种充满万种风情柔和温顺之感，惹得她们忍不住都哈哈大笑。姑娘们的笑声如清脆的鸽哨，在群山逶迤中飘荡。这笑声传到院长和柳医生那边，柳医生大声对院长说："神经衰弱的病人好了，半年都没笑了，今天笑了，说明起到大自然的天人合一的效果了。"院长也笑了，说："不错，不错，这灿烂的笑语，激昂的青春，愉快的心情，使这次治疗的目的达到了。"院长钓了不少的鱼，他心情很好，几乎甩下钩就能钓上鱼来，院长叫柳絮赶快捡树枝点火煮鱼，用小铁锅打上一锅湖水，活鱼不去鳞也不去内脏，就用湖水煮湖鱼，放一点盐鲜美无比。他们就这样野炊，吃了一锅又一锅，吃得非常高兴。院长找了一条小船，与柳医生还有两个神经衰弱的病人菊地和山崎，外加柳絮一同坐到船上去，在湖中泛舟。蓝天上的白云映在湖里，恰似人在云上行一般，真是如诗如画。柳絮喊了一声："往下一看我们都在云上了，是云照在水中！"院长也往下看确实船在云上，往远看又有一棵开红花的树掩映在绿树丛中，他的诗意来了高兴地哼起了和歌。院长说："唐诗有三百首，日本有《百人一首》和唐诗差不多，第六十六首，叫做《天台宗名僧》(1057—1137 年)。"他哼起了他的和歌：

深山遇娇樱，
难得相依一缕情，
花开照眼明，
可叹此地客不住，
惟有知己落绛英。

院长说老僧人在这深山绿树中看到了樱花树，观赏良久，不忍离去。此时此地，花似乎在召唤，人在呼应而发出内心的感叹，真可谓花与人倾心相思。在这古山老林中，能和我相依为伴、心心相印，只有你而已。院长叫柳医生拉拉胡琴给大家听，柳医生拉了《二泉映月》，那凄婉的琴声，如泣如诉，哀叹着内心的悲伤，山河依旧而国破家亡……紧接着他又拉了一首激昂的曲子《十面埋伏》，是从内心发出了反抗，这个声音只有山崎听得明白，因为她是乐师懂音律。山崎听明白了《十面埋伏》是楚汉交战一幕，那几十万大军在他手指间奔腾而来，四面楚歌刺痛霸王的胸口。电闪雷鸣，虞姬自刎江畔，泪水打断琴弦，铿锵的旋律在颤音中戛然而止。莫非是想告诉

山崎，他将要为祖国光荣地去牺牲。山崎听后不由得流出了两行热泪，赶紧偷偷地擦掉，怕被别人看出来。但柳医生看到了，不由得内心激动，很想过去抱住山崎，但他克制住了自己，只是猛地用弓子在琴弦上狠狠拉了两下，以稳住自己的情绪，受到感染大家都好长时间低头不语。老院长眼望着远山，有一种悲伤的表情，好久都没缓过神来，不知他在想什么。他非常喜欢柳医生的人品和技术，都是第一流的，又懂得音律，情感丰富，多才多艺，实在是难得的聪明的好医生，真不希望他会出事。

英雄牺牲在黎明前

在镜泊湖回来的路上，柳医生一直陪着院长，看着小岛和那些女护士们在一起打打闹闹，嘻嘻哈哈。院长问柳之青：“你为什么不跟他们一块去玩玩?”柳医生说：“我尊重院长前辈，愿在你身边陪着你。”院长从心里喜欢柳医生，他知道如果医院的医生都像小岛那样，来一个病人死一个病人，那谁还敢来啊！所以他作为院领导喜欢柳医生也是很自然的事情。回到医院后，相马林三郎来医院看山崎，又带了礼品和食物。只是山崎关心柳之青安全才对相马另眼相看，问他最近在忙什么。相马说：“抗日联军一小股游击队离这儿不远，约有一个分队，我们明一早就出发歼灭他们，等回来再来看你。”相马走后山崎马上把消息告诉柳絮，柳絮转告柳医生，柳医生马上告诉肥叔。此次相马讨伐队去打抗联遭遇了败仗，是一位老人向导把他们引入了必死岗，在那深山老林里进去就出不来了，讨伐队死了十二个人，打了败仗回来了。

从镜泊湖回来后，柳医生已感到小岛时时监视着他。小岛认定柳医生是抗日分子，本来开始是嫉妒的，后来成为了仇恨。曾有一次，小岛给一个张姓病人做手术，术前他诊断病人是肝硬化腹水，他要给病人做脾脏切除，做脾肾静脉吻合，柳医生始终不同意他的诊断。切开腹部后，柳医生发现病人肝脏很好没有腹水，就问他："肝脏很好，你怎么诊断他是肝脏硬化腹水呢?"小岛说："根据化验。"后来柳医生把化验单拿来，也是正常的，叫小岛停止这个手术。小岛说："你没有权力!"小岛继续把脾切除做静脉吻合手术。小岛是想练自己的技术，不管病人死活。后来病人死在手术台上了，柳医生看到一个身体强壮的中国同胞就这样死掉了，心里非常难受。柳医生拽着小岛要他到院长那里去承认错误，小岛甩开柳医生并威胁："你管不着!"接着还动手打了柳医生两拳。柳医生毫不怯弱，回手也给了小岛两拳，还踢他一脚，小岛趴到地下。柳医生把这件事情告诉院长，院长说他要了解一下，柳医生说："这是严重的医疗事故，医院如果这样下去，医生犯错误也不加处罚，不能叫错者接受教训，医院的信誉就丧失了，不是治病救人而成了杀人医院。这里是模范区，我们也应当成为模范医院，否则病人再也不会来了，那还叫什么医院。"院长听了柳医生的话句句在理，也觉得柳之青说得完全对，所以很生气地指着小岛说："你的'八嘎'（混蛋）！进行记过处分。"从此小岛对柳之青怀恨在心，想着办法报复他。这也是小岛忌恨柳医生的一个原因。另外，小岛对护士米田多次求爱。米田不喜欢他，拒绝了。小岛因嫉妒而怪罪柳之青，认为米田是看上了他，对米田说："你看着，我要叫柳医生死在我手里。"米田说："你少干魔鬼的事。"米田经常给柳医生打饭，小岛看到很生气，骂米田没出息，米田说："你看，那么多病人围着柳医生他都顾不上吃饭。可你呢，没有人找你看病，你吃饭时

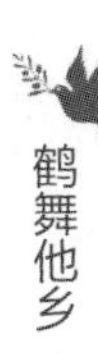

跑得比谁都快，还要我帮你打饭吗?”小岛对十栋病床三个被看守的犯人跑掉不放手，他暗中调查，怀疑看守为什么睡着了？他怀疑看守那天晚上吃饭时被人放了剧性安眠药，所以看守睡得很死。他认定是柳医生做了手脚。山崎得知后很着急，匆忙给柳医生写了一封信，告诉他小岛正在收集材料加害他，叫柳之青快逃。

あおい のやなぎ（柳之青）：

我在死亡的边缘无力徘徊时，你牵住了我的手，让我重拾起生命，真如冬夜吹来的春风，千树万树梨花开，给了我活的信心和希望。

可是近日我却为你担忧，虎口张开了，危险一步步向你逼近，你要速做决策赶快远走高飞，否则来不及了。我在黑暗中默默祈祷，只为你平安！（画一条麦穗）

就在这个时候，这个城市的火车站，一列军用列车被炸掉了，日军从各种线索查到和医院有关系，柳医生成为重点布控对象。柳医生告诉柳絮：“万一我出了什么不幸的事情，我没有什么值钱的东西和物件，只有这把心爱的二胡，你帮我交给山崎，做永久的纪念。”军用火车被炸后日军对这个城市可疑的人进行了大搜捕，柳之青也在其中。当时柳医生正在病房查看病人，日本宪兵来逮捕他，病人纷纷阻拦，都说：“不行，不行，他是个好医生。”凶狠的宪兵毫不理会，强行抓人。柳之青说：“请你们让我把这几个病人看完，就跟你们走，我不会逃。”院长闻讯赶来了，帮柳医生求情说：“他是个好医生。”宪兵不听，要马上逮捕。柳之青冷静地说：“让我把我的病人看完，我要对他们负责，做好交接就跟你们走，我不会跑的，让我最后看几个病人吧。”病房的三个病人都感动掉泪了。院长对宪兵说："让他把病房查完，做个交班，我保证他不会跑。"柳医生把病房的病人查完后，对院长说："尊敬的院长，和您在一块工作，得到您亲自教导和关怀，太感谢了。我最后一个要求，我想再看山崎一眼，可以吗?"院长点头。柳医生进到山崎病房，山崎已知道出事了，她在床上一见柳之青进来，一下跳起来抱住柳之青，抑制不住泪水，对着他说："我知道会有这一天，有人害你，你为何不逃?"柳之青说："山崎，我见你的目的，是为了叫你保重，千万别做伤害自己的傻事。你母亲年迈，盼着见到你，战争快结束了，你一定要好好活着，去见你的母亲，多做有利和平的事。"山崎泪流满面已说不出话来，松尾院长哽咽着对柳医生说："你放心，我会照看好山崎。"此时宪兵不许他们再讲，蛮横地拉着柳之青走了。山崎追着崩溃般放声大哭，松尾老院长也掉下泪来。院长很同情他俩，其实院长早已听闻他俩的暗恋。他很同情他俩的爱情，院长见柳医生被抓走后，拉住山崎对她说："山崎，你放心，我会像对我女儿一样对你。"山崎扑在老院长胸前痛哭而抽搐地说："谢谢……你是我再生父亲!"

柳医生被捕后，有传言他是被叛徒出卖了。这个时候柳之青家里接到一个不明身份的人送来的一张纸条，上写"救柳要快，找院长"七个字。家人把小纸条交给了柳絮，柳絮看后把纸条烧了。她急忙跑到院长办公室，给院长深鞠躬不起来。日本人这样的鞠躬就等于下跪。柳絮说："院长，你是柳医生最敬爱的人，你是他的恩师，他是你的好学生，他有难求你一定救他。他是被陷害，他不是坏人，院长你比我更知道，他是个品德高尚的人，他不会偷东西，钱够用，我们家没病人，他不会偷药的。他生活可以不需要偷东西，小岛是因为嫉妒和仇恨，所以害他，要治他死罪，小岛这狠毒的手段，就是为了那个脾肾静脉吻合的手术，小岛太狠了。院长请你救柳医

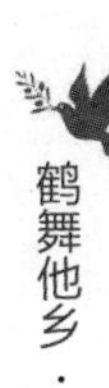

生，我们全家人都求你，因为家里人都不会日语，只有我代表全家求求你了。”院长说：“小柳，我早已看出你是个美丽聪明的小姑娘，今天再次证明我的看法。柳医生被捕时，我就证明柳医生是个好医生，他们哪里听我的话，还是把他抓了。我也去过宪兵队保他，宪兵队说他有人证，是共产党抗日游击队的人啊。”柳絮抢着说：“不可能啊，我叔叔是个不问政治，一心一意为病人服务的好医生，不信你问问病人柳医生是一个怎样的人？”院长说：“正是如此，这些我比你知道，可是有人证明说他是共产党就难办了。这些天，我每天头昏昏，我真的要犯病了，我很难受，救不了啊。”尽管柳絮哭求，院长无可奈何地说：“小柳，我对你讲实话，我也不愿失去柳医生，我是非常珍惜他的第一人，他的品德好，医疗水平高，医德高尚，我都了解。可我怎么想办法救他都不行，我甚至亲自去找田中大佐，他竟大骂我一顿。田中说上医治国，中医治病，说我就会治病，什么也不懂，蠢货！竟把我推出来了，不许我再讲到柳医生的事情，讲实话看来柳医生无法救了。”柳絮一再求院长再想想办法救人，哭着出来了。那些日子里院长真的病了，不再见任何人。

柳絮知道找院长不行了，又去找肥叔，肥叔说晚上到家里来。当晚肥叔到柳家密商营救的事，对柳絮说：“你四叔在宪兵队被看得特别严，把他当成重要的政治犯。组织上正想办法救他，不惜任何代价，已知很快要送往哈尔滨，打算在火车上营救。但敌人用军用飞机把他押解到哈尔滨就难办了。”

柳絮把营救的事情告诉山崎，山崎不住叹气。她深思很久，知道在宪兵队活的希望几乎就没有。她十分悲痛，很难相救也很难见面了。她想只好找相马林三郎想想办法了解真实情况。她打了一个电话给相马，山崎拿起电话：“毛西毛西（你好的意思），我找一下相马。”相马一听山崎找他，就说马上来。相马骑着摩托车来到医院。山崎对相马说："我哥哥同学柳之青医生，听说被关到宪兵队了，有办法救他吗?"相马说："救柳医生太难了，宪兵队长亲自过问此事，你们院长也来保他，为他求情，请求宽大处理以免死刑。因为有共产党叛徒咬定他，所以就难救了。此事田中大佐都知道，要把柳医生送哈尔滨。"山崎问："用什么方法送？火车？汽车?"相马说："他是要犯，火车、汽车都怕被劫，可能用飞机，那谁也没办法救的，直升机从此地宪兵队起飞，直接降落到哈市宪兵队。"山崎说："我想看看他行吗?"相马说："很难，他关进死牢了……这样吧，你写封信我设法为你一定转交到他手上，也算我对你一片赤诚，甘冒掉脑袋的风险，唯此破例了，不过有个条件，你得让我亲一下。"山崎默默点头马上找纸笔，但拿着笔很久写不出字，她写信怕相马看，又不想错过最后这点机会，望着天花板不好下笔，最后还是忍不住掉泪落笔，滴滴眼泪落到信纸上：

> あおい のやなぎ（柳之青）：
>
> 多想见到你，再给我看看病。天又黑了，光明在哪里？我又犯病了，别的医生不会看好我的病，只有你。我日夜思念你，我知道你是为了和平才去牺牲。伟大的和平啊！我为你守望、珍惜、热爱的和平啊，我按着你的心愿为和平而活下去！（画一条麦穗）

相马为山崎所感动，真的把信交到了柳医生手上，柳之青在牢里看到山崎的信激动不已，把信亲吻了好几次，放到贴心处。这些相马在监控中都看到了。事后告诉山崎，山崎激动过度而休克，许久才苏醒，泣不成声……

敌人要柳之青供出抗日联军。柳之青坚决回答："不知

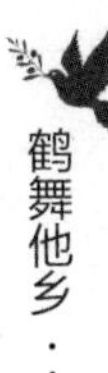

道！知道也不会告诉你们。”敌人用各种酷刑硬是撬不开他的嘴，面对一个共产党员的钢铁意志，敌人彻底失败了，决定要杀害他。敌人用直升机把他送到哈尔滨，在哈尔滨又多次用酷刑，敌人把柳之青的指头一根根烧掉，烧一次就叫他交代游击队领导所在。柳之青大声说：“我的领导在我的心里！”敌人什么也没得到，恼羞成怒，挖了一个坑，采取活埋的办法，把柳之青推到坑里，叫他站着，慢慢地往坑里填土。填一锹土问他一句，让他供出抗日联军的领导人在哪里。他仍是一句话：“在我心里！”最后他仰天狂笑对刽子手说道：“你们末日快到了！世界反法西斯同盟快胜利了，德国法西斯快灭亡了，已经从苏联莫斯科把德国法西斯打回德国去了，苏联红军就快攻克柏林了。德国法西斯灭亡后就是日本法西斯的灭亡，你们的末日就快到了！”敌人又连加两锹土，土已经埋到柳之青胸部了，最后叫柳之青投降。柳之青对敌人说：“今天你们拿锹埋我，我的同志不会饶了你们。狗汉奸，你们的汉奸头衔永远也摘不掉了！”那个汉奸说：“埋你都快死了，还说话！”柳之青说：“我死得其所，死得光荣，我一点都不怕死。你们将来死得才惨呢，人民不会放过你们的。”当土埋到快到颈部的时候，柳之青的鼻孔、耳朵、眼睛，七窍都往外流血。他还高喊：“共产党万岁！抗日联军万岁！打倒日本帝国主义！”他牺牲第二天，柳絮用绸子布包着柳之青的二胡，交给了山崎美穗子。山崎用颤抖的手接过二胡，泪水像泉水一样不停地涌出。她打开绸布，看到二胡用小刀雕刻着：你要快乐地活着，为献身世界和平而奋斗。山崎此时如万剑穿心一样痛，这场战争毁掉了她的家，也毁掉了她的爱情和幸福。她站不住倒在床上，蒙头大哭不止……

柳之青死后，柳絮问院长能不能在医院里祭奠他，院长说：“不行啊，你们自己在家里祭吧。”柳之青牺牲后，他的领导肥叔千方百计找到了他的遗体，通过地下组织，把他埋在了镜泊湖山上，和抗联牺牲的英雄埋在了一起。

小岛听到柳之青被活埋了，高兴得手舞足蹈，又唱又跳，大声喊叫："好消息！柳之青医生被活埋了！"医院的医生、护士都跑出来看他狂魔乱舞，无不心中鄙视这家伙真是个小丑坏蛋。山崎在二楼上也看到了，恨不得跳下楼来杀他，撕他的嘴，忍不住吐了他两口唾沫，回到病房发疯一样撕扯床单被套，直到没有了一点气力，瘫坐在床上……院长看小岛那样得意，那样丑陋，内心觉得可憎可恨。院长对柳医生这么一个好医生的死，也觉得难过，无奈且无助。

柳之青死后第十天，柳絮抱着柳之青两尺大的相片，上面挂着黑布，柳絮大妹妹玉红，举着魂幡（用一支竹竿上面缠着白纸条），小妹桂红抱着鞭炮和纸。她们从家里出发，先走向东门，然后从东门往西大街上走，在大街上绕了两圈，让人们知道柳医生被杀害了。路人问怎么回事，听说柳医生被日本鬼子杀害了，那些被柳医生治好的病人和朋友们，都自愿跟着送葬的队伍走，队伍越走越长，最后竟达好几百人。出了西门以后再往西门外的东南高地，在一块空地的土台上燃了香，摆好相片，那两尺相片上写着：二十八岁柳之青医生。看了的人都觉得可惜，甚至掉泪，都说他是好人哪。开追悼会那些人都是自动来参加的，因为队伍里头也混进了日伪暗探，有一个认识的大伯挤到了柳之青的哥哥——柳絮爸爸柳德山身边悄声说：追悼会别提政治，只提好医生。柳德山心中有数，看着他默默地点头，转身对大伙说：我四弟柳之青，是个年轻有为的好医生，他为了治好病人，不惜牺牲 28 岁的自己，多好的兄弟啊，多好的医生啊！他还没有结婚，没有儿女，我们悼念他，我的三个女儿就当是他的女儿，要继承他的遗志，要好好做人，为人民解除痛苦……

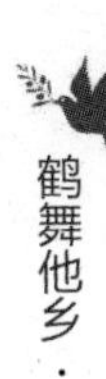

而后放鞭炮，烧香烧纸，送亲人。这时柳絮看见山崎在远处向这里跪着下拜，她抱着二胡哭得格外伤心。战争毁掉了她的一切，她最心爱的人也离她而去了，她悲痛万分，一边哭一边想能为他做点什么？怎样做才能减轻心中的悲痛呢？只有化悲痛为力量，继承他的遗志，勇敢活下去！

苏玉兰

苏玉兰和柳絮为山崎做护理工作，每天打饭搞卫生，细心护理近半年了。这三个人多次密切接触，彼此信任，成了好朋友。这天柳絮和苏玉兰又到山崎病房唠家常。苏玉兰把自己要结婚的事告诉了她俩，并叹道，不想结婚也不行，因家里用了人家二百块钱。

原来，苏玉兰有个最要好的朋友叫刘玉兰。刘玉兰的父亲原来是伪满铁路机务段段长，生活较富裕，刘玉兰平时也能给苏玉兰在经济上一些帮助。为此苏玉兰经常到刘玉兰家去做一些家务。刘玉兰的父母很喜欢苏玉兰，叫苏玉兰和刘玉兰的哥哥订婚。刘妈认为穷人家的孩子会过日子。柳絮听苏玉兰说要结婚了，快乐地跳起来，一定要山崎也参加，让她看看中国人结婚的样子。她俩参加了苏玉兰的婚礼。刘玉兰的哥哥在哈尔滨上大学，他的父母打电报叫他回来结婚。结婚那天，刘玉兰的哥哥带着一个打扮入时，妖里妖气的女人回来。那女人穿着貂皮大衣，貂皮手笼，貂皮帽子，一身的高级貂皮，珠光宝气，走进摆满婚礼酒席的刘家大院，高声宣扬她是刘家儿子的媳妇。说完向参加婚礼的客人嚷道：“你们全都滚蛋吧，我才是他家的儿媳妇呢！”苏玉兰看到这个场面，“哇——”的一声哭了。柳絮和山崎看到苏玉兰哭得可怜，也掉了眼泪。怎么会有这样的事情发生？气不过的柳絮站起来大声说：“苏玉兰是父母订的明媒正娶的合法婚姻，你这个妖精从哪里滚出来就从哪里滚回去。”那个穿貂皮大衣的女人，一脚把客厅饭桌给踢翻了，酒肉洒了一地，宾客都站起来，惊呆了，没见过这架势啊。穿貂皮大衣的女人对着这些客人大骂：“什么父母定的，我父亲是哈尔滨大官，专门抓你们这些不老实的人。”柳絮说：“我们怎么不老实？”那个女的说：“说你们是反满抗日，就是反满抗日，都得抓起来。”山崎站起来用日语讲：“你不该陷害好人！”柳絮把山崎的话翻译成中文并对大伙说：“咱们赶快把这个女妖精抓起来！先打她一顿后，看她以后再敢不敢害人，叫她滚蛋！”刘玉兰的哥哥看到场面难收拾，这个伪汉奸最怕日本人，又怕那个女妖精吃亏挨打，又有日本人参加不好惹，拽起她往外跑，帽子跑掉，鞋子跑掉也不要了。他们跑了以后，场面又静下来，刘玉兰的母亲说：“大家坐下，吃饭吧！”有人问：“婚怎么结呢？”有人出主意，按乡俗叫刘玉兰抱着一个公鸡跟苏玉兰结婚，拜天拜地拜父母。此后苏玉兰在刘家当媳妇，每天给刘家干活，成了刘家佣人，因为苏玉兰家用了人家二百块钱定亲费的聘礼，没有钱还，她就日夜伺候着刘玉兰的父母。一直到一九四六年春天，肥叔带着共产党的工作队到了他们那里，才把苏玉兰解放了。这个可怜的当了媳妇的大姑娘，也晚一年到哈尔滨考取柳絮就读的护士学校上学去了。

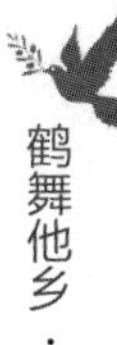

天翻过来了

柳之青牺牲后，山崎很痛苦，大病了一场。柳絮时常来安慰她，劝她学护理工作，别回鹤之屋了。在她看来，有院长保护，山崎可在医院安心住下去。于是山崎在病房看起护士教科书来。

1945年8月15日，日本法西斯投降了。这个消息传到县立医院，松尾老院长坐在办公室呆呆地不动。他似乎预感到会有这么一天，所以他并不觉得太意外。

小岛那帮坏家伙，骂骂咧咧的半信半疑，喊着："天会翻吗？这天大的意外，怎么会成为事实呢？"他们都酗酒，借酒发疯，摔碎东西，砸坏医疗器械，要死要活，不知所措地发飙胡闹。过了两天，医院要被接管，因为医护人员还不够用，所以好一点的有技术的日本人留下，差一点的到难民营，松尾院长留下，日本护士米田和山崎也留下了。恰在此时，来了一群被小岛害死的中国人的家属，要找小岛算账。小岛一看拔腿就往前面跑，他们就在后面追，小岛仿佛成了丧家犬，一直被追到火车站，小岛再往前跑，最后被火车撞死了。田中大佐被押送去战犯审判庭判罪，一路上老百姓们追骂他，往他身上吐口水，扔东西，追着想打死他，要他偿命。人群中朝鲜姑娘崔英子和大婶拿着金美顺子的血衣，怒不可遏泣血控诉日本刽子手的血腥罪行……山崎和少佐遗孀菊地，她们两个的神经衰弱都治愈了。菊地和神田妇长，还有妓院的老鸨小板，都在东大街摆了地摊卖旧货，无非日本和服、镜子、粉脂、首饰、香水，还有一些小饰品之类。此时有个二流子，叫刘三，拿了神田摆在地摊的项链不给钱就走。神田苦苦求他给钱，他也不给。柳絮见状喝叫刘三："站住！你不给钱就把东西放下。"刘三说："日本人欠中国人的太多了，俺就不给她钱。"柳絮把项链拿回来交给了神田，对刘三说："日本侵略欠中国人的几辈子也还不清，但日本人民也是受害者，你不要破坏中国人的形象，别干丢人的事，要那些不干净的东西有什么用。"刘三抄着手啥也没捞着恨怏怏地走了。

柳絮在哈尔滨护士学校毕业后参加了中国人民解放军，在民族解放的炮火硝烟中抢救伤病员，多次立功受奖，被保送到军医学校学习，后来当了军医。

野战医院的医护们

1946 年 8 月以后，解放战争打响了。9、10 月，由于国民党大批装备现代化武器的军队进攻东北解放区，敌我双方战争激烈，伤员很多，解放军就招聘了当地一些日本技术人员，尤其是医护人员参加工作。这个时候肥叔已是这个县的领导，他知道松尾院长技术高明有正义感，介绍松尾院长到部队野战医院。松尾院长带着小米、木下、田中等护士，并带着山崎也到了野战医院来做护理伤员工作。野战医院设在一座大庙里，伤员躺在草垫上，有的包着头，有的腿脚受伤了。山崎表现得非常积极，任劳任怨，努力做好伤病员的护理工作，喂水喂饭，倒大小便，包扎伤口。由于她进步快表现好，不久就学会了打针换药，做得非常认真。她对于伤病员很负责任，得到一致好评，不久就被破格选拔为正式护士。她非常热爱伤员，常发挥她的特长，给伤病员用曼陀林伴奏，唱歌安慰伤病员。她唱得

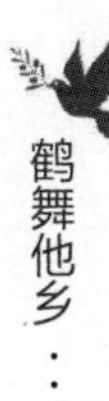

特别好，简直是天籁，她最爱弹唱伤病员喜欢听的《立功歌》，时常还一起唱：

三国英雄多，首提赵子龙，
长坂坡单枪匹马闯曹营，
真好像猛虎他下了山，
胆大的英雄汉八面威风。

人民解放军，英雄数不尽，
要提那独胆英雄最光荣，
总司令发出了大号召，
要咱们来比赛争取大功。

伤员爱听爱唱这首歌，很受鼓舞，很有自豪感，甚至都能减轻伤痛。山崎发现伤员出血过多，供血困难，多次把自己的血输给伤病员。输血后还积极工作不休息，她夜以继日忘我地为伤病员工作，因此被选为模范护士，多次受表扬。就这样历经解放战争，在这三年的战斗生涯里，还当了护士班长。山崎当了护士班长后，原来那些日本老护士心生嫉妒，有意挖苦她。山崎回到宿舍，水谷、木下、小米、田中都在议论她。水谷护士说："哟！大好人山崎回来了，你整天不管上班下班都在病房，也忒积极了。"木下护士说："山崎你输了血按规定要休息一天，你几次输血都不休息，是不是不要命了！八一五前你老泡病号，现在有这么大干劲，像换了个人完全变了。"伊藤护士说："哎呀！山崎，模范护士你当好了，但不要累坏了。"田中护士说："山崎你别生气，她们是关心你，怕你累死回不了日本。"她们相互嬉笑着还有意说："我们都是护校毕业的，技术总比'鹤之屋'的姑娘强吧！"

隔壁新调来已成为见习医生的柳絮，她除了做本职医生工作外，这个医院日本人多，她还兼做翻译。她听到隔壁护士挖苦和打击山崎，尤其听到“鹤之屋”，她气不过，一下子闯进日本护士宿舍。这几个日本护士突然见柳絮进来都不说话了。山崎在一旁偷偷地掉泪。

柳絮说：“你们说呀，怎么不说了！山崎当班长你们为什么不服气？就因为她没上护士学校对吗？可她比你们认真负责，不怕苦不怕累，忘我劳动，得到伤员好评，领导满意。就凭她不怕苦不怕累，就可以当你们的班长！”

柳絮说着，毫不客气地环视那几个说风凉话的日本护士：“我们解放军有大学生当连长，高小生当营长，甚至是团长。你护校毕业算什么？山崎觉悟高，工作好，说不定将来当副院长，我愿意她领导我。再看到你们打击积极分子，叫你们做检讨！”柳絮说完就生气地走了。

那几个日本护士觉得小柳医生训斥得对，一起对山崎道：“对不起！”

山崎说：“你们要问我八一五前泡病号，不愿意出院，那是我讨厌‘鹤之屋’那个脏地方。她们用肉体换钱，觉得她们真的很可怜。但我和她们不一样，我是乐师，不卖身……我住院那么长时间得到你们的帮助我很感谢，不会忘记你们的好处。你们问我哪来的干劲？”山崎擦掉眼泪不好意思地笑了一下，接着说：“你们要是知道这些伤员有多么勇敢，多么了不起，他们为民族解放事业去战斗，去流血，甚至牺牲，就会觉得能为他们服务是多么的幸运和光荣，更何况他们是我所爱的人的战友。”

木下和水谷两个护士同声问：“哎呀！你爱人是谁呀？”山崎说：“他就是柳之青医生，我们还没有结婚，他就和我永别了……他是为了保护他的组织和战友，为了解放祖国、保卫

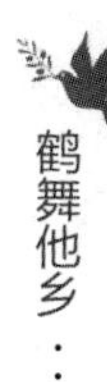

和平而牺牲的。他是医生，更是一个英勇的战士，我为做他的爱人深感自豪和光荣！”

这几个护士听了不住点头，都表示：我们真不知道，难怪你比我们更努力，思想境界比我们高，真的值得我们学习。

山崎说：“你们别说了，我们有幸能为这些伤员服务，做点事情，感动他人，更感动自己，机会难得。等我们老的时候回忆起这段工作，恐怕是一生也难忘掉的经历了。”

那几个护士都说：“我们明白了，你是对的，我们要像你一样，争做先进！”

仅仅半年后，山崎领导的这个护士班，就被评为了先进护士班！

山崎常说：“中国人和日本人都是一样的黄皮肤黑头发，没有什么区别，听说我们的祖先不少人就是从中国云南和福建过去的，那我们不也是一家人吗？”

数年后，当了军医的柳絮，又见到了山崎，这时山崎已是护士主任。她们两个历经战火洗礼，浴火重生的老朋友见了面热烈拥抱，一块回忆起柳之青，为他没能见到今天的解放与胜利而难过。山崎见到柳絮又好像见到了柳之青，忍不住掉下眼泪，柳絮安慰说：“不要难过了，我们要继承他的遗志，我们一起共同维护和平，中日将来不要战争，要和平！”山崎说：“我不会忘的，我正是为了这个目的，因为有了追求，人活得才有价值！”

日中和平使者

1953 年 3 月，中国决定将日本侨民和难民送返日本。山崎是其中的一位，在他们回国前的那天，柳絮去送她。她们难舍难离，柳絮用毛笔写了“海内存知己，天涯若比邻”送给山崎留作纪念。山崎说：“我懂，我懂，咱们两人各奔天涯了，却仍然若比邻，争取有机会见面，肯定会见面的！”柳絮问她：“你回去做什么事情呢？”山崎说：“我要努力争取做一名中日永不战争的和平使者，一生宣传并致力于这方面的工作。”

山崎回到她的日本家乡——岐阜县，开了一个专卖灯笼的店面，除了那些日本传统的民族样式，更多的是用中国的故事，灯笼上面画的有三国人物的脸谱，也有《西游记》的画面，还有像《水浒》《红楼梦》等这些故事。后来慢慢做大了，在首都东京开了门面分店，日本其他一些城市也有她卖灯笼的店面。平时，她总爱拉一曲二胡，一直以来不断有人拜师学艺，在日本带出了许多二胡爱好者。

1988 年秋天，山崎随中日友好代表团访华，巧遇了柳絮。当时柳絮正好担任部队首长李政委和夫人画家王捷的保健医生，随同去镜泊湖疗养。在火车软卧车厢里，柳絮认出了随团访华途中的山崎，她们见面的高兴劲可想而知。

柳絮问起山崎来中国的主要目的，山崎说：“这次是随代表团访华。”并介绍了访华代表团黑田正敏团长。王捷说：“有幸遇到你们，没带什么礼品，我画两张画送给你们。”王捷当场画了一幅樱花、牡丹和平图送给黑田正敏团长，黑田正敏团长知道画中寓意，樱花是日本国花代表日本，牡丹是中国国花代表中国，和平鸽自然象征和平友好，非常高兴，拿着画和王捷照了一张相。王捷又画了一幅夕鹤松花江畔送给山崎，她听说了山崎的故事为之感动，特作此幅写意，并以落款偕同柳絮合赠。山崎行礼，异常感激，把画珍藏起来并与柳絮、王捷三人合影留念。她真诚地告诉柳絮他们说：“打算在镜泊湖

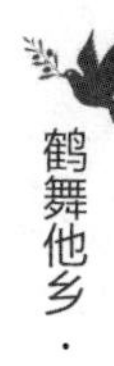

岸边买上一块地，像吃饭桌子那么大就行，上面立一块碑，写上‘中日永不战争！’……”一直凝望着山崎的柳絮脑海里浮现出：湖畔一块大理石上分别用中日文碑刻铭文“中日永不战争！”决不允许重演那一段为中日两国造成深重灾难的痛苦历史，永记战争罪行，中日世代友好……而此时山崎说罢，良久望着窗外。柳絮看见山崎眼里透着晶莹的泪花，她知道，这不仅仅是怀念柳之青，更是中日两国人民的心愿，向前默默走近山崎跟前，两人四只手紧紧地握在了一起……

2011 年 11 月初稿，2013 年完稿于广州

松花江畔的鸽哨

庙会枪声

在我国北方一些地区有个风俗习惯，每年农历四月十八举行“娘娘庙会”，方圆几十里的人都汇集到这里来参加庙会，热闹非凡。绥化也不例外，庙会可以说在当地是最盛大的活动。在绥化县城南门外的娘娘庙，供的是观音菩萨和各种神仙，其中香火特别旺盛的是送子观音，老百姓都在她面前弓身下拜，祈求她保佑多生儿子，多子多孙。在庙前面的大空地上搭了一个大戏台，请的都是外地名角，他们会唱六天大戏。大戏台的两边有包厢，有钱人坐在包厢里看戏、喝茶、嗑瓜子。戏台前面是一个比足球场还大的大广场。人们站在广场上看戏，黑压压的一片。看完戏一般都要买一个泥娃娃回家（泥胎做成小孩模样，涂上颜色，象征着平安幸福，将来会生一个聪明的娃娃）。庙会有个临时摊位市场，卖各种农产品、小商品、药品、工艺品，有面人、吹糖人，还有用泥做的各种小动物，俗称小泥人，还有小吃等。人来人往，很是繁华热闹。

庙会的最后一天，外公和爷爷带我也来赶庙会。当地人喜欢评剧，唱起来像说话一样，通俗易懂。戏牌榜单上标明第一天唱的是《花为媒》，第二天唱的是《桃花奄》，第三天唱的是《十三妹》，第四天唱的是《朱买臣休妻》，第五天……一连唱好几天，除了这些主戏还配一些小戏，像《五女哭坟》《菱角血》《小放牛》《龙凤配》《老少配》等。外公身高一米八九，我骑坐在他的肩膀上看戏，显得很突出，成了这片人群里的最高点。我看不懂戏，看到穿花衣服的人在戏台上出来进去，就不停地问旁边的爷爷谁是好人谁是坏人。看戏的人都回头看着外公和他肩膀上的小女孩，纷纷问他："你是干什么的，这么大的力气？好像也在表演。"站在外公身旁的爷爷介绍说："他外号叫王大个儿，真名叫王永生，他是我们关里人，河北省任丘县的。当年是义和团的大师兄，他力大无比啊，在义和团参加过天津保卫战，在廊坊战役中打死过两个英国兵。"我听了这话觉得非常有自豪感，我外公是英雄，那些人也都称外公为老英雄。外公说："我不是英雄，谁能保卫自己的国家，谁才是英雄，义和团没有保卫住国家，那些外国兵攻陷北京，杀烧抢奸无恶不作，义和团没能抵挡住八国联军，屈辱地留下了火烧圆明园的奇耻大恨。"看戏看到最热闹的时候，突然闯入了几个当兵的来抓劳工，他们看哪里人多，就专门到那种场合去抓强劳动力，人们都一轰逃散了。外公对来抓人的伪军讲："你们抓去的人干什么活儿？一天给多少钱？这里人很多，要是给的钱合适，你们不用抓，我给你们找。"抓人的伪军看他一眼，说："一个月给钱给饭吃。"外公问他在什么地方当劳工，他们说了一个地方。外公了解那地方，知道他们是汉奸，是给日本人修工事，就告诉周围重又慢慢聚拢来的人，那是骗人的，不能去，快逃命吧。一个抓劳工的伪兵上前用枪托打他，一伸手就被外公撂倒了，外公把我交给爷爷说："你们快走！我在这里挡挡他们。"剩下的几个伪兵一拥而上，但都不是外公的对手，外公抓起一个坏蛋把他一扔就扔出了几步远，周围的人见状都鼓掌叫好。外公又一扫腿扫倒了两个，他转脸对被抓的劳工喊："你们快跑吧，被抓去当劳工的，很少会活着回来。"被抓的人挣脱着跑了。那几个吃了亏的伪兵爬起来把外公围在中央。人们不看戏了都来看这场恶斗。外公银色胡须飘飘、鹤发童颜，他站在那里显得威风凛凛，毫无惧色，他武艺精湛，他的义和拳是太极拳和各种拳糅合在一起的，他的拳变化无穷，打起来别人不易靠近。他运用全身力量，把五个人全打倒在地“嗥嗥”直叫。伪兵看打不过，举起枪来，外公没来得及闪躲，腿部和腰都中弹了，躺在血泊中，伪兵看外公倒地流血负伤了撒腿就跑。戏台上演戏的人也跳下来给外公包扎止血，还给他刀伤药。我爷爷借了个小板车推着被打伤的外公回到家里。我们家住在离此十里左右的刘家窝铺，这个村子里有个大地主姓刘，外公给他们家打更，看粮场。当地人把打更叫“京官”（更官）。大地主刘家的粮场院很大，有四五十垛打好的和没打好的粮垛，主要是高粱、玉米、小米（谷子）。在这些粮垛下掉了很多米粒，养了不少的小鸡和鸽子，野鸟也到这里吃。那里有二十多只鸽子，最通人性，它们有纪律地飞来飞去，在天空自由翱翔，它们好似对外公有感情，外公走到哪里，那群鸽子也在天空跟着外公飞到哪里，有时候还落在外公的肩上撒娇。外公也特别喜欢它们，不许人伤害鸽子。如有人来想抓鸽子吃，外公坚决阻挡，他说鸽子是益鸟，它们有组织纪律，有很强的集体主义精神，互助团结，还能抓害鼠和报信息，所以谁也不许杀害鸽子。我是他大女儿生的外孙女，小名他给取的，就叫鸽子，是希望穷人的孩子也能飞上天空自由翱翔。我们家在城里，鸽子也常飞到我们家落在屋顶上，停很长时间才回到粮场，几乎每天都来一次，我们全家人都喜欢这群鸽子，时常撒些谷子喂鸽子。在粮场的隔壁是一个养马场，外公夜里负责喂马，也经常骑马，还教孩子们骑。外婆给刘家地主当奶妈，她奶的孩子叫六姑，对外婆家很好，也喜欢鸽子，妈妈常带我和六姑一块儿出去骑马玩。外婆家就住在场院里，房子是用泥土和高粱秆搭的很简陋，窗户还是用纸糊的，但涂上油也很光亮。地窨有个土灶通过的土坑，可做饭取暖。外公负伤后在家休息了两三个月才恢复健康，他在娘娘庙会上露了脸，经常有人跑来请他教武功，但外公一概拒绝。

最后的义和团员

听老辈子人说，那年1898年，爆发了轰轰烈烈的义和团运动。要知道当这个消息传到美国之后，著名作家马克·吐温很兴奋，他奔走相告，逢人便说自己也是义和团员，“义和团员是爱国者，他们比别的国家的人民更爱自己的国家”（马克·吐温对义和团的声援，一直是中美文学史上的一桩美谈）。义和团成员绝大多数都是贫苦农民，他们反对帝国主义侵略中国，英勇保卫自己的国土，在天津、廊坊和英军开战，打死了不少英国兵，但义和团也死伤很多。最后英、法、德帝国主义，用洋枪洋炮打败了义和团。1900年，八国联军攻陷北京，先杀义和团，后杀老百姓。英法联军给他们的士兵放了三天假，在北京抢劫老百姓的财宝，奸淫妇女，无恶不作。北京的老百姓死了成千上万，尸体成山、血流成河，城墙上挂着数不清的血淋淋的人头。外国强盗对圆明园先抢后烧，抢走的财宝用骆驼运了半个月，白银四万两，马拉了不知多少天，只留下废墟遗址……大清腐败被帝国主义弱肉强食。这个故事外婆盘腿坐在坑上，一边纺线一边对我这个外孙女不知讲了多少次，每次讲她都叹息动情，有时讲到亲人被杀还止不住掉泪。我问外婆，这么多年为什么你还哭呀？外婆说家里男人都参加了义和团，你外公、外公他爹和大舅爷都是好样的，他们举义旗杀帝国主义强盗，守护中国的土地不被西方列强分割，不惜豁出性命，别忘了他们是你外公家族的骄傲，是有血性的男子汉，是有骨气的中国人，帝国主义强盗亡我中国永远别想得逞。我老对你们讲，总也讲不够，哪怕再讲十遍二十遍，都是为了让

你们记住国耻，不忘帝国主义侵略的罪行，要一代一代地讲下去。偶尔她还会给我唱义和团歌听：“义和团起河北起山东，三个月满地红。红灯照女英雄，女英雄会做饭会杀敌，真是行……”还告诉我说：“鸽子你妈是义和团第二代，你们这一代是第三代了。”

外公看的粮场院里，架着好几个玉米垛，一圈又一圈、一层又一层整齐排列着玉米棒子，下面大上面小有点像宝塔形。一颗一颗金黄色的玉米粒，在阳光照射下闪闪发光，有点像半透明的玛瑙。

有个二赖子叫刘三，想叫外公教他武功，外公不教他，说坏人学了干坏事。刘三就对他那帮日本武馆朋友讲，说王大个儿有武功，叫日本人把他的武功套出来。有天夜里，三个日本武士，在玉米垛暗处藏着，准备待机出手袭击外公。天边红色的晚霞渐渐落去，月亮慢慢从柳梢头升起来，那三个藏在玉米垛的日本贼，悄悄低语着想一下制胜，没想到正在此时，三个玉米棒子飞向三个贼人的头顶，不偏不斜正中三个人的天灵盖，三个人“啊”的一声都摔倒了。不知是什么武器飞来了，足有十来斤的重力，打得他们头昏眼花。当他们回过神来，一看，才看清是三个玉米棒子。他们三个人拿起玉米棒子细看说：“这个棒子也只不过有半斤重吧，为何像有十来斤重量打在我们头上嗡嗡响，两眼冒金星，手还直抽筋。”此时听到外公哈哈大笑地说：“朋友，你们远道而来，此地没有茶，没有酒，只有玉米棒子奉送，别见笑。”这三个被玉米棒子打得头昏脑涨的日本武士听到笑声，还听到这老头用日语说话，使他们暗自惊慌，一个玉米棒子砸在头上，竟有十来斤重，真不敢轻敌了。外公说：“我不想伤害你们的性命，只用了十来斤玉米的分量跟你们玩玩，如果我用五十斤的玉米分量打你们，你们早就没命了，我不愿和你们结仇，你们平安回去吧。”日本武士问外公："你到底是什么人？为何会说日语？"外公说："我是这个玉米垛的一粒玉米，是中国一个普通的农民，学日语不难，我就是看管保护这个粮场，被地主雇用的更夫。我个人生死无关紧要，但我最为关心的是这个村子的百姓，他们是老实厚道的农民，长年和土地打交道，我担心他们的生命财产安全。你们千万不能打了败仗，就报复伤害他们，你们那点武功还偷袭不了我，你们回去吧，把你们当官的找来，签个条约，不可以伤害本村无辜无罪的老百姓足矣。对我本人，死活无足为虑，还想玩一下吗？给你们每人十个玉米棒子，如能打到我身上，就算你们胜了。我拿六个玉米棒子，如果你们每人被我打了两棒，你们就输了，回去报告你们领头的吧！"结果日本人各拿十个玉米棒子向外公打来，全被外公挡回去，落到他们自己身上。可外公各打他们两棒玉米，就把他们的脸都给打肿了，打成熊猫眼。他们三人只好灰溜溜地回去向他们的头领汇报了。

外公外婆是在义和团失败后，随逃荒的移民从关内河北省任丘县逃到关外，在黑龙江省哈尔滨市绥化县刘家大窝铺安身。外公给刘家地主打更数年，他白天睡觉，夜里起来打更查看粮垛。在夜深人静时，他每天都习武打拳，多少年从不间断，所以他的拳法确实了得。过去谁都不知道他有一身好武艺，这次在娘娘庙会上亮了相。

后来外公伤好了，村里的人和外村人因为知道他有功夫，都要请他教。就连汉奸也知道了，也要他教，他们带着日本人拿着礼盒，请他去教武功。他坚决不去，表示他的伤还没好，不能教他们。他对外婆说："坏人学了武功干坏事，死也不会去教。"那些汉奸和日本人老来找他，允诺给他什么官呀房子呀马呀，他也不去教。家里的人有时也提起要不要教自己家人，他说不能教，靠拳脚不能保卫国家，没有枪炮管用，所以他一个徒弟也没有。后来先前那三个日本人穿上了夜行衣晚上又来偷袭他，想与他比试高低，没捞着便宜，再次被外公打跑了。当地还有个坏人叫刘五，品德恶劣，他多次想习武得不到结果，就去找日本宪兵队报告：王大个儿身怀绝技，一定想办法把他的绝技套出来。日本宪兵队不相信，想看外公有多大本领，少佐长官说："一是先礼后兵，先给他送礼送钱送马，叫他教；二是要求比武，看他是不是有真本事，如果他有真本事不教，就放火烧他的粮场。"好歹毒的计划。他们送礼失败了，夜里来暗的也没得到好处，刘五心不甘，老来磨外公，外公对他说："你先学做人，再学武。你人没做好，学武会更糟糕。"日本人也老来找麻烦，这三个日本武士第三次又偷偷摸摸地拿着枪夜里摸来了，其实外公早就发现他们的动静，并做好了准备，等他们靠近时，飞身跃起，以迅雷不及掩耳之势，用三个玉米棒子，把他们的手枪全都打飞了，并给他们每人一个耳光。打了三五个回合，三个武士被打倒在地，很长时间才爬起来。外公说："我不想跟你们打，也不想结仇，你们回去吧，各保平安。如果一定要打，就把你们头领找来，定一个条约，你们把我打死，算你们本事大；如果我打伤了你们，你们不可以对这个村子的百姓下毒手，他们是无辜的。我不下毒手打死你们，是为了保护这个村子百姓的生命财产安全。但是我要让你们每个人都带点小伤做纪念，叫你们知道中国人不是好欺负的。定个时间，就后天吧，把你们头领带来，有头领在这儿我才跟你们打。"过了两天，一个少佐带着三个受过训练的年轻气盛的武士到这里打架来了。村里的人们都来观看这场武打，并且开打之前都签了字，写着：日本人和王永生打擂，不论后果如何，不得伤害本村老百姓生命财产，他们都是老实本分的种田农民。双方在这张条子上签了字。村长用玻璃框子把这个条约镶起来，挂到村里，成了这个村子的护身符，以后连日本鬼子扫荡也没再伤害这个村的百姓，这是后话。此时一个日本人对外公开始进攻，外公武艺精湛，拳法飞快愰眼。开始三五个回合，那个日本人就被外公打出三步远，他好不容易站起来，又向外公进攻，对外公伸脚踢来。外公向上一跳，抓住了他三阴交的穴位点了一下，向那个日本人一拳打去，那个日本人就爬不起来了。周围村民鼓掌叫好，那日本人被点穴后，两腿抽筋不能动。另外两个武士相对交换了一下眼神，示意对方要保护好自己的腿，于是一起跳过来扑向外公。外公和他们对打三个回合，找到其弱点，一蹲扫风腿过去扫倒一个日本人，又一拳抡向另一个日本武士的耳部，顺手向上点了他的百会穴，那个日本人的耳朵出血了，他捂住耳朵昏倒在地。眼瞅三个人都倒在地下，外公看都不看他们一眼，甩甩手拿着旱烟袋抽烟去了。这三个日本武士，连爬也爬不起来，少佐让外公给他们解穴道，外公拿着烟袋锅在他们穴位上敲了一敲，三个人就站起来了。少佐很尊敬地给外公敬了个礼，说："你是了不起的中国人，自己生死都不顾还顾着别人的安全，你贵姓?"外公说："我叫王永生，你贵姓呢?"少佐说："我姓德川。"外公说："日本历史上有德川时代，你是贵族啊!"少佐说："你的言行让人可敬，你放心，我们不会再骚扰这个村子的百姓，很希望你到我们那当个教练。"外公谢绝了。经过这次比武后，日本人要外公教他们点穴术，给他们当教练，收买外公，给官给钱给大马，那时候没有汽车，马就是很好的运输工具和显赫高贵的象征。外公一概拒绝，死也不教。日本人贼心不死，成天变着法子来讨教。外公任谁劝说他都不教也不吃饭，绝食了。

外公终因绝食，加之内伤遭受病痛折磨，于 1934 年去世。外公在临终前对外婆说："你一生跟我吃了很多苦，没有享一天福，是我对不起你。"又说："饿死不当汉奸做到了，义和团是爱国的，反对外国入侵者。自己一生宁愿饿死不做汉奸，没有沾污义和团的名声，甚感欣慰。我死后，谁也不要哭，哭我心烦，就找个高点的地方头朝南，向咱们老家方向下葬，在坟的周围多放石子、铁沙子和不会烂的坚硬的东西，就像我自己的性格。”外公安葬时外婆没有哭。外婆对送葬的亲友们说：“他爱国家，反抗外国侵略，是一个无名的英雄。我们结婚的时候他在义和团，总是把长袍的下角提起来塞在腰带上，提着大刀。那把大刀很重，刀柄系着很长的红穗子，舞起刀来红穗飞舞，像一个火团，好人看到好高兴，坏人看到好害怕，他说他的刀是对付坏人的，也是保护好人的，好人不用怕。在义和团里也有女的，那些女的给义和团员做饭，也跟着行军打仗，平时在车上挂着一个红灯笼，都叫她们‘红灯照’，晚上那一串串红灯笼好像挂在空中。我那时候非常羡慕那些女英雄，所以也去报名了，但是因为我裹了小脚没有要我。我丈夫参加了天津保卫战，打死两个英国兵，那次他也在腿上负了一点伤，是枪打的。不过在我眼里那是光荣的伤疤。今年他刚六十岁去世了，还是亲友们给的钱买的棺材埋葬他，我在这里给施善的亲友磕个头，表示感谢。”我们披麻戴孝的小辈们也跟着磕头。听她说：“我一定要把他留下的后辈们带好抚养好，让后生们懂得爱国爱乡亲们。”后来外婆总是一遍又一遍，讲义和团英勇杀敌的故事，我也最爱听那些女英雄红灯照的事迹，既会做饭，又能打敌人，保家卫国。

逃难回老家

1931 年，日本鬼子侵占我东三省，在绥化城我刘家老少十四口人，决定逃往老家河北任丘。大伯卖掉了杂货店，二伯卖掉了小布店，父亲当时在饭店当学徒，也辞工了。我爷爷奶奶及他们的五个儿子和三房儿媳，三个孙女还有二姨一同回老家任丘周村（隋朝罗成坟所在地周西坡）。大伯回来在老宅院旁盖了五间瓦房自居一院，爷爷奶奶居老宅中院三间房，我家与二伯家共住里院三间房。四叔由其岳丈家供养，去天津上大学。爷爷回来后养了一头小毛驴，种了几亩薄地，种了许多梨树。每年果子成熟后都会运到天津去卖，这就是出名的天津鸭梨，实际上出自于我们任丘周村。

我们家人都喜欢听戏唱戏摆弄乐器，奶奶喜好唱河北梆子，爷爷喜好吹笙，父亲是拉二胡的能手，还会唱京戏，四叔会几种乐器，萧、笛、琴。在逢年过节农闲时，一家人就是一台戏。此时，亲朋好友都来凑热闹听戏。爷爷为人厚道，德高望重，奶奶是见过世面的，但嫌贫爱富，极势利眼又迷信。哪个儿子给她钱多，她就对哪房的妻女好。大伯、二伯给的钱多点，她自然就对其妻女好。因为我外婆家穷，我16岁的母亲早早地和26岁的父亲结婚，父亲当时是学徒无钱给她。又因为1928年二月大伯母生女儿典儿，二伯母生女儿省儿，母亲十二月生了我，取名素娥，小名叫鸽子。这可把奶奶气坏了，一年生三个臭丫头片子。因我父亲，她的三儿子没有钱给奶奶，奶奶就虐待娘家穷，没有嫁妆的三儿媳。三儿媳坐月子，不给肉、蛋吃，只给她吃地瓜和土豆。因此三儿媳得了胃病，奶奶叫她以后不许生丫头。奶奶常常打骂我妈妈，还常说：“小媳妇不打，三天上房揭瓦。”她打完了还会说：“多年的媳妇熬成婆，多年的大道走成河。”

奶奶迷信，让她老娘给她三个孙女算命，那位近百岁的老奶奶身体很好，会打拳、弄棍，还会算命、看病、推拿、点穴，尤其玄乎的是还会收还魂。她仔细给三个重外孙女检查，

特别是手脚。对奶奶讲："长、次孙女一般，唯这三孙女命硬。二脚趾长，不疼爹娘，上克父母，下克兄弟姐妹。"如此更气坏奶奶，恨不得丢掉我这三孙女，从来没给我们母女好脸色看，常瞪着鳄鱼眼看我们，拿着笤帚节打得母亲的头叭叭响。我背着命硬的说法也经常挨打，自小就痛苦万分。所以家人骂我从不还口，打我也从不还手。我觉得自己最大的错就是命硬，真想把二脚趾切掉。有时奶奶分梨等水果的时候，每个孙女一个，只是不给我这个三孙女，给也是一个烂梨，还瞪我一眼，表示讨厌。后来奶奶分食物时，我会主动让开，但心里很委屈。

奶奶自己打我妈还不解气，也教唆我爸打我妈，挨打时妈妈就大声喊叫："救命啊，这家人要打死人啦。"听到喊声，邻居会过来劝架。奶奶气坏了，叫我爸下次打我妈时要把门关上。我爸假装听话，关上门窗，打枕头，我妈假装哭叫。我爸还大声问我妈：还敢不敢再惹老娘生气？

爷爷看不惯奶奶嫌贫爱富，他从不虐待我们母女。他也是老义和团员，我母亲锁兰是爷爷当义和团时其头领的女儿，他劝奶奶别小心眼。

爷爷喜欢我，经常带我去赶集。他让我骑着毛驴，他背着粪筐，手里拿一把小铲子，把路上赶集的牲口的粪便一点点收集到粪筐里，回来再撒在家里的五行梨树下给梨树施肥。他每天都会先把自家茅房收拾好（北方农村的茅房在平地上，每天撒灰撒沙土与粪便混合做成肥料），再沿路收拾牲口的粪便，一起送到家里的梨树地里做肥料。我最喜欢三月风、四月雨时梨花盛开满树如雪，清香扑鼻，在梨树下赏花，总也看不够。因爷爷勤劳，对梨树管理得非常好，所以梨树结的梨子又大又甜又脆，尤其是那棵名叫"十里香"的梨树结的梨，熟后掉在地下能摔成几瓣。要把熟透的梨子放在屋里，则满屋清香，这就是有名的天津鸭梨。爷爷常说："梨树施肥越多，味道越香，就叫'鸭梨香甜从苦寒中来'。"在集上爷爷还买肉夹馍给我吃，奶奶知道后，说爷爷故意气她，就请她老娘来给她出气。百岁老奶奶身体硬朗，不用拐棍自己可走五里路，她来后近80岁的奶奶向她老娘诉苦，说爷爷和她作对，让她老娘治治他。老奶奶用点穴法点爷爷穴道，被点穴的爷爷在地上打滚，又喊又叫："疼死了，快解开，下次不敢了。"这样闹一阵，老奶奶才给他解开。

老家除春节、八月中秋节外，还过几个小节，如头伏饺子，二伏面，三伏烙饼炒鸡蛋。还有在收梨时我家五行梨树可收五六千斤运到天津卖。在这时候都要做好吃的，请亲人相聚并帮忙。我爸爸的外婆，即我的祖姥姥，她定会来，大家都拿出好吃的孝敬她，全家很热闹。她会给小孩治病，虽是百岁的农村小脚老人，牙齿、腿脚、头脑都好。她识文知字，见识广，会说书讲故事，说古论今。坐在我奶奶炕上，她讲起故事有声有色，让人听得出神入化，不但自家人爱听她讲，邻居也都来听。人越多她越来劲，听她讲历代英雄侠客。她讲咱这里是隋唐时罗成大战周西坡淤泥河处，罗成连人带马陷在泥里拔不出来，被敌人乱箭穿身射死。二十岁小将罗成忠烈英勇，潇洒俊美，白衣白马美少年就埋在这儿了。祖姥姥还把我们领到村头罗成坟处，说我们坐的这个土包就是罗成坟。我仿佛觉得罗成影影绰绰死在眼前这儿了，很酸楚惋惜。近处的残墙瓦堆是罗成白马庙，大伙问，为何罗成无庙？反给他马儿盖了庙？祖姥姥说："那是罗成死后马没死，它从泥河里拔出来，把主人埋在此，每天夜里出来像一道白光，经常吃老乡麦苗，故当地人盖个庙镇住它。"她讲得让人确信无疑。现在罗成坟只是个土包，以前倒是很高大的。人们喜欢他，就在他坟周围种了这么多枣树、桑树、榆树，这些无主的树属公众，春天人们来采桑、养蚕、吃桑果，秋天来打枣，灾年到此采榆树叶度灾荒。我小时候随姨母来此采桑叶养蚕吃桑果，也吃过这儿的枣。冬天我也曾到此扫树叶作柴火用。罗成爱百姓，百姓也爱他。祖姥姥还讲，小日本侵占东三省，现又杀到咱们这儿了，日本鬼子凶狠，惨无人道。但咱人多不怕，团结起来力量大，打跑日本人。她把儿子、孙子、亲戚都送去到八路军和游击队里去打日本鬼子。她儿子孟富堂是当地共产党专员。因为这里离天津只有100里，日本鬼子来扫荡过几次，是敌我拉锯的地方。那时我初次见到日本鬼子的飞机还不知是什么玩意，听到嗡嗡声想出去看看，是她一把把我抱在怀里，说："不要看，那飞机是坏东西，下坏蛋，会炸死人呐!"

1939年祖姥姥走了。父亲对我说，鬼子来扫荡把祖姥姥住的孟庄围起来，把人押在一起，鬼子用枪逼着叫交出八路军，不交全都死了死了的。祖姥姥身边就站着八路军联络员，祖姥姥对他说："你别动，你任务没有完成不能死。"此时敌人喊叫八路军出来，否则统统死了死了的。祖姥姥挺身走出来，她说："我是八路军。"日军说："你老太太的不是。"祖姥姥说："我是！我是八路军的母亲、奶奶，我叫我儿子、孙子都参加八路军，打鬼子。"日本鬼子说："他们在哪里？叫他们统统出来。"祖姥姥说："东边在渤海，西边在太行山，那里有成千上万八路军，你们敢去吗？只敢打杀我们手无寸铁的庄稼人，你们来啊。"鬼子说："你死了死了的。"举刀准备向她头上砍去。祖姥姥眼都不眨说："我年纪已过一百岁，到死的时候了。叫你们打死我是烈士。死在家什么都不是，我死后向你们祖宗讨还血债!"日本军官让先别杀她，想利用她。有个汉奸对鬼子说她是巫婆会算命。日军小头目说，让她算算，算对不杀。她说："你们把乡亲放了我就算。"当乡亲散了后，她对日本鬼子说："你们的命我早算好了，你们杀人越是多死得越快。”鬼子气坏了，于是杀害了她。乡亲们知道她被害后，在她坟前立了碑，上刻“英烈奶奶”几个大字。

爷爷最爱带我出去玩，让我骑驴，给我讲花木兰从军、十三妹、梁红玉等女英雄故事，但特别爱讲义和团。说外公的英武雄姿，说他那爱国精神永远让人敬佩。这些英雄事迹在我心里扎了根。四叔由其岳父接济在天津大学读书，他假期里常回来，唯有他和爷爷对我们母女俩特别关爱，他也爱讲英雄的故事，还教我母亲唱苏武牧羊和岳飞的满江红。

爷爷叫我长志气，“吃得苦中苦，方为人上人”。爷爷说话管用了，后来他的三个孙女上学了，长、次两个孙女经常逃学，不爱学习，唯有三孙女我从小刻苦学习，基本每次考试都名列前茅。父亲看着自己的妻女在老家因为他不能挣钱而受气，他决定第二次离开老家，一个人闯关东去了。父亲说，先挣点钱给父母，再把我们接出去。父亲去东北苦干两年后，给奶奶寄了钱，并求奶奶让我们去东北。奶奶高兴地让三儿媳妇快走，好减轻她的负担。

闯关东

蝶　儿

我们母女拜别爷爷奶奶，从河北到东北绥化时，外公已去世，我们和外婆同住。在绥化两年，我上小学，母亲在家帮做针线活补贴家用，日子勉强支撑。城里闹市中有个出名的“上海衣庄”裁缝店，我母亲给他们做锁扣眼，绣花边之类针线手工。衣庄有个活泼美丽的蝶儿小姐，她和我四姨年龄相

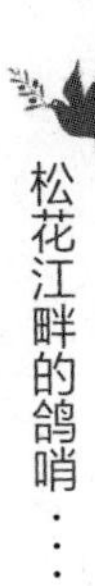

仿。四姨和我经常去衣庄送取货。时间久了，蝶儿和我四姨成了闺蜜。她经常送给我们一些做成衣的下脚料绸缎碎花布片，我母亲巧用碎花布头，做了些漂亮的绸缎蝴蝶给蝶儿戴在头上和挂在她凉伞四周，走起路来伞的四周尽是蝴蝶飞舞。蝶儿走在街上，仿佛成了模特。此后很多姑娘媳妇到“上海衣庄”买花蝴蝶戴在头上。衣庄特约我母亲缝制蝴蝶卖，不知什么时候起，街上大姑娘小媳妇，连那些日本和朝鲜姑娘媳妇都戴蝴蝶，风行一时。这使得我家生活也有了改善。

蝶儿小姐得到一个年轻日本警察中岛的青睐，他看中蝶儿的美丽，经常到衣庄来，想办法与蝶儿套近乎。一段时间后，他向蝶儿提出求婚。蝶儿对中岛也产生了感情。蝶儿父母害怕日本人中岛，后经当地汉奸“商会”搞“日满亲善”，强拉硬推糊弄此事，最终逼其父母就范。但此事却遭到了中岛姨母——县立医院护士长神田千代的坚决反对。她以中国人是落后的下等民族为由，想方设法阻止。但中岛不听姨母的，决定与蝶儿结婚。如此一来，神田怀恨在心，想法破坏蝶儿与中岛的感情，但未果。中岛和蝶儿在绥化市举行了新式婚礼。即用大洋马拉玻璃花轿婚车，新郎中岛西装革履，新娘蝶儿头戴婚纱，美丽极了。我和姨母去看热闹，蝶儿见到我们，向我们撒了一大把糖果，我们把糖果拿回家给外婆，并说明经过。外婆说：“可怜小羊羔，掉进虎口了。”蝶儿与中岛婚后租房和我同学住在同一个院子里。

听同学讲，蝶儿结婚后，学着日本人的样式每天接送中岛上下班，一年后，蝶儿临盆需要接生，中岛请他姨母神田千代来接产。神田把带来的一大套发亮的接生器具：勾、钳、剪子等摆了上来。蝶儿一看，吓坏了，求中岛请中国产婆接生。神田见蝶儿回绝她，不叫她接生，非常气恼，说：“你这个满洲鬼，竟敢反对我大日本先进科学的接生，不行！我一定要接！”于是她逼蝶儿躺下，不等时辰到，就强压蝶儿的肚子。蝶儿大喊：“中岛救我！快去找中国产婆！”神田更生气了，极不耐烦，不等产门全开，就把蝶儿推倒，不顾她苦苦喊叫：“中岛快救我！”给她大口侧切。神田叫中岛出去，禁止他进来，她说：“男人见女人生孩子不吉祥。”中岛乱了分寸。神田把孩子硬拉出来，只听孩子哭了一声，神田便把婴儿浸入水中淹死了，并对中岛说：“这不是你的孩子，是野种。”蝶儿见自己孩子被浸死，她忍住剧痛，不顾下身出血，猛地抬头咬住神田的手，神田急忙用被子按住蝶儿的头，闷死了蝶儿。神田见其母子已死，收拾完器具，转身走了。中岛惊呆了，等他醒悟大哭着去岳母家报丧，说蝶儿死于难产。“上海衣庄”老板给女儿蝶儿母子办了后事，收拾完物件，全家回上海了……

不久父亲来信说他在拜泉，让我们母女去拜泉。

火灾、地震与瘟疫

1938 年，我们母女到了黑龙江省拜泉县，从老家出来只过上了半年丰衣足食的日子。父亲在大街上与人合伙开了“塞北春”饭店，生意很好。可不久后“塞北春”饭店附近一处店铺起火了，火势很猛，向周边蔓延开来，店里的人赶快收拾东西往家跑。可刚到家，那怒吼的大风吹着滚滚浓烟，夹着凶猛的烈火已烧到家了。家里养的鸽子被火烧着带火猛飞，飞到哪儿落下就起火。当地人冬天用干草压房顶保暖，起火后，房上房下烧成一片。大火下的人们，惊恐万分，呼爹喊娘四处逃命。整个拜泉成了一片火海，残疾老人和不少家禽都葬身火海，惨不忍睹。父亲背上一个包，母亲拉着我逃离火海。我们到城外避难所后，父亲要去救人，母亲怕他有危险。父亲说：“危难时刻救人要紧。”他就急急忙忙走了，大火中他救了两位老人。大火后，房屋全被烧光，我家又一贫如洗了，全家回到绥化和外婆姨妈住在一起。不久父亲又重回拜泉找工作，家里没一个男人了，只剩下五个女人过苦日子。在到绥化不到三个月，又赶上了一种更可怕的烈性传染病。有人说是日本的细菌战。真是祸不单行啊，先是外婆被传染，接着是姨妈和我被染上，这城市是重灾区，每天都有人死亡，哭声不断。邻居一家全部被传染上卧床不起，小偷来偷东西，主人说："别偷了，你照看我们吧。等我们病好了，你要什么给什么。"小偷在此照看病人不久，也被传染了，和这家人一起死亡，尸体都没人往外抬。

1940 年，绥化发生了地震，这年，我 12 岁。地震那天早晨天还没亮，先听到轰轰山响，鸡飞狗跳家畜乱窜，人们大呼小叫声音凄惨，天摇地动，脚下在晃无法站稳，房子倒了很多，不少人员伤亡。在日本统治下无救援可言。我家由于在地震时躲避及时，无人员伤亡，只是房屋倒了一侧。人们惊魂不定，几天缓不过神来。我读书的小学也停课了。震后说仍有余震，弄得人心惶惶不可终日。地震后家里生活更加困难，16 岁的四姨不得已去附近日本人开的公司做临时工。

四　姨

外婆是小脚，天生卷发，她心地善良，忍辱求全，吃苦认命，是一个不识字的农村妇女，一生生了四个美丽的女儿。邻居说她家有四棵葱（当地农村形容细高挑、大眼的美女为葱）。她大女儿锁兰是我的生母；二女儿雪婵也已出嫁；三女儿是我后来的继母；四女儿名单字，就叫四，是外婆 44 岁时生的。生下四姨后，外公就去世了。四姨出生时就招人喜爱，是特漂亮的那种娃，外婆视她为掌上明珠，她也是先天卷发。

因外公不在了，家穷却娇生惯养，真是‘穷家生了个娇富娃’。她从小怕吃苦，典型是个“小姐身子，丫环命”，人家说她是仙女下凡，外婆和四姨都信以为真。四姨和我玩“过家家”，她老是当小姐，我当丫环，给她点烟倒水，扶她走路都已成了习惯。苦命的小脚外婆整天不停地劳作，白天坐在炕上盘腿嗡嗡地纺线，她有一手好针线活，整天给别人缝补破旧衣物贴补家用。她有时也坐在家大门外带着碎布针线给穷人补衣，人送她外号叫“缝补大妈”，一天也能赚个毛儿八分的。有时给太穷的人缝补衣服就不要钱，当人家说谢谢时，她就说：“一点针线，谢啥。”她常说：“穷穿线，富穿缎。”她一年到头不闲着，到农忙的时候到刘家大院，那曾经是她当奶妈的地方，帮着人家收剪和纺羊毛。她不要钱，只给她一些羊毛即可，再纺成羊毛线，织成袜子即可换成粮食。她每年还要在农村劳动四五个月，雇主不发工钱就给她一袋袋土豆、玉米等杂粮，用作口粮基本够家里三口人吃半年。

她常常带我去砍柴、捡破烂，我很高兴。我最爱捡破碗片，洗净后可以看到上面的花鸟，我无意中捡了不少明清的碗片。四姨从小看人吸烟就想吸，也学大人那样，掰个麦秸秆吸。外婆不但不管，还向别人要点烟叶来给她，她还把糊墙纸撕下来一点点卷烟。

四姨比我大两岁，她脾气大，一不如意就发火，惹不得。她自尊心强，也管不得。她爱慕虚荣，我俩去捡柴，她一见熟人就赶快把柴塞给我，怕人笑话。我不怕笑我穷，放学路上见柴我就捡回家。同路的同学有时也帮我捡。外婆见我放学还背着柴回来，高兴得脸上的皱纹都松开了，总夸我说：“真是好孩子。”我心里甜滋滋的。四姨和我同班上学，有一天她日语未背下来，老师罚她站，她一蹦老高，跑出教室，从此就不上学了。经人介绍，找了个张姓婆家，要人家彩礼二十元。那家要相亲，她就和我去了。张家要她切土豆，她切得又粗又慢，人家只说，在家干活少吧，她生气了，把菜刀一甩就不干了，退婚。家里没办法还那二十元，怎么劝她都不行。钱被她用了，家里人急得直跺脚。外婆气得死去活来，直嚷嚷她把全家都害了。我为了全家能过这一关，主动要求去顶替她，结果那家嫌我太小，长得比她差，不要。后来，家里想尽办法好不容易还了彩礼钱这事才算了。四姨十六岁时，更成熟漂亮了。一米七的个儿，细高挑身材，水灵俊美的大眼，高鼻梁和白里透红的细腻肌肤，再有那一头卷发，又粗又长的大辫子，大家都叫她“大辫子美人”。她在当地一个日本人开的收破烂的旧货公司做临时工。公司主人叫松井太郎，一条腿残疾，妻子叫松井良子，邻居中国人都叫她日本娘子，老二叫次郎当兵去了，小的叫三郎，16 岁。四姨到这家公司做临时工，每天按工作量由三郎验货发钱。四姨不管做多做少，三郎都给她 2 角 5 分。四姨坐在地上，大辫子触地。三郎从她身后过，故意踩到她的辫子表示歉意。可四姨回头向他微笑，真是“回眸一笑百媚生”。此后，三郎在她身后走时，总是故意踩她的辫子，看到她的笑容，他才满足。

有一次日本娘子和三郎踢毽子，四姨经过时毽子正好落在了她的身后。四姨马上用脚接住并脚尖脚跟前后转着踢了起来，犹如跳舞那般优美，日本娘子和三郎都说要四姨教三郎踢毽子。以后每次四姨下班三郎都拦住四姨一起踢一会毽子才让四姨走。三郎用公鸡毛和亮铜钱做了一个带响毽子送给了四姨，四姨非常高兴，接过来就变着花样地踢了起来。她那芙蓉般的面孔，柳叶眉，那水灵灵的大眼，细高挑的身材加之那扎着两个大蝴蝶结又粗又长的大辫子，踢跳起来前后飞舞。她一边踢一边微笑，看呆了的三郎简直都醉了。

三郎每天要和四姨踢一次毽子，有时要四姨到他家踢，在踢毽子过程中两人的感情逐渐加深了。三个月后，四姨把三郎带到我家串门来了。四姨不会日语可三郎也不会中文，我成了他们的蹩脚翻译。不过外婆在家时大家谁都不说话，四姨骗外婆说："你看他是个哑巴。"外婆说："怪可怜的孩子，是个哑巴。"因此外婆始终不知道三郎是日本人。这样过了半年，16岁的三郎被征兵了。出发前一天，他到四姨家哭了，说他太小不想去当兵，但大郎骂他没出息，打也要把他打去。他拉着四姨的手，哭着说："我们可能再也见不到了。"他向四姨要照片，说想念时好看一眼。四姨也哭了，拿出一张照片给他，他要四姨把心里话儿写在上面。四姨不知写什么好，我更不懂，三人坐着发呆。此时邻居留声机传来了《相思曲》："相思恨绵绵，夕阳落西边。愿随飞鸟去，含羞到君前……"她叫我译成日语写在照片后面，三郎不住地点头，放在胸前衣袋里哭着走了。

1944年2月，他走三个月后，四姨对我说："我做了一个梦，梦见三郎和一群鸟一起飞，我大声喊，我也要飞呀，好不容易飞上去了，又一下摔下来，就醒了。"从三郎走后，四姨做什么都没精神，又三个月后四姨听松井娘子说，松井三郎死了，不是战死，而是当电话兵架线高空作业时，飞来许多鸟围着他，他看鸟时一不小心从高空摔下死了。送遗物的士兵说，他身上这张照片，后边写有伤心字，长官说别的兵都带护身符，可他带催命符。四姨听到此时就哭了，此后她什么都不干，郁郁寡欢。听说后来有一天，她看见有一个人长得像三郎，就跟那人走了。那人是坏蛋，姓张，家中有妻小，四姨去后张家给她吸一种烟，成瘾后让她不停地干脏活重活。

自她走后，外婆和我到处找她，好不容易找到姓张的那户人家。外婆带我到了那户人家。从门外看到四姨神情呆滞地坐在院里剥豆子，外婆喊了一声就冲了进去。两人抱头痛哭，我此时一见四姨吓坏了，全认不出来了。四姨又黄又瘦，原来美丽的大眼睛变得毫无生气，更可怕的是她那大肚子，行动困难。我和外婆叫她赶快回家，她说："不行了，晚了，我想生下孩子再回家。"她点着了烟枪，吸着烟说："这个烟不吸就像要死一样。"我说："快去报官，这家是骗子，你吸的一定是鸦片。"外婆看着她的大肚子很为难，说要么等孩子生下来再回去，这样带着大肚子回去太丢人。看来也只好如此。

约莫两个月后，张家突然捎来话说四姨难产。当产婆问要大人还是要孩子的时候，张家说要孩子不要大人，四姨听此言知道自己不行了，要求要见老娘一面。张家说："不要见了，你死后给你一个好棺材。"那天正好下着大雨，外婆年老又小脚，走步一扭一扭的，一着急就更慢了。她急得大喊："老天爷，救救我的四儿啊，我下辈子当牛做马报答你呀……"等我和外婆赶到时，18 岁的四姨已经死了。我让外婆去报官。张家一听报官，马上说："她来不到四个月就生孩子，你们敢打官司，怕官司打不好反而丢人，不如给口棺材厚葬算了。"

在回来的路上，我和外婆经过一个小庙。外婆跪在小庙门前，放声大哭，她一边哭一边说："天啊，我这辈子没做坏事啊，为何老天爷给我这么大的打击啊？老头子去世后给我留下四个女儿，老大老小年纪轻轻地就这么走了，老二老三丈夫去了，年轻守寡。一家三个寡妇，这日子可叫我怎么过呀？造孽啊，老天爷为何这样惩罚我，为什么不叫我替她们去死啊？"我站在一边，劝外婆不要再哭了，会哭坏了身子。她不听，继续号啕大哭。我那美丽的 18 岁的四姨就这样死了，我暗下决心等我长大后好好挣钱，让外婆享福。只是我后来当兵，实际上并没有给外婆多少接济，但地方政府对部队家属照顾得很周到。后来听说四姨生的那个孩子活下来了，那家要孩子不要大人，老天那样不公，反让那家白捡了一个男孩。

心地善良的外婆

外婆心地善良，勤俭节约，她从不浪费一滴水、一粒米，一担井水两分钱她都舍不得多用。她说水是神物，给人说不完的好处，没有水人活不成，浪费水有罪。她说死的时候要给她一头纸牛，她活着浪费的水，死了要牛去替她喝。

我家五口人，用一盆水洗脸，先是爸、妈和姨、外婆，最后是我。我们一家人没去过医院，有病自己治，感冒发烧就是一把葱一块姜烧开水喝，出出汗就好了。拉肚子抓把灶土煮水喝，也就止住了。我如有小外伤就叫外婆看，她先大吹两口气，问我好了没有。我如果说没好，她就用口水给我在伤口上抹抹，我只好说好了。我九岁时的一天，外婆叫我去买大酱，北方的冬天人行道旁有条滑冰道。小时候我很爱在上面滑着跑，猛一滑可以滑出十多米远。那次我却摔倒了，碗破了，把嘴扎了个小洞，不住地出血，我哭着跑回家喊外婆，她马上把我嘴上的伤口涂满大酱。我只觉凉爽了，血止了，不痛了，落个小疤，好了。学医后我才知道原来大酱有止血作用。有一次狗把我给咬伤了，外婆把狗毛剪下来给烧成灰涂在我的伤口上止血，她说这样可以预防狂犬病，没几天真的好了。春、夏、秋天，她都带我去采草药，像蒲公英、车前草、紫花地丁、玉米须、槐花等。她认识几十种草药，她一生救过很多人，却从未要过一分钱。我十岁那年冬天，邻居一家五口炭中毒，外婆带我跑过去，把腌酸菜的水灌到病人口里，把五个人都救活了。人家问外婆救活人要多少钱，她说救人是应该的事，不要钱，再说酸菜汤也不值钱。

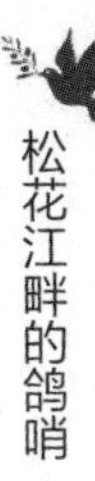

四叔牺牲

我父亲共有五兄弟，他四弟我的四叔在天津上大学，寒暑假都可以回家来，他在天津接受了进步思想的熏陶，同情弱势者。故对我们母女一直很好，他教我唱歌："功课完毕太阳西，收拾书包回家去，见了父母行个礼……"他大学毕业后，参加了革命，在东北抗联做地下工作。后来他工作的地方被敌人破坏，他被捕了，受尽各种酷刑。日本鬼子逼他说出抗联的领导在哪里，四叔信念坚定，毫不动摇，他回答说："我的领导在我心里，你们永远得不到。"日军见他冥顽不化，就把他给活埋了，就在辽宁抚顺一个旧煤矿，老百姓叫做"万人坑"。家里人知此消息后，本来就有哮喘病的奶奶，喘得更厉害了，一口气上不来就过去了。爷爷接连遭受爱子和老伴离世的打击，每天坐在奶奶的坟头上，唠唠叨叨和奶奶说话，讲完话又再哭上一场，不吃不喝。如此半月，爷爷也去世了。这消息传到关外我家，父亲非常悲愤，大哭，他本是孝子，几天起不了床。家人不住劝说，要活着为父母兄弟亲人报仇。父亲带着我们全家人面向南面老家方向，祭拜行礼，匆匆赶回关里奔丧……从此父亲更加仇恨日本鬼子了，要我记住这刻骨铭心的血海深仇！

父亲是"戏迷"

我父亲是个戏迷，有事没事就哼着唱京戏，情绪好就大声唱。我是他唯一的"铁杆"听众。他会唱很多戏，几乎《三国》的戏他都会唱，像《借东风》《甘露寺》《长坂坡》《古城会》《空城计》等，我记得他的唱词，但不知道是哪出戏，只知道当他感到不祥时就唱："昨夜一梦大不祥，梦见猛虎赶群羊。"听此我就知道坏了，汉奸要来找麻烦了，要么是来查户口……当他想老娘的时候就唱《四郎探母》；穷困潦倒时就唱《打渔杀家》："家贫哪怕人笑话。"这句话对我影响很大，知道自己是穷人家的孩子，不怕吃苦。他在恨汉奸时就唱《骂毛延寿》："骂一声毛延寿，你是卖国的奸臣。"不过他平时最爱唱的还是《萧何月下追韩信》："山又高，水又深，山高水深路途遥远我来寻将军，大丈夫要三思而行……"我打着节拍也跟着摇头晃脑。平时他腿上架一把二胡自唱自拉，也有人请他去拉二胡伴唱或清唱。他有意无意几乎是用戏词影响我，教育我做人的道理。我特别爱听戏中的诗词，虽记住了，但唱不好。他还多次给我讲《岳飞》、《文天祥》、《包公》、《花木兰》、《苏武牧羊》等这些正义爱国的戏曲故事。我最终走上革命道路也与此是分不开的。

小饭馆

为了全家的生计，父亲东凑西借，在张维站开了一间小饭馆，那年月东北人不能吃大米和白面，吃了就是"犯伪满洲国法"。父亲想尽办法弄一点面和豆回来，做豆浆配油条麻花卖。那天麻花炸得喷香扑鼻，诱人嘴馋，父亲将四面金黄酥脆香甜的麻花叫我托在盘子上拿到街上去卖，很远就能闻到香甜的麻花味，招来了七八个穷苦孩子，他们早已饿得饥肠翻江倒海了，也帮着叫卖"香甜大麻花，快来买呀"。我一边叫卖一边咽口水，因怕狗，也希望他们跟着我叫卖。

近三个小时，共计才卖出三根麻花。那些跟着我卖麻花的孩子又馋又饿，直咽口水。我就掰开了一根麻花给他们吃，他们说还是头一回吃这么香甜的麻花。我又掰了一根给他们吃，如此三番，把剩下的麻花全部吃光了。我拿着空盘回家，父亲听说只卖了三根，其余全给分吃掉了，非常生气，把我拉到院子里，用烧火的柳条棍子不停地抽打我。我不喊不叫，也不求饶，任他打够，一共打断了八根柳条。他越打越气，边打边说："这麻花是为全家人活命的，你想把全家人饿死，那就先打死你吧。"邻居听到声音都过来劝，拉着父亲的手对我说："孩子你快跑逃命吧。"我跑到伯母家委屈地哭了，伯母是母亲的好妯娌，见我全身被抽打得红肿瘀紫，她很生气，就把我藏了起来。半天后，父亲找不到我，他急了，跑到伯母家找我，伯母说："没见着，挨打后跳井了吧。"这下父亲更吓坏了，忙拿着竹竿子跑到井边去找。用竹竿捅了半天后，坐在井边放声大哭："天哪，我对不起她死去的娘啊，我叫生活给逼疯了，昏了头了……"伯母看我父亲真后悔了，过了好半天也忍不住了，就对他说："我给你找找，但有条件，就是今后不许再打她。女儿长大了，你经常打她，你很光彩吗?"父亲答应后，伯母才把我交给他。父亲特地为我炒了一盘熘肝尖，一天没吃饭的我不一会儿就吃光了，继母三姨很生气，白了我一眼说："没教养，不懂事。"

小饭店用了一个叫吕老头的做厨房下手，他儿子吕奎是个大烟鬼，他妈和他老婆在铁道上捡煤渣，给小店用可以得几毛钱。三个人挣来的钱都给他吸大烟了。吸足后他就在小饭店门前唱二人转，一犯烟瘾就像要死一样，一家人为他揪心，骂他、打他，怎么劝他戒烟也戒不了，直到他病入膏肓死了，他父母和他的妻子哭得死去活来，到底算是解脱了。生活对一些贫困的家庭就像噩梦，到世上来就是还债的。

自上次麻花被我分给了穷孩子，家里不放心我卖麻花，让我待在家里哄小弟。我特别羡慕那些每天背着书包上学的孩子们，多次求家里让我上学，可继母三姨不同意，她说："女孩子上学没用。”有一次小学校长来我家饭馆吃饭，我对校长说：“我很想去上学，继母不同意，想请校长为我求个情。”我掉着眼泪给校长行了个大礼。这可把继母给气坏了，骂我说：“那是你家祖宗吗?”校长笑道：“让她上学吧，不要钱，对你们也有好处，会帮你们管账。”父亲对我上学基本上同意，但提出了条件：一是考试必须考头三名，最少也得在十名以内，否则回家带孩子。二是放学回来后要管账和带孩子，不许学日语。

为了遵守父亲两条规定，我上学后努力学习，考试基本上保持在前三名。放学后马上带孩子。但在学校学习日语回家就得挨打。父亲特别仇恨日本人，说：“日语不用学，过了一年用不着（意思是日本鬼子短命)。”可是，我很愿意学日语，为此没少挨父亲的打。当时的学校都进行奴化教育，什么“日满亲善，王道乐土”。父亲一看到书上这样的话，马上就把我的书包扔到门外去。因此，我不敢把书包带回家，只好挂在院子的大门上。回家后我没时间复习功课，尽量都在上下学的路上完成作业。

那时汉奸非常可恶，爱逛窑子铺，爱上小饭馆。常来我家饭店吃饭不给钱。要钱就说：“没带，记账吧。”父亲用毛笔在白墙上写下“警察所张所长，吃烧饼炒肉欠一元二角，记账”。又有“税务所长欠饭钱二元”。他用此法让汉奸丢丑。汉奸又来吃饭见墙上的大名，气急败坏地问：“为何把名字写在墙上?”父亲说：“小店无钱买账本，写在墙上免得忘记了。”为此得罪了汉奸，找茬把父亲毒打一顿，不过上门吃饭就少了。

有一天，我家门口躺着一个穿着破烂衣服昏迷的年轻人。父亲看这人还有一口气，给他喂水，待他苏醒后问他为何如此。他说是从关里老家来投亲不遇，两天没吃东西。善良的父亲赶快把他扶到家里，给他换了衣服，做了饭。他跪下谢父亲救命之恩。从此在我家小店做了伙计。我称他谢叔，后来才知道他是抗联的地下联络员，小饭馆成了地下联络站。再后来听说谢叔抗战胜利后转为解放军，做后勤工作。

丧　母

日本侵占我国东北三省，扶植建立伪满洲国发生了多次瘟疫。前面提到的瘟疫那一年 1940 年，又发生了一场被称做“肠伤寒”的传染病大流行。疫情传播很快，一旦家里一个人被传染，很快全家人都被传染，有的一家人全死光，有的一家人只能活下一两个。

我家真是祸不单行，先是外婆被传染，接着是姨妈和我被染上。家里很穷，没有钱上医院治病。我的母亲，一个二十六岁的孕妇照看被传染的全家，真把她给累坏了，急坏了。那时她已有身孕七个多月，都快生了，还要挺着大肚子艰难地照看这么多高烧腹泻的病人，给他们喂水喂米汤，洗大小便感染的衣服。外婆病情稍稍好转，她唯一的宝贝女儿我就被传染上了，病得很重，不能喝水，体温烧到了四十度，老是睁大眼睛不眨眼，瞪着眼睛看着一个地方。这可把母亲吓坏了，看着高烧病重的我，不停地喂水。这样熬了三天，我高烧渐退，会说话了，也能喝水了。我病好了，可是母亲却被传染了。母亲高烧四十一度，病得非常严重，怀了近八个月的身孕也早产了，母亲多想生个儿子，一看儿子生下来就死了，她痛不欲生，倒下去就再也没起来。可怜，母亲用自己的生命换回了我的生命，母亲年纪轻轻，才 26 岁就这样死了。家里举行了北方简单的葬礼，我举着妈妈的魂幡。亲戚们抬着棺材，把母亲埋在了离城十几里的一块只埋穷人的安葬地。那是一片荒野，新坟一座座，好些是传染病死人的坟。

我病愈后，头发全部掉光了，人瘦了一圈，在苦难中挣扎着活了下来。

小医工与悲惨的慰安妇

我刚小学毕业，遇到绥化县立医院招考见习看护妇。我为生活所迫就去投考，考取当了一名“小医工”。那里医护人员绝大部分都是日本人。

日本护士长很坏，把“小医工”当奴隶使用。小医工每天要干又脏又累的活达 13 个小时以上。我先在妇产科，看到有很多慰安妇刮宫，做人流，极为恶心。

一次，日本鬼子不知从哪里弄来了一群 20 岁上下年轻的姑娘，有日本、朝鲜、东南亚和中国台湾等地的，足有 40 人，由几个和服考究的日本妇人带着，听说是去给日本军营“勤劳奉仕”做慰安妇的。慰安妇去日本兵营前都必须做妇科检查，怕把性病带到兵营。要做涂片检查、冲洗，合格者方可入选去“奉仕”。县立医院的妇产科护士长神田千代专门负责对慰安妇的检查工作。每次“奉仕”前的检查是妇产科最忙的日子。因为妇产科只有一架冲洗台，其余几台都是临时用桌子架的。中间挡着一块白布，遮着头部和脸。新来的姑娘初次上冲洗台都吓得两腿发抖。几十人冲洗外阴，神田手下两个日本护士小米和山田忙不过来，就叫我和另一个小见习看护妇调配冲洗 0.01% 高锰酸钾。水要求不冷不热，与皮肤温度相适，因此我们两个小见习看护妇既要兑调温水、配药，又要打水送上冲洗台，还得把下水倒掉，忙得我俩来来回回像陀螺一样转着跑，慢一点神田护士就骂“八嘎”（混蛋）。在她手下，上班干活就得抬着脚跟跑，跑着不许有声。还不许护士停下休

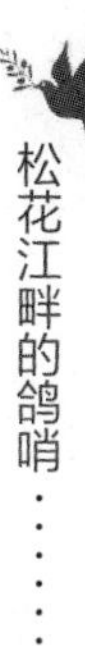

息，护士们背后给她取了个外号，叫“小寡妇”。神田护士长丈夫是日本低级军官，她以此很有一股优越感。她忙了一天故意问我们：“今天看到了什么?”与我一起的那个小见习看护妇说：“没看见人脸，只见屁股，因为有白布遮着。”她立马变脸横眉竖目大骂：“八嘎（混蛋)”！火气未消又转向问我。我当时不明白，挺害怕，日语又不行，还不能用日语说清楚，就忙说：“忘了。”神田护士长反倒非常高兴，说道：“幺西(好的意思)!”而后神经兮兮地说：“今天工作的事不许对外讲，如果讲就要受到处分!”原来神田是要我们两个小见习看护妇对此事保密。

后来，我调去了牙科，那些看牙的患者也多为日本人，从着装便可辨别日本歌舞伎和不同等级的娼妓，她们用又白又厚的粉把脸和脖颈抹得很白很白，打扮得像用绢做的“人偶”，梳大飞机头，插满各式头式，像葫芦、梳子、蝴蝶、小伞、樱桃、绢花等应有尽有，穿着绸缎织锦的和服，非常讲究，香气袭人。还在背部足有 8 寸宽的腰带上叠了个大腰包，不知做什么用。

我在医院工作了一年多时间，亲眼见日本侵略者迫害慰安妇，杀害“抗联”战士，及日本搞细菌战造成瘟疫，残害我同胞，斑斑血泪不共戴天。

考护士学校

那时候很缺护士，但一般有钱的人家孩子是不愿意干护士工作的。因为又苦又累又有传染性，被叫做“高级老妈子”(保姆)，只有穷人家的孩子才去考护士学校。我对家里人讲，我唯一的希望就是考上护士学校，当护士能挣钱，改善家里人的生活。所以我死活也要去考护士学校，就怕考不上。我要考的护士学校，是日本人办的必须日语过关，所以不管我工作怎样忙累，都要苦苦学日语。秋天我到哈尔滨去考日本护士学校，报考的人很多，那是一所义务学校，不用交学费，管吃管住还发呢子校服，学习用具也都由学校派发，免费学习两年，工作一年不拿工资。学校那一年招考十五个日本学生，都是日本开拓团的孩子，在日本人里头是一些比较穷的孩子。八个朝鲜孩子，十五个满洲（中国）孩子，考生要一个一个地考，还要面试，从头检查到脚，连手指头的活动都检查，各部分都查得很仔细。日本孩子来一个要一个，他们打算要十五个，却只来了十一个。朝鲜三十个孩子报名，最后只要了四个。而当时中国报名的学生多达二百多个，最后只考上了十五个，而且尽挑五官端正的。说是护士长得丑病人看着难受，护士的长相要好一些才能让病人看得舒服。考官是日本人，先笔试，后面试，所有题目我都答对了。考试发榜时，我在护校第九期这些中、日、朝三国学生中竟得了第一名，第二名叫王亚清，第三名叫赵素君，第四名是肖婕，第五名袁雪婵，赵素君的表姐姚聪贤是第六名……学校按着考试分数排座位。我因考第一当上了班长。赵素君是东北抗联烈士的孤儿，父母牺牲后她一直被寄养在姚聪贤家。这些谁都不知道，她只告诉了我一人。赵素君经常教我唱抗联的歌，有时我们两个蒙在被子里唱。

学校规定非常严格，民族待遇差别极大，对非日本籍的学生施行严重的奴化教育，服命服唱（意思是绝对服从）。三年制护士学校，除一年见习外只设两个年级，一年级和二年级。二年级学生穿兰呢子西服戴蓝领花，一年级学生穿兰呢子西服戴茶色领花。二年级学生管一年级学生，二年级学生可以打一年级学生，一年级学生受其训责，打时不许还手，还得说“是，是”。说话都是用日语，受日本奴化教育影响，二年级的中国学生对同是中国人的一年级学生颐指气使，动辄训斥。一年级的学生见到二年级的学生要敬礼，给上级护士、医生、所有领导敬礼。仅就是这一点就足足练习了三天，走路要小声，处处讲礼貌。走路和上下楼时要站着不动，要让二年级先过。有一次我因近视，遇到二年级的同学没敬礼，二年级同学马上叫我站住，立正！问为什么不敬礼？我说："没看清领花颜色，以为是本班同学。"日本二年级同学上来就把我推倒，用脚就踹。以后我一见到对面来了护士学生就敬礼，以致常错给本班同学敬礼，本班同学问我为什么敬礼？我说我真的没看清楚领花的颜色，本班同学哈哈大笑，我自己也苦笑。

学校伙食也分两种待遇，日本学生和加入了日本籍的朝鲜学生吃大米饭，她们说如果中国学生加入日本籍就吃大米饭，每月还给十块钱，但中国学生没有人加入；中国学生吃高粱米饭，有时候还是发霉的米，真叫中国学生深感亡国的屈辱。餐厅是西式餐厅，一条长桌，中国学生和日本学生面对面吃饭，一端是日本学生吃大米饭，另一端是中国人吃高粱米饭。舍监关一是位日本知识女性，她和助理神田各坐在桌子两头，等舍监坐好以后，值班生看到两边学生齐了，就喊：立，礼，坐（是用日本话喊的）！舍监说：依他他其妈斯（请吧，吃饭的意思），大家才动筷子开始吃饭。菜饭都是定量，每个人每顿有一碗饭、一碗菜、一碗汤，汤是一样的，三国学生都喝"米扫汤"（黄豆粉加点土豆片做的汤）。吃不饱还有一大壶茶水，喝水不限制，要喝多少都行，中国学生一般都要喝一两碗茶水才能把肚子灌饱。日本学生和高年级学生专爱在吃饭时对稍有触犯他们的低年级学生冷嘲热讽和辱骂，被骂的人不敢反驳一句，常常就着泪水下咽。

学校不许说中国话，一说中国话日本学生就会说骂他了，中国学生都会日本话，但日本学生不会中国话，他们觉得中国是“拉库他一（落后的民族）”，说中国话不文明是落后，所以日本学生不学中国话，中国学生愤慨，经常用中国话骂他们，她们也不懂。中国人对中国人说话的时候日本人就会问你说什么，中国人说，你们长得美（实际也是骂她们），她们还真的很高兴，笑眯眯地走了，不问了。老师上课全是用日语，学生答话也是用日语，考试卷子全用日语。我和日本学生米田坐一张课桌，开始米田瞧不起中国人，坐在桌子上老是往我这边挤，削铅笔的屑往我这边扔，说日本是高贵民族，说我们是“拉库他一”。我说：“我们不是‘拉库他一’，我们是最优秀的，比你们强。我们有五千年文化历史，你们歌里还唱‘日本纪元二千六百年’，你还有什么说的?”米田不相信中国伟大的文明史。我说：“你读书少，没知识，不信去问舍监关一。咱们考试比比看，谁考得好谁就优秀，谁考得不好谁就是‘拉库他一’。我们在桌子中间画一条线，谁也不许超过这条线。”我对班里的中国同学说：“咱们考试要比日本学生考得好，证明咱们不是‘拉库他一’。”每次考试，我在三个民族护士学生中，分数总是第一。其实我并不是靠聪明，而是我不愿意输给日本人，所以我努力学习，把每一门课程的内容都牢牢地记住，记不住的地方就写在手上，等晚上借上厕所的灯看一下，所以能保持住第一。考试的时候，中国学生成绩都比日本学生的好。我就问米田：“谁是‘拉库他一’?”米田不吱声了，又不肯认错，很尴尬。其他的日本学生都站起来，问：“为什么?”米田说：“我自己没考好，不如她好。”那些学生都说“欧卡西”（可惜）。这是第一次和日本学生比学习，这场斗争我们胜利了。前八名都是中国学生，后八名是日本学生和朝鲜学生。班里十五个中国学生同甘共苦，团结一心，没有一个向日本领导打小报告，即便哪个中国学生犯了点错，大家也都瞒着不讲加以保护，真如同亲姐妹一样。

民族压迫

日本护士学校里等级观念非常严重，科主管都是博士，叫“殿”，医生叫“先生”，护士叫“姐”，实行终身制。学校搞法西斯奴化教育，前面提到二年级学生欺负一年级学生，高年班学生欺负低年级学生，日本学生欺压非日本籍学生，高年级学生打低年级学生不许还手。另外，舍监助理神田不许学生们看小说，谁看小说就要没收，说是怕小说上写有爱情，会把学生看坏的。没收的书神田却拿回去自己看。不过舍监关一看的书特别多，中国的唐诗宋词她几乎都看过，但也不许学生看，怕影响学习。还不许交男朋友，不许与男朋友通信，来往信件都要检查，看有没有发现有谈恋爱的学生。

日本人为省钱杂活都叫学生干。一年级学生干重活，二年级学生干轻活。一年级的学生擦地，二年级的学生擦桌子。这个学校除了舍监关一和助理神田两个日本女教师外，都是由学生值班。值班的学生负责管很多事，如吹哨子通知起床、作息、上课、劳动、吃饭。来护士学校的客人（如学生家长）也都是值班生接待。有一天，我值班，规定是六点三十分起床，但那天我太紧张了，又有点近视，把三点三十分看成了六点三十分，半夜把大家都吹起来了。那个二年级的班长喊道：“不对，不对，谁吹哨子?”简直把我吓坏了。那些日本学生追着推打我，我本班的好朋友帮着挡了一下没挡住，结果我被推得一个劲儿往后退，把后面的整排鞋柜子都碰翻了。后来舍监关一来了，知道是我值班吹错了哨子，她喜欢考第一的我，所以她把那些日本学生都拦回去睡觉，我少挨了一顿打。

早上六点半，我吹哨子让大家起床，大家都跑去找鞋，鞋子都放错了号，大一只小一只的，我又挨了一顿骂："八嘎八嘎"不停。学生起床时间只有10分钟，值日生把卧室打扫干净，6：40就得去各科门诊、病房打扫卫生。7：30早饭，班长吹哨子都进食堂吃饭，8：00—12：00上课，中午休息一小时，下午又要到各科做消毒材料。17：30晚饭，19：00—21：00自习，21：30熄灯，作息时间定得很紧，按时作息分秒不差。

日本学生考试越来越落后于中国学生，舍监关一很生气。把日本学生召集起来开会，大骂她们一顿，要她们努力学习超过中国学生。助理神田也气得直跺脚。日本学生很恼火，想报复中国学生，抓了一只大老鼠，晚上放在我床上的被子里。老鼠咬破了我的头，我吓坏了，大喊大叫，不知被什么动物咬了，还被咬出血了。舍监关一知道后，给我涂了碘酒消毒水，第二天她带我到门诊注射了606药剂防止中毒，因为鼠咬症和毒蛇咬的一样可怕。几个中国学生都猜，是蓝组（日本学生）放的。因为那时日本籍学生，每月发十元出国费，她们经常用这十元钱买零食，如饼干、面包片什么的，所以二楼有老鼠和她们分享。菊组（中国学生）住一楼，没有钱买零食，室内空无食物，也无老鼠，此事可想而知。我被老鼠咬后，也吓坏了，几天夜里不敢睡觉，怕老鼠再来咬我。我气不过，对本班的中国同学说："下次考试我们要全进前十名，把后十名让给她们二楼（日本学生），让她们都成为'拉库他一'，让舍监再骂她们，给咱们出出气。我们下课后要互相帮助，上次几个没有考好的中国同学，怎么办？要加强辅导帮助。一有时间就要复习，把老师教的背下来，背不下来晚上厕所里有灯，蹲到厕所背。"结果期末考试头十名全被中国学生给包了，我每门功课都得一百分，赵素君第二，黄家驹、满淑荣、郑泽清、尚文光、姚聪贤、王亚清、陈凤玲、汪素兰等都进了前十名。舍监关一说："今年奇怪了，为什么学生成绩倒过来了？往年前十名都是日本学生，今年都是中国学生。"她又把日本学生大骂一顿，说她们丢人不争气！她越说越气，甚至把最后两名不及格的日本学生打了两巴掌。这样本级蓝组日本学生怀恨告状给二年级日本学生，说我瞧不起日本学生，找理由打我。就在次日，冬天的早晨，我擦大厅地板，擦后二年级日本学生叫我把擦地板的水倒在屋外面坡下去。冬天医院室内的温度是20℃，外面是－20℃以下，温度相差40℃，我提着桶把水倒在外边坡下，没穿大衣，回来时手湿了，拉不开门诊大门的不锈钢门把，手被粘在门把手上拿不下来了，我哭着喊救命！正好舍监关一听到了，急忙跑过来用她身上穿着的大衣包住我的手捂暖，我慢慢地把手拉下来，手掌的皮撕破了。舍监问我："谁叫你往外面坡下倒水的？"我说："二年级姐姐。"舍监问："是谁？"二年级的日本学生一看舍监很生气就逃了，舍监关一厉声道："站住！是谁？"那些二年级蓝组生面面相觑，都说不知道。我也记不得那个二年级日本学生叫什么，只好说把她的名字忘了。舍监关一反而说："你真是个善良的姑娘，不告发害你的人，真是高尚可爱！"菊组的中国学生非常团结，像亲姐妹一样互相帮助。有一次，我父亲从家里带来一篮子烧饼，到护士学校里来看望我。我非常高兴，把烧饼给每个中国同学分了一个，大家都站在那里吃烧饼。日本同学也跑来了，站一边看中国学生吃烧饼，有的还问烧饼好吃吗？她们馋得很。后来我父亲说，给她们一点尝尝，我把一个烧饼掰成四瓣，给每个日本学生吃一瓣。那些日本学生吃了后都说"欧衣西"（就是好吃的意思）。那些日本学生也是十四五岁毕竟还是孩子。一般日本护士超过三十岁就不做了，太累，受不了。

1945年元旦这一天，护士学校给中国学生吃了一次大米饭。吃饭的时候，日本学生问中国学生郑泽清：“大米饭好吃吗?”中国学生满淑荣用中国话说：“你们不来的时候，我们天天吃大米饭，大米饭本来就是我们的，现在你们吃了我们的大米饭，还问我们好吃不好吃，不知羞耻。”这些中国话，日本学生听不懂，但她们知道意思不对头，表情不好看，她们本来等着说一声谢谢她们，没想到不但没谢谢她们，还给她们一番脸色。日本学生去找舍监，舍监关一来问两个中国学生：“你们当时说的什么?”那两个中国学生就说：“我们说的是大米饭很白，小米饭很黄，高粱米很红，就说了这些。”后来又去找几个中国学生问说了什么，她们都说没听见，不在场不知道，一场风波就这样过去了。如果这句话给日本人抓住，就是对日本不满，可定为反满抗日，有这种情绪表现可是要定罪的，轻者开除，重者坐牢。

护校毕业与参军

8·15 日本投降

进入 1945 年 8 月，战争快结束了，学校开始有点乱了，那天医科大学校长森博士来给学生们上课，他身材高大，是一个很有威望的长者。他很平静，好像早就预料似的说：“战争快结束了，苏联人要到哈尔滨来了。你们不要怕，医院还是医院，学生还是学生。”他本来个头就高，仿佛站得高，看得远，他的言语叫学生们很信任。那天晚上警报又拉响了，日本学生很惊慌，到处乱跑。一楼的中国学生，不觉得可怕，反倒像在看热闹，但是也不知道到底发生了什么事。8 月 15 日，日本真投降了。日本学生和日本老师们都像丧家犬一样，入了日本籍的朝鲜学生，虽吃了两年大米饭，现在却把日本同学的东西往楼下扔，还说："你们欺负我们两年，现在也叫你们尝尝被欺负的滋味吧！"不过朝鲜学生也抬不起头来，因为她们都起了日本名字，她们要求退出日本籍，恢复她们自己国籍，但没人理她们。我们这帮中国同学，在日本人占领的时候，没人去给他们拍马屁。现在日本战败投降了，我们也没有人像朝鲜学生那样，反去欺负这些日本学生，我们只是站在旁边看，但心里觉得天又翻过来了，14 年的亡国奴生活结束了，从心底里感到高兴。我们中国学生禁不住喜笑颜开，欢腾相庆。

三八妇女节

1946 年的三八妇女节是我一生永远难忘的日子。那是日本投降后在哈尔滨市第一次纪念国际三八妇女节。当时我还是哈尔滨市医科大学附属第一高级护士学校的二年级学生。节前一周学校就开始选学生代表，分别选了两个年级的班长，二年级是我，一年级是苏玉兰。大会在享有盛誉的哈尔滨铁道俱乐部召开。学生与工人、农民代表坐在会场东边的座位；而国民党太太、小姐以及演员等打扮得花枝招展、珠光宝气的有钱人，都坐在会场西边的座位。会场布置得庄严隆重，非常气派。我和苏玉兰早早就进入会场，坐在第一排近主席台的位置上。主席台两厢各站着三名礼仪小姐；司仪尤其时髦、娇媚十足，她一身雪白西装，露胸浅红内衫，大钻石胸花特别夸张耀眼，波浪长发，不知何许人也。下午两点半许，司仪娇滴滴地宣布：大会开始，请东北抗联总指挥、滨江省副省长、哈尔滨市中苏友好协会会长李兆麟将军讲话。在全场响起经久不息的掌声中，李将军走上主席台。我仔细看着他从身边走过，站在台中央。我们这些在日寇铁蹄下被奴役了十四年的东北人，见到抗日英雄，而且是东北抗日联军总指挥，心情非常激动。我想到自己的四叔为保护抗联，保护党组织而牺牲，眼泪止不住地流。我当时睁大了眼睛注视着李将军，真想把他的一举一动和说的每一句话都铭刻在心里。李兆麟将军那天穿着深蓝色带暗条纹的西裤，上衣是藏青呢列宁装，形象至今历历在目。他说："尊敬的姐妹同胞们，我站在这里，想起了我的母亲和她深受的苦难；中国妇女是受苦、受剥削苦难最深重的妇女……就是今天，仍枪声不断，又有多少妇女失去丈夫、儿子，又有多少人成为孤儿寡母……我们愿意和平，可是敌人逼迫我们打仗，我们不怕，要以战争消灭战争！"他慷慨激昂而又动情的演说，使我想起在战争中牺牲的父兄和死去的母亲，不由又掉下泪来。是的，国民党正在挑起内战，进攻解放区，破坏来之不易的和平，战争已迫在眉睫。李兆麟将军最后指出："妇女要解放，要提高自己，要像男人一样去战斗！"他的话一直深深映在我脑海里，终生难忘。

就在回校次日早晨，同学们都听说昨夜李兆麟将军被暗杀了（有传言说那个司仪就是凶手女特务）。噩耗传来，全市震惊，各工厂、学校立刻组织起来游行示威，人们不顾一切纷纷涌向街头进行抗议。整个哈尔滨市到处都是群情激愤、声势浩大的游行队伍，我和苏玉兰同学游行了整整一天，嗓子都喊哑了，第二天仍继续游行，直到第三天李兆麟将军出殡。那天为李将军送行的队伍实在是太长了，从哈尔滨这头到那头，街道两旁几乎都挤满了人，我亲眼看到李兆麟将军的遗孀，是位朝鲜族的革命女同志，怀抱着喂奶的幼儿，身边站着两个孩子，大的四五岁，小的才两三岁，头上全都扎着白布，坐在敞开的灵车上悲恸难抑，两边各站着两排苏联红军战士保卫灵车和她们母子，人人见了无不落泪。我们女学生几乎是送了多久哭了多久。这哭声就如同悲愤回荡的战斗号角呼唤着人们立誓继承烈士遗志。回校后我就第一批报名参加了共产主义青年团（当时称民主青年团）。

“支前”与记者贺安

1946 年 10 月，我们第九期护校学员毕业了。也就在这个时候，家里传来了噩耗，父亲因前年同情并帮助劳工，遭汉奸毒打致旧伤复发去世了，我恨自己未能尽孝，痛不欲生……时值国内气氛紧张，内战一触即发，敌强我弱，很多家里有钱的护士都跑到国民党敌占区去了，我们这一群刚毕业的小护士很快就被分配到了医院各科当护士。那时，有钱人想跟国民党跑，穷人坚决跟着共产党走。在我们这个护士学校，有几个有钱人家来的前几期学生和我们这个毕业班里的一个学生，跟着跑到国民党统治的长春、沈阳去了。

不久国民党反动派撕毁停战协议，向共产党领导下的解放区进攻。哈尔滨共青团号召哈市医务工作者支援前线，作为院里团支部书记，我带头报名响应，和班里九个同学志愿参加了前线救护工作。救护组里头有医生和护士，医生大部分是日本人，当时在日本投降后把有技术的日本人都留下了。到了前线，野战医院里分为四个所，我们在二所做医疗工作，所长叫久斗。当时主要是扩创，在伤口里取子弹头，每天伤病员很多，工作很忙很累，一有时间就要下到病房换药、喂饭，为伤员的英勇行为感动，有的时候还给伤病员唱首歌听，像《青年参军上战场》《游击队歌》《立功歌》，还有《全国解放了》……这些都是鼓舞士气的歌，伤病员听了高兴，甚至忘了伤痛，也为自己负伤挂花而感到光荣。我和山本一郎医生分在一个手术组，刚巧前方送来一个伤员到我们这个手术组里，在给伤员取子弹的时候，因失血过多昏过去了，我马上要把自己的血输给他。山本一郎医生说："你昨天已经输过血了，不能再输了，输我的吧！"我说："不！你是医生，现在正是需要你的时候，不能输你的。如果你有个三长两短，手术还能继续下去吗？还是输我的吧，我是护士，没有你重要，现在救活这个战士比什么都重要。"我把自己的血再次输给伤员。经过两次输血，我身子确实虚弱了很多，山本医生见状，给了我葡萄糖水喝。第二天，我们正在做手术的时候，敌机来轰炸，周围起了火，烟冒到手术室来了，医院很多人都帮助病人逃生，我叫山本一郎："你快扶着病人走吧！我去拿氧气瓶。"谁都知道这是非常危险的事，氧气瓶一碰到火就会爆炸。山本医生说："我去拿！"我一把将山本推开，叫他快走。我把手术台的毯子拿出来浸了一些水，包着氧气瓶往外跑，把氧气瓶放到安全地方。山本医生问我："你为什么老是把生的机会让给别人，把死留给自己？"我说："我死了，没有人牵肠挂肚。你不能死！你还有父母和家人，他们都需要你，而且这里也非常需要医生，你要向国际主义战士白求恩医生一样，救死扶伤，还有很多人等着你去救治！"山本医生问我："你父母呢？"我说："日本军队搞细菌战，引发瘟疫，那一场传染病尸横遍野，一家人死了都没人往外抬呀，数不清死了多少人。我也得了传染病，母亲日夜护理我也被传染，连同刚出生的小弟弟一起死了，是母亲用自己的生命换了我第二次生命。后来另一个小弟弟也得传染病死了，父亲遭汉奸毒打重伤不治，最终也离开我了……日本侵略中国我们家族死去了十多人啊。"山本医生一听，突然跪下，拿一把刀送到我手里，说："你杀了我给你父母报仇吧！"我说："为什么？"山本医生说："我父亲就是搞细菌战的罪人之一。"我说："你快起来，这事不怪你呀！过去你父亲用细菌杀人，犯了大罪，现在你可以对你父亲讲，用他的研究来制成对人民有利的杀灭细菌病毒的免疫疫苗，以弥补他过去的罪恶，这也是对人民的一种赎罪！”山本说：“你真像是一个女神啊！你这样教育我，我真不知怎样感谢你。如果有机会，我回到日本，我就要做中日不再战争的宣传工作。”过了一会，山本又说：“想不到你这样一个小姑娘居然有这样的思想境界，对我的教育和提高帮助太大了。”支前回来后，未料第二批支前名单中因有人生病住院造成空缺，我以自己有支前经验为理由向组织申请，得以顶替，再度参加支前，为在野战医院工作的日本医生做手术时，给他们当护士。里面有一个日本医生叫中岛，他也是个不错的外科医生，手术组去打饭时，那些炊事员对他不太客气，给他的菜少，给我的饭菜却很多，所以我每次打饭回来都把自己的饭菜再分给中岛一部分。有一次，给一个伤病员取子弹的时候，因失血过多昏迷过去了。我见状，立马要求给伤病员输血，中岛医生说：“你已经输过多次血了，不能连续输了，不然对身体不好，输我的吧！”我像上次一样说：“不，你是医生，你需要强壮的身体去救更多的病人，而且现在正缺像你这样救死扶伤的医生，不能输你的，你身体不能出现任何问题，以免影响救治伤员。”中岛感动地说：“用你的血换取战士的生命杀更多的敌人，值得我学习！”于是不再多说，输了我200毫升血给那名伤病员，战士活过来了。我心里甭提有多高兴了，因为我知道，战士们不怕牺牲，英勇杀敌是我们走向胜利的希望。事后，我常与中岛交流，转变他的思想，提高觉悟，对他说：“我们解放军里有很多好医生，也有国际共产主义好医生，例如白求恩，他对伤病员非常非常爱护，救死扶伤，最后甚至为救伤员牺牲了生命。白求恩是共产主义者，他热爱和平，始终为了解放受苦的人们而努力奋斗。我们救护的这些伤员，也都是为了解放受苦的人们，为了和平而英勇奋战。所以我们为他们服务，应该感到很光荣。”

我连续几次为战士输血，中岛过意不去，他说：“你输血次数太多了，也该我输一点了，一两次没问题，我能受得住。”我说：“我是O型血，给谁输都可以，是万能输血者。”经过两个月的同台手术工作，中岛思想有了很大的提高，认识到做为一名中国人民解放军战士，追求共产主义理想为之献身，而为民族解放，为人民服务的意义所在，并与我建立了很好的工作关系与友谊。中岛说：“我是战败国的医生，如果我是战胜国的医生，我就想娶你这样的人做妻子。”我说：“就算你是战胜国医生，我也不会给你做妻子。在我的印象中日本男人坏、杀人、强盗，可比不了日本女人，做朋友是可以的，但做妻子是万万不可能的……我告诉你吧，中国人是你们日本人的优秀先人呢。”中岛说“为什么？”我说：“在秦朝的时候，秦始皇想要长生不死，就派徐福漂洋过海去找长生不死药。他选了三千名聪明漂亮的童男童女到日本，就在那里定居了。在日本人里一般聪明好看的人都是徐福带去的，那就是你们的先人。如果你是个比较聪明人的话，那你就是继承了这个血统。”中岛点点头说：“你说得有道理，这样的故事我过去好像也听说过。”

我们在一起，共同工作两个月后，各自回到原单位。那天看到《东北日报》登了介绍红军二万五千里长征的事迹和东北野战军的战绩，我觉得一个人要活得有意义，就应把自己投身于革命，投身于人民的解放事业中去。

正巧碰上著名女革命家蔡畅大姐来哈尔滨。为迎接她，哈市共青团指派我为她献花，和她留影并播了新闻。5月12日护士节，《东北日报》以“模范护士——刘素娥”为题发了篇报道。那时我刚刚当上护士，要成为一名合格的护士还存在一定距离，但一些事迹便已登报，对我是极大的鞭策和勉励，但在我内心深处也感到了隐隐的不安。

说真的，当时真有一种“怕别人看”的感觉。我找到采访记者贺安，问他：“我明明向你介绍医院那么多好护士的优秀事迹，像杨焕琴、蔚素清大姐，我同班的黄家驹、赵素君、郑泽清、满淑荣，上一届毕业的尚文彦，还有眼科老护士关振芳等，你为什么偏偏只报道我呢？搞得我这两天都不敢见人了……”贺安说：“你的事迹具有典型意义，通过宣传有利于对广大青少年的教育鼓舞，你要珍惜党对你的培养，并把它作为你前进的动力，以不辜负党对你的期望。”这时一些相识不相识的男性给我来信了，有一天竟接到了五封，我一概不予理睬，其中最可恶的是一名自称是“有名的大诗人”，看我不回信说我是踩着他的台阶往上爬以提高自己的身份……一些流言蜚语也暗地传播，甚至非议起我有“作风问题”，让人不堪忍受，甚至平日里对我多有教导、帮助和关心的一些老护士也为谣言所惑，对我冷眼相看了，让我浑身发冷，真的感到抬不起头来了，私下里不知掉了多少泪。那段时间一直是贺安鼓励我，他教我写通讯报道，帮我修改稿件，在他的帮助下，我竟也一连在报上发表了两篇文章，渐渐摆脱了同事间的尴尬和压力，党报记者贺安也因此成为我走上革命道路的首位良师益友。他给我讲了许多革命英雄的故事，尤其是反法西斯女英雄丹娘的事迹，坚定了我决心为民族解放“战死沙场骨留香”的信念。此时正赶上共青团号召参军，我便义不容辞地加入到中国人民解放军的队伍，奔赴战场随第四野战军驰骋中华大地，投入解放全国的人民战争，在血与火的战斗洗礼中成长。而我们第九期护校毕业的十五名中国学生也都参军了，大多留在了哈尔滨卫戍医院工作。

我参军一年多以后，解放军攻打长春，竟在解放长春的俘虏营的队伍里，看到以前我就读的日本护士学校高年级的有钱人学姐。我不由得取笑她们，被俘虏的学姐低着头连连说道：

“我们走错了，走错路了。”后来在这些跟了国民党的医务人员中，也有一些经过思想教育改造后参加了解放军。革命不分前后，她们参加革命队伍受到欢迎，未受歧视。

参加中国人民解放军

我去当兵头一天回到家里和外婆、继母三姨告别。但只告诉她们我上学去了，没讲当兵，怕她们拖后腿。我把当护士攒的所有钱全交给了姨母，她很高兴。我走前把家里的缸挑满了水。第二天去报到，我觉得这是我生命中的大喜日子，我非常高兴地穿上最好的毛哔叽料连衫裙，在大辫子上扎上大花蝴蝶，着实打扮了一下，拿着中国人民解放军第四野战军保卫部马波生部长给卫生部涂通今部长的介绍信去报到。到卫生部大门口，哨兵叫我站住别动，他拿来大喷雾消毒器把漂白粉水向我身上猛喷。我惊呼：“干什么?”他说：“外面有鼠疫，大家都得消毒。”我说：“消毒也不该满身喷湿啊。”他说：“先消除你的资产阶级小姐味。”我说：“我是来当兵的，不是资产阶级小姐。”我连衫裙都被喷湿了，来到涂通今部长面前报到。他看了我的介绍信后，叫我到松江军区医校报到，医校在当时苇河县的亚布力蚂蜒河旁。我坐了几个小时火车，半夜到的，由伤病员第二休养所所长久斗接我。我支前时曾到过他那里，算是旧识了，可他一路寡言，让我纳闷。送到医校他就走了。我坐在背风处等天亮，不知那是解剖室。天亮时听到嘹亮的起床号声，我很兴奋，想到从今天起我就是解放军队伍中的一个兵了。又见到学员队伍唱着军歌，整齐地跑步，我高兴地站起来，目送他们，心情非常愉快。天亮时我看清了，学校是啤酒厂旧址。我先到学员队向王文治队长报到。王队长叫来孟颖小个子班长——小班长看上去像只有十三四岁的样子。她把

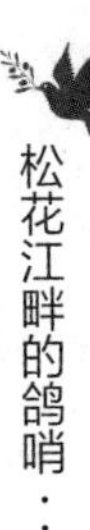

我带到班上，和我谈话说："学校有各种规章制度，要严格遵守组织纪律。"并说："我们共产党解放军的钢铁纪律，是建立在自觉基础上的。"她个头虽小，但她说的这番话挺有分量，尤其是"纪律是建立在自觉基础上"，过去旧社会的纪律是建立在打骂体罚上的，这让我对她刮目相看。从此，"纪律建立在自觉之上"这句话影响了我一辈子。

我们二期十几个人的女生班睡一个大木板通铺，每人被子都叠得有棱有角，物件整齐，虽然环境艰苦，但学生们积极向上。一期的学生拉木头建房，我们二期的种菜，力争自给自足。学校当时首先解决思想站队的问题，搞贫雇农路线，贫农学生说了算。我穿得好，又怕虱子，家里开小饭馆，还在日本学校当过班长。"交代不清，表现不好"，被定了个小资产阶级，需改造，把我罚配到二所厨房接受锻炼。我觉得很委屈，想找所长久斗谈一下。没想到，此时久斗见我迎面走来，转身就走，显然他已听说了什么，怕了，躲我将我当作带病菌的瘟神，如此一来，我觉得像冷水浇头怀抱冰，悲凉彻骨。这个打击对我可真不小，本以为他是个领导，是朋友，没想到他对落难者无情义。伙房厨师对我很关心，叫我干轻活——烧火。让我从心里感到了温暖，同时也觉得这个冬天暖和多了。每回我到病房送饭，一见到这些英勇杀敌负伤的英雄们，敬佩油然而生，真心实意为他们服务。我想哪怕能为他们解决一点儿伤痛，我什么都愿意做。我送完饭就给他们洗脸、洗脚、洗血衣。一个伤员的被子上全是脓血，晚上我把我的被子换给他盖上。领导大大地表扬了我，让我把自己的不愉快全忘了。每逢护士进行静脉注射有困难时，我都主动帮忙。因病房需要，我干了二十天伙夫之后，就调到病房当护理员。我想我是高护毕业，虽有点憋屈，但叫我当护理员我应该做得更好。我全心全意为伤病员工作，几乎全然忘我。遇上失血多者，因我是O

型血，几次给伤员献血后都不休息。这样工作三个月后，三八妇女节选模范代表去参加东北军区妇女大会，我得到了伤员们百分之百的选票，工作人员也都选我，这使久斗很意外。久斗所长和协理员作为领导，代表所里给我戴大红花送上火车去哈尔滨市开会。久斗笑眯眯地想给我戴花，我一扭身到协理员面前，让协理员给我戴，我说："谢谢协理员对我这几个月的帮助。我认识了一个人。"协理员故意问我："谁呀?"我说："久斗这位所长。过去我不认识他，现在真正认识了。"说完两位领导都笑了起来，我本想挖苦久斗，但觉得不好意思，就跟着他们一起笑了。学校贫雇农路线只持续了三个月就纠正了，我也解除了"锻炼"。

到了火车站，医校另有三位学生积极分子也来了，我们一起去哈尔滨市参加大会。她们问我："你怎么来了?"我说："不为什么，叫我来我就来。"带队的说："别认为就你们是先进分子，人家可不比你们差，也是先进分子啊。"1948 年 3 月，东北军区在哈尔滨市召开妇代会，审查东北团以上干部在东北结婚的女方政治面貌。因为那时有敌特打进解放军内部搞美人计，专找干部谈恋爱结婚。东北局在哈尔滨市，邓颖超、区梦觉、帅孟奇大姐等我们共产党高级女领导干部都到会并在大会上讲了话。大会开了半个月，天天小灶伙食，可那些来历不明的被审查对象可就无食欲了。我们这些没结婚的学生代表知道情况很少，只是跟着在会场喊口号助威。查出真有问题的当场宣布离婚。当时我军有个林部长被女特务老婆暗杀，女特务被镇压，留下了一个遗传了梅毒的女儿林林，不到两岁，两耳流脓。我曾几次给她换药。

大会后，我暂时被分配到军区卫生部门诊当护士。报到那天，我向一个小战士问路："门诊所在哪里?"小战士告诉我："前面就是，那里只有一个夏一跳医生。"我进卫生所后整装立正，很礼貌地说："报告夏一跳医生，我来报到。"那位四十来岁的夏医生一听，这小姑娘竟敢当面叫他外号，气得跳起来，训斥道："我说过，谁敢叫我'吓一跳'，我就打谁。"我真被吓一跳，说："夏医生，我刚来，实在不知道，听人家叫你夏一跳医生就跟着叫了。请原谅我无知。"夏医生还在生气，说："你刚来竟敢无礼，好！你就在此劳动吧，先去打扫厕所、擦地，擦玻璃和各种医疗用品。"我只好按他指示去做，可做一次不行，通不过，他总能挑出毛病，找倒茬，还叫我天天出操跑步。那时无操场，天不亮我就绕着哈尔滨市第一医院跑。那正是我参军前工作的地方，好在五六点钟晨练没有人注意。我还绕着马部长工作的司令部跑步。夏医生天天叫我擦地，不停地干活，还总说不干净。这个旧社会来的夏医生身上沾染了许多不良习气，很难相处，我就去找马波生部长，述说我当兵这半年的经过和与夏医生摩擦相处的倒霉经历。马部长大笑起来，我说我都想哭，你还笑呢。于是马部长第二次为我开了介绍信，让我回到军区松江医校学习。

人才辈出的松江医校

这回再次到松江医校学习，人虽是原来的人，可一切都变了，同志们对我都很好，还选我当学习组长。我有护校底子，感觉在此学习较轻松，还取得优秀成绩。松江医校是培养我军战争需要的外科医生，大家都很努力学习。每个星期都有批评和自我批评与争红旗活动。学生自力更生地种菜、种玉米，闲时帮烈军属劳动。大家都争先恐后，吃苦在前享福在后。学生们每天吃玉米饭，每逢周五吃一次大米饭，当时觉得大米饭特别好吃，不吃菜也能吃两碗。

我们班种的玉米，刚成熟就被一头大黑熊给糟蹋了一大片，那家伙是毁掉一片却只拿走一个。为了玉米，我们就得消灭这头大黑熊。男同学暗中埋伏，在其出现时开了两枪，打死了这头有三四百斤的黑熊，除给疗养所送了一些熊肉和切下的四只熊掌外，我们学员为此得以改善生活，第一次吃上熊肉，真是太解馋了！熊肉两天都还吃不完。吃到第三天，结果天热，肉坏了，全校上下患急性肠炎，排队上厕所。钟穆老师煮了一锅硫酸镁水，人人喝一碗洗肠。本以为吃熊肉补一补，没想到这一泻，把肠里的油水都刮掉了，真是得不偿失。

松江医校继承了延安抗大的“团结、紧张、严肃、活泼”的作风，以艰苦奋斗、英勇牺牲为学校的优秀传统。学校师生来自五湖四海，培养出不少优秀干部。例如，担任广州军区空军政委的刘锋，深圳卫生局长刘景荣，广东省肿瘤医院院长谢海，吉林医科大学外语系主任吴宣刚，还有海洋生物专家毛庆武，海军防疫专家杨火，牡丹江医学院副院长赵斌横，湖南省军区医院院长时光、王明奇，作家亢进，曾为某大军区干部部长钟庆勳，其余在各医院当领导的就数不过来了。

松江医校亦不乏艺术人才。像天才老师仲穆，三五天就写出了四幕歌剧《留下他打老蒋》，以及《为谁打天下》等剧目。医校剧团排演后还曾受邀到城乡演出，很受欢迎。主要演员有于萍、于普、于光、关静萍、周鸣琦、罗刚、陶锌等（这些同学都学有所成，后来都担任了各单位的领导）。我跟着他们跑龙套，乐人乐己，非常投入。可惜仲穆老师在文化大革命中受到冲击，死于非命。

入山海关

1948 年 10 月 28 日，接到松江军区卫生部通知，要在即将毕业的松江医校二期生中选拔优秀男女生各五名到哈尔滨市松江军区报到，随部队南下山海关，经昌黎、唐山，准备打天津。当时我被评为优秀毕业生，卫生部长贺诚奖励了我一个象牙听诊器和一个牛皮公文包。松江军区所辖的东北独立 8 师，改编为 160 师，随 47 军南下。而我们被挑选出来的十名刚毕业的军医赶往哈尔滨入关。能争取第一批进关，对我们来说真是光荣。松江军区司令部和卫生部都在哈市南岗，相距不远。我到军区政治部向马波生部长告别，马部长接待我，要我努力做好本职工作，他还给我起了个革命名字叫刘莹，说我的名字叫素娥显得有些封建（只是数年后部队又调来一个从苏联回国也叫刘莹的，因作风浪漫与男青年好拥抱，总被点名挨批，我避嫌不得已复用原名）。马部长引导我走向了革命无比光荣的幸福大道，却未料从此一别，竟一生再未见面。

10 月 30 日，大部队从哈市出发，我们十个小军医，随 47 军 160 师卫生部南下。在哈市火车站里，父老乡亲人山人海欢送子弟兵进关，红旗招展，锣鼓喧天。部队指战员群情激昂地高唱着：

锣鼓喧天，鞭炮响，
青年参军上战场，
父送子，妻送郎，
红缨枪放豪光，
威风凛凛排两行。
参军健儿雄赳赳，气昂昂，
满脸是红光，
全身是力量，
背负着人民希望，
走向光荣战场。

火车伴随此起彼伏的歌声抵达新民。带队的卫生部韩部长像大哥一样，一路照看我们十个小医生。部长是个英俊潇洒、成熟稳重的年轻干部，冀中口音，歌唱得特别好，听说技术也是能手，样样可给我们做表率。驻军休息时打排球，凡有韩部长参加，大家情绪就会更高，更愉快。在新民休息整顿两天，男医生全调往各团，女医生全留在卫生部。军列从新民到11月初刚解放的沈阳时，部队从沈阳火车站穿过大街到北站时，天还未亮，约是早晨三四点钟的样子。整个沈阳在朦胧的烟雾中隐现，当地老乡还在睡梦中，因当时入关还保密，没几个人知道大军经过他们家门前。有的女同志坐炮兵货车，没座位，没厕所，一停车，就见那些女同志着急慌忙地往下跑，有人甚至就在当地老乡的院子里找地方当厕所。完事急忙逃跑，算是给人家地里上肥吧。

到了山海关，休息一天，见高大的万里长城的城墙上写着大幅标语："欢迎东北子弟兵进关""欢迎大军南下""打到北京去，活捉傅作义"。看着接连不断的标语，作为东北子弟兵中的一员，我们内心感到无比兴奋和自豪，复又唱起：

背负着人民希望，
走向光荣战场。

在山海关休息时，韩部长牵着白马，带着十个小医生登上了山海关的城楼，观瞻出于名人手笔的"天下第一关"五个雄奇的大字。正好前两天下的大雪铺满关内外。那皎洁的雪，森秀的山，一片银玉世界。我手摸着上千年的城墙砖，远眺渤海，波涛浩渺；近看长城，蜿蜒逶迤，气势磅礴雄伟。我军一望无际的队伍如滚滚洪流从关下奔腾而过。我感触万千，心潮澎湃，想着外婆讲过的《孟姜女哭长城》，想到《岳飞凭吊古战场》，《花木兰》那关山度若飞……多少可歌可泣的悲壮的往事，令我激动不已。我展开双臂，脸贴城墙，是啊，长城，外婆无数次讲述过你，可她从未见过你。今天我有幸随大军到此，见到这雄伟英姿，真如梦如幻，我真不知是梦是真呐！万里长城是中国人民的骄傲；万里长城，是中国人民的万里血汗，是中国人民的脊骨，是中国人民的魂魄！往前看，这望不到边际的万里龙，不畏险阻，一脉向前。这正是中华民族的性格。我就这样呆想很久，听到背后笑声，回头一看，见韩部长正举着相机给我拍照。

他提议大家各朗读一首诗。我随口朗诵道：

万里长城，万里龙，
是龙飞在宇宙中，
飞龙吐气傲千山，
山峰起舞不畏难。
向前、向前、向前，永远向前，
它是中华民族的魂，
它是中华民族的象征，
神龙飞腾万山间，
圆梦图腾保国安，
远望征途有狼烟，
神州万马渡雄关。
永远、永远、向前进，
全国解放在眼前。

韩部长说他读到过郭沫若最近写的一首诗：

多少人民血，换来此尊荣。

思之泪欲坠，欢笑不成声。

接着他说："谁能朗读一首更好的，我就把手中这个漂亮的酒精棉盒送给她。"那酒精棉盒是金属的，锃亮。十个年轻医生不由一起大声朗诵了毛主席诗词《沁园春·雪》：

北国风光，千里冰封，万里雪飘。
望长城内外，惟余莽莽；
大河上下，顿失滔滔。
……
须晴日，看红装素裹，分外妖娆。
江山如此多娇，引无数英雄竞折腰。
……
数风流人物，还看今朝。

此时、此地、此情、此景，在此十个人齐声朗读了毛主席这首诗后，立即去抢部长手里的酒精棉盒。他看这么多人抢，连连说："别抢，别抢，我愿意给谁就给谁。"他手藏向背后，我正站在他身后，顺势一把抢过来。其实他有意不提防我抢。我抢到手说："你不给我，我要。"大家都笑了，在此玩了很久，又拍了相片才往回走。其实韩部长是这些女医生心中的白马王子，大家都喜欢他，但都不表露，把住自己的嘴那道关口。

1948 年 12 月初部队到昌黎时，特意安排卫生部人员住在街上一个开明绅士老财家。听说卫生部住他家，他热情接待，把客房打扫得干干净净。这家的小姐对五个女医生很热情，给我们铺上虎皮，并讲此虎皮褥已经历两代了，平时不用，贵客来了才舍得用。问其好处，她说："虎皮可防贼报警，坏人来时这毛会竖起来。"我们五人都是初次看见，摸着虎皮感到真新鲜。

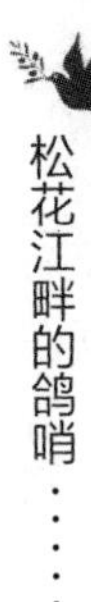

大家对韩部长有好感，问起家史，他说他父母是老八路军医院院长，兄弟姐妹都随军上医校，然后当军医。随后见到一个人挑一担螃蟹卖，我们问韩部长是做什么用的。韩部长买了二十个，给我们每人两个，尝一尝，都夸好吃，过去还真不知此物可吃呢。在昌黎休息两天后，徒步行军到唐山市，准备打天津，部队在天津外围集结。从昌黎去唐山路经一座小山——中南山，是八仙韩湘子出家成仙处。大伙说山又不高，又没有奇花异草与参天古木，如此荒山野岭哪像神仙住处？韩部长说："山不在高，有仙则名。水不在深，有龙则灵。"原来韩部长祖籍在此，不可小瞧啊，说他是韩湘子的后代。

唐山休整与疗伤

1948 年 12 月 3 日下午，在唐山市举行了入城仪式。同志们齐整军装，紧束腰带，戴正帽子，个个显得精神威武，雄赳赳、气昂昂。其实从昌黎出发徒步到此已经很累了，可是一见满街喊口号欢迎队伍的人群，立刻精神振奋。大家齐声呼喊："毛主席万岁！共产党万岁！全国解放万岁！"口号此起彼伏，一浪接一浪。还有一队队小学生手拿小旗在老师带领下高喊："我们热爱解放军!"看到我们女兵过来更是鼓掌雀跃，兴奋不已。

在唐山，卫生部住在煤矿工人家，两三个女同志住一位老乡家，一大排的红砖小院，每家一室一厨。在此住三天准备打天津，同时宣传党的政策，访贫问苦。煤矿工人们对共产党解放军真心热爱，住在工人家，我们就好像住在自己家一样。大家尽力为他们做一些力所能及的事情，看病啊，体检啊，挑水啊，一片浓浓的军民鱼水情。乡亲们都知道，部队在此集结，是随时准备参加解放天津的战斗。

韩部长的姐姐秀岩长得俊美标致，是纵队司令员王近山的爱人。她非同一般的背景让人羡慕，她也乐意时常和我们拉拉家常。

自从抢到酒精棉盒，我就听到不少流言蜚语。此时韩部长早些时的女朋友娜娜赶来了。她说她是韩部长的未婚妻，这次来决心和部长结婚，若谁敢妨碍此事，她就跟谁拼了。此处的女医生全是我同学，看到韩部长对我好，对娜娜来闹都觉气愤，抱不平。但我冷对这一事情。对方如此蛮横，为达目的不顾对部长的影响，不惜把事情闹大，甚至毁掉部长前途。娜娜的凶狠，或许说明她真爱部长，但面临毁坏部长名誉的危险，我决心退出，何况我和部长并没有什么特殊关系。祝他俩幸福，早日结婚，真爱他就应当给他幸福。虽做了这样的决定，可我还是抑制不了自己，内心烦躁（也许是感冒发烧），正好下大雨，便冲进雨水之中，淋得一身透凉，结果发烧至 39.5℃。同学们认为我染上当时正流行的回归热，给我注射 606 药水。因血管难找，针头因反复扎的次数太多被肌肉纤维阻塞，误时 20 分钟，这时药已变色。药只推了一半，我就发生了严重的过敏中毒反应，休克进入昏迷状态。同学们急了，找来韩部长实施急救。过了一阵儿，我才苏醒，睁眼一看，部长坐在我身边。想起最近发生的一切，我强抓起那个他给的酒精棉盒朝他扔去，扔过去后我就又昏迷了。不知昏迷了多久，醒来时已有特护邓英子（朝鲜族）照看我，她细心给我喂水。因部队要出发，就把几个重病号都用担架抬着往上级军区医院送。途中，韩部长站在路经的高坡上看着担架过来，他一个个检查病人。我还在半昏迷中听到远处有人叫我，睁眼一看又是韩部长，就立即闭上眼睛。邓英子一直跟着我的担架，在周村，担架队休息一个小时，当地老乡送来了慰问袋。我醒了看到慰问袋里装满枣、梨、花生，袋上写着周村。我这才知道担架队在经过我老家时原地待命休息。若干年后证实，给我送慰问袋的是我伯父刘荣贵，但他不知病员是他侄女，他回忆起来乐了，说："那时只知道给担架队一个女病号送过慰问袋，原来是你啊！"

邓英子和医院几个医生都是我同学，在住院这段时间得到了大家细心照顾，我恢复得很快，但还不能起床。那天韩部长骑马来看我，我在病床上朦胧中似乎听到远处有人叫我。我睁开眼见部长坐在枕边低头看我，就马上又闭上眼睛，也不想说话。部长问我："你这么困么？不想看我一下么？"他还说："那天我不放心，站在坡上目送你的担架，见到你那天难受的样子，我，我……"话到此时他也说不下去了。我始终紧闭双眼不做任何反应。他又问："你真困么？"我没好气地说："要我出院，就快调我走！否则我永远不出院了。"部长连说："行，行，你快点好起来吧！只要你好，什么都行。"接下去又是很长时间的沉默，直到部长默默骑马回去，我们两人都没说话。

住院二十多天后我能起床了，邓护士扶我练习走路。我自己能扶墙上厕所了。又过了十来天我可以出院了，准备回队。此时，天津已经解放了。1949 年 1 月，卫生部在梅厂镇暂住。同学们见我出院都非常高兴，并说卫生部给我发了两元营养费。我拿到营养费掏出 1.5 元买了 100 个鸡蛋分给同志们吃。正好军区卫生部要人，韩部长就介绍我去。到军区卫生部有 50 多里路程，组织给我弄来一辆马拉木板车。出发前韩部长来看我，我还是不说话。韩部长说："你意志刚强，能经得住任何磨难，我相信你今后一定会有出色的作为。"我只说了声："我会把你当大哥，是好兄妹。"

临别时协理员与我谈话，问我有什么委屈，生病遭罪了。我说："我在此卫生部生了一场重病，得到组织关怀和同志们的照顾，甚感谢。我想向组织表明我和韩部长没有任何关系，部长是个正派、有觉悟的年轻有为的领导干部。我和别的女医生一样尊敬信赖他。我和他很少个别接触，都是工作上的关系，只是他对我关心照顾，这让我心存感激。没想到，为了那酒精棉盒，惹来那么多不愉快。现在更爱他的那个娜来了，我怎会要和谁过不去？娜非常爱他。我希望他们美满幸福，白头到老。我与他没有特殊的关系。请组织相信我，证明我的清白，也证明他的正派。希望组织不要误解他，舍此，我别无要求。”

随 47 军南下

早晨天微亮后，我坐上部里派来的马拉小木板车，与同学、战友告别，还真是难分难舍。约 50 里的路程，迎着朝阳，风光明媚，村里桃花杏花盛开，阵阵送香，点缀着几处村舍，天气晴朗，万里无云，大路两侧柳芽绽绿，春回大地，欣欣向荣。我大病初愈，贪婪地饱览春光，新生活即将开始，给我增强了信心，决心到新环境要干出成绩，克服自己的短处，发扬长处，严格自律，少找麻烦。

下午到了 47 军卫生部。先去卫生部医政科报到，部长刘云通在。医政科王科长说：“医政科正缺人，你留在这里，部长同意了。”当时医政科非常忙，东北战士刚进关，发疟疾的特别多，非战斗减员比战伤减员还厉害，马匹也死亡不少。正好天津解放时俘虏了一名敌军兽医，组织上叫我学医马。每天我跟着他骑马到各处给马治病。

兽医还要给马夫们讲卫生课。上课第一天，兽医张嘴就来

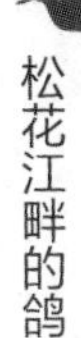

了一句："兄弟我……"大家都哈哈大笑，我赶快说："叫同志。"他讲马病防治讲得好，起了作用。我陪了他几天给马治病，他教我如何骑马快跑并能稳住马步，还教我在马上做人工呼吸的绝招。

47 军医政科工作忙，有时还得安排医生给军首长看病。缺人时只好我自己去。一次民运部肖部长病了，要医政科赶快派医生。当时找不到别人，我背着急救包就去了。警卫员带我到肖部长床前说："医生来了"。肖部长看了看我，说："我病了，叫卫生部派医生来。怎么派个孩子来了？是护士吧？"我说："报告首长，我不是孩子，也不是护士，我快二十岁了。我是医生。"肖部长说："好吧，不管你是谁，快把我病治好。"我给他做详细检查后说："首长无大病，感冒发烧，要多喝水。"我放下两包阿司匹林就回去了。第二天肖部长好了，往后他每次不舒服，就叫警卫员来找我这个小医生看病。

1949 年 4 月，部队从河北出发步行军到河南。在方城县一带驻军，准备渡江南下。河南那时非常贫困，水旱荒汤，灾民特别多。当时驻军每个干部每天一斤面、一斤柴。我每天做好面糊或疙瘩汤，送与要饭婆婆吃，我觉得老婆婆像我的外婆。

有一次连队来人找医生看病，我去了一看，是一位年轻战士。有人说他装病，昨天还好端端的，今天就不说话也不吃饭了。我看不出是哪种病，只好回去找王科长。等查出病因，人已牺牲了。原来是中毒性疟疾。病人很多，只有我一个医生和护士任兰、田方、余波，四个人互称姐妹。稍有暇时，任兰、田方就跳舞或唱歌，此小卫生所很活跃。任兰有一天给田方一盒高级香烟，说是 471 首长（梁军长）给的，并喜滋滋地说首长如何喜欢她。梁军长妻子是卫生部药材科长，因患肺结核病，带着孩子到大连治疗去了。我知此关系严重就劝任兰别做不道德的事。王科长也批评小任。此事被471知道了。他亲自来到小卫生所，想看一下。当时就我一人在，我和他在小药房门口相遇，他生气地大声问："人哪?"我答道："我就是。"471说："药房门口为何不放哨?"我说："小卫生所就我们四个人，再说也没必要放哨。"他说："不对，我471在此，如有人把药换包，你负得起责任么?"那时药袋即是临时用一块兜兜布缝的袋格子，药一格格装着，出发行军时合起来一挂就是个马褡子。他正大声批评让我们改正时，小任跑出来说："啊，471首长到此，没欢迎，失礼失礼。"我斜了她一眼，心想：首长是在提醒我们，小卫生所要提高警惕，又不是来看谁啊，真是的！此时471摇了摇头走了……

部队继续南下，敌人望风而逃，就像秋风扫落叶。本来部队要打某城，还没打，敌人就溃不成军。我们部队急行军，追赶敌人。百里急行军，走了六十多里路，我脚上也磨起了泡，两腿发酸。我想到小时候，我妈常常带我去看外婆，来回五十公里左右。妈妈从不坐车，拉着我跟她走。我走不动时，求妈妈坐马车，只需一角钱。妈说："一角钱太贵了，一角钱能买十个烧饼，十个烧饼能吃很久。"我走不动，哭哭咧咧地叫妈妈休息，妈妈说："外婆正盼着咱们，不能休息。"她买一个牛眼大的糖球塞在我嘴里，让我说不出话来，我只好跟她走。以后上学也是走七八里路。有钱的孩子坐车，我是步行，练就我今天走路的本事。行军中看到身边同志走不动，我就替他背背包。到了宿营地，很多同志坐下了就起不来了，脚上都是泡。我取来热水给大家泡脚，挑泡，送水送饭。我经常是左右肩各背一个急救包进行救护治疗，甚至输血。因此，1949年秋，我立了三等功。卫生部政治干事王立新写了报道在《前线报》上宣传我是模范医生。那时，我体力特别好，干重活也不觉得累，全身有使不完的劲。我军节节胜利，形势大好，催人奋进，心情愉快便不知疲劳。每个同志都热情奋发地工作，人人都争取立功。

1949 年 6 月，我在襄樊地区的松滋入了党，入党介绍人是吴风学同志和王冀同志。卫生部住在郑州教会大院，休息两天继续南下，急行军日夜兼程。商丘郑村不远有个大宅子，部队要在此宿营。卫生部的人员住在一个老财主家的花园绣楼里。据说此楼近十年无人住过，还闹鬼，见楼内尘土有半寸厚，床上摆着几双几十年前的小脚绣花鞋和一些古物。四个女同志睡此床，找个男同志睡门口壮胆。半夜老鼠出没，窸窸窣窣，夜深人静令人毛骨悚然，有人大喊一声："鬼来了。"四个女同志一起赶紧往外跑，门口那个男同志一听有鬼，跑得比谁都快，他没穿外衣，拉着一个毯子，连滚带爬地跑下来，还说鬼紧跟着他。我用手电筒看周围什么都没有。这几个人一夜未眠，第二天又徒步行军赶路。正好碰上下大雨，无伞任淋，雨后出太阳，又任太阳把湿衣服晒干。河南遍地古迹，佛刹道观，名胜很多。行军沿途多有经过。"刘秀走南阳"，"南阳诸葛亮住处"，过南阳直奔湖北襄樊地区，休息两天就准备过江解放宜昌。部队进入湖北后，下雨更多。有一天，王义科长找我谈话说："你不小了，该找对象了。"我说："全国解放后再找也不迟。"王说："现在有机会可找合适的，你要什么条件?"我想了一下，说个过高标准把他吓跑就好，也不得罪我这个上级。我说："我想找高标准的人，对党对革命无限忠诚，有过大贡献，道德品质高尚，作风廉洁，待人厚道，未婚，立过大功的人!"

王科长一听，连说："有，有，有。明天下午四点你到我办公室和此人见面。"我本想说说算了，没想到他竟当真。到约定时间我没去，王科长就叫通信员叫我来了。我到那儿一看，只有王科长和卫生部谭天哲政委，我站在那儿想，那人怎么不来？王科长说："政委全合你条件。"此时我抬头看看政委，黑瘦小个儿，年纪大，像农民。此时此地我真傻了，扭头就往外跑。王科长紧跟随我跑到河边，叹了口气，说："你怎么说话不算数？你说的条件，人家都够，你为何跑?"我此时才后悔当时为何不加上一句年龄别超过六岁。我哭着说："我不想误人，更不想结婚。我工作忙，还兼医训队解剖教员，我只想工作，不想结婚。"

回到宿舍后我心乱了。此后多少人都帮谭政委说情，说他如何好："虽说不是大学毕业，可人家是老红军长征干部，对党对革命贡献大，比大学生强，找个年轻帅哥，别的女人来和你争好么?"这句话对我真有些震动，想想周围几个闹离婚的，那真是苦了女同志，我真不愿意像她们那样。

1949 年 6 月下旬，部队从襄樊地区赶往宜昌，天天走山路，又天天下雨，北方人无雨中走山路的经验，我在滑泞的路上净摔跤，一天要摔十几次。这天又是雨中爬山路，很陡险。谭政委在坡上看部队经过，我很远就见到他站在必经处，便下决心，千万别在他面前跌跤。可一到他跟前，我脚一滑，摔出五六步远，还起不来。周围的人大笑，我此时恨不得找个地缝钻进去才好。谭政委赶快叫卫生员把我扶起来并关心摔坏没有。我可真丢了一回人。因赶宜昌战斗，部队日夜兼程。露营时天下小雨，地湿蚊子多，我点篝火驱蚊子，让那三个护士睡觉，我是真困累。这时，谭政委叫警卫员给我送来一块雨布，这块旧雨布送到我心上了。此后再有人提政委，我也不太反感了，但还是不太愿意。

宜昌战役与进军湘西

1949 年夏秋，天很热。7 月 14 日 47 军向宜昌守敌发起进攻。47 军主力打宜昌，我们卫生部野战医院紧跟其后，为第二梯队。7 月 15 日刚结束战斗，我们就赶到了。战场上我们收治敌我伤员，走近宜昌前一段丘陵地带，看到几具敌军士兵遗体，已经散发出尸臭，令人作呕。我们将宜昌郊外的一座大庙做了野战医院，夜以继日地工作。这里的居民早被国民党赶跑了，断粮两天，我们只能就野菜和着干粮吃。有人咽不下去，但是我可以，因为我小时候吃过。吃了就有力气，可以工作。在大庙的读经堂里，多数伤员倒在草铺上，只有三五个重伤员睡在木板床上。临时大病房里，挂着三盏小马灯。我进来就听到一个伤员说头疼，头上缠着的纱布也掉下来了。我看到他头骨下的脑子，那半固体模样的东西正慢慢地往外流。我急忙用酒精棉把手擦干净，缓缓地将半流动的软固体推回脑腔，用消毒盐水纱布压在他掉下来的那块头盖骨处，为他包扎。他还说想睡觉。我说我马上向上级汇报，给你更好的治疗。我刚一转身，身边一位伤员说："医生，我腿上枪伤，痒死了，痛死了，有东西在动呢。"我转过身去刚把他腿上的绷带解开，一包蛆竟一下子掉落在我没有穿袜子的脚面上，还往我小腿上爬，使我痒极了。但我还是先把伤员的伤口洗干净，把所有的蛆都洗掉，用消毒敷料给他包扎好。在护校时关一舍监教我缠下腿绷带反折三个鱼纹的技法可派上用场了，牢而美观，令其他医护人员见了惊叹不已。最后才处理我脚上的那些蛆。第二天我不放心那个生了蛆的伤员，又去检查他的伤口。真是奇迹，非常干净，一点脓腐肉都没有。那位头部受伤的伤员也被转送上级医院了。

在湖北农村有些简楼，上面放杂物或住人，下面养畜生。上下楼无楼梯扶栏，我上楼去，下楼时竟滚下来了，吓得我大声叫喊，别人也吓得惊叫，政委听到呼喊声也赶来了。我落地后，坐着想定定神，自己也不知摔坏没有。我抬头一看，政委很着急地站在近处。我见到他，觉得非常难为情，站起来就跑了，心想怎么老是在他面前出洋相呢？老天证明是想让我不要傲气了？此后思想矛盾，不知如何处理。大家都说政委人好，我也想是组织介绍的，周围的人也证明他人好，不会吃亏吧？但我心里非常矛盾，想我才二十岁啊，虽不是百里挑一，白玉无瑕，可也够上十里挑一，水灵灵的葱吧。可他呢，虽然五官端正，但个头和我差不离，加上行军打仗，每天日晒雨淋，简直都像一块黑瘦老干姜了。可他对革命有大贡献，我什么贡献也没有，何况还有个女医生总惦记着他，而我现在又左右推辞不掉，只好将就算了。

1949 年 12 月，47 军卫生部部长刘云通（新中国成立后首任空军卫生部部长）为我们主婚。结婚那天，来了几位将军，肖部长也来了。我给肖部长敬酒，眼泪止不住地往外流。新房内什么都没有，军需送来一床被，没有枕头。临时用一条新毛巾，包着一双新鞋就算枕头了。那天我总是流泪，说不清楚是怎么回事。接触这位政委，除年龄稍大外，一切均合乎我向王科长提出的条件，他是个优秀的共产党员，高水平的正派领导干部。

结婚第二天，有人找我说支部书记吴天明发高烧了。我知道他是肺结核，赶紧背着医药箱往吴的住处跑，回头一看，谭也来了，后头还跟着警卫员。我猛站住，怒问：“你们跟着我干什么？”政委说：“你部下生重病，能不去看一下？”只好依

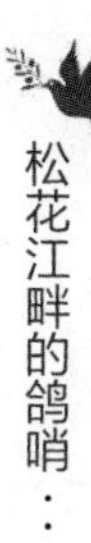

他了。到吴天明处，见他全身寒栗颤抖，牙齿格格响，很痛苦。谭看他冷得发抖，叫警卫员快把我们的那床新婚棉被拿来给他盖上。天明说："谢谢政委，你们就这一床被，我不要。"警卫员站着不动，谭急喊："快把被子拿来给他盖上！"检查病情后，我给他用链霉素和退烧药治疗。晚上我们没了被子，我穿着棉衣睡觉，谭盖着大衣，他说比长征时好多了。政委关心他人胜于关心自己，让我很受教育。三天后，被子送还给我们，晒了一晒，用了好多年。

1949 年 12 月底，传言土匪来沅陵过元旦。此时，大部队全到湘西剿匪去了，沅陵只有卫生部和野战医院，形势突然紧张起来。卫生部与野战医院进入战斗状态，每人发了五颗手榴弹。我的战斗位置谭来看过两次，告诉我怎样做战斗准备。我们蹲守在战壕里近七个小时，到了晚上才撤出战斗。我们主力回来了，能听到不远处战斗的枪声。我回医院不久，见几个人抬着一个枪伤病人进来，我问他为何负伤，他们说跑土匪。我看得出来实际他们才是土匪，待我检查伤员后说："这人伤势很重，但你们得先交出枪，我才抢救病人。"并对他们讲我们共产党解放军的宽大政策。他们真交了枪，还得到了宽大，人也救了。

一晃到了 1950 年三八妇女节，47 军开了个别开生面的大会。不是给妇女放假休息，而是要妇女同志们说说心里话，请组织帮助解决问题。

大会主持人是 472 首长（政委）的爱人赵兴大姐，我是卫生和文艺两个系统的召集人。在会前有机会和赵兴大姐细谈汇报了两次。知道赵大姐患失眠了，问其原因，得知 472 热恋上了刚从北大来参军的大学生小丹，现小丹给 472 做秘书。我觉得只用安眠药不行，得想个两全其美的办法。我对赵兴大姐讲，小丹我认识，是个正派大学生，你可以和她正面谈。我也找小丹谈，叫她千万别干缺德事，让她知道赵兴大姐的光荣历史，大姐是老红军，对革命有贡献，相夫教子，鼓励小丹知情而退，并对472讲明道理。事后真起作用了，小丹没与472进一步发展，他们夫妻关系也好了。

那个大会对新参军的女知识分子大学生们进行了政治思想教育，让她们提高政治觉悟，正确对待婚恋，不可与有妇之夫恋爱，不可损人利己。当时的政策是二八（28岁）团级干部可以结婚，鼓励女大学生找28岁团级年轻干部恋爱和结婚。对刚参军的青年女大学生，向她们讲革命人道主义，说明追大官折姻缘，老夫少妻并不幸福。这个会开得很好。47军的139师即红二方面军三五九旅的老底子，这个师里有数名有资历、有名气的大姐，像马忆湘、陈敏、安玉容、杜凤英等不是长征便是三八式（参加抗日战争）的老干部。她们向中央反映，要求反腐，保持廉洁，把艰苦奋斗的好作风发扬下去，为此还专门提交了倡议书。

1950年4月，47军卫生部召开预防工作会议。同学张英和甄妮来到沅陵军卫生部参加会议，我们相见非常高兴。她俩说，她们一直住在村镇，随部队在湘西剿匪，现到沅陵来算到大城市了。散会后，她俩拉着我，要我请她俩下一次小饭馆。沅陵是湘西较大县城，沿沅江边有家小饭馆，我们三人进了饭店，要了两荤一素三个菜。饭菜刚上桌，突然卫生员跑来，说："有急诊快回去。"我让她俩慢慢吃，我处理完病人再回来。我回到单位，负伤的战士正好送来，我刚给他缝好伤口，固定好骨板，又跑来了个卫生员说担架营有个病人，叫我快去。那里离此有25里左右，我和来人各骑一匹马，跑到那里看一个高烧病人。我给他检查治疗，放下药以后，急忙回沅江小饭店。快到江边时，我骑的马突然受惊，猛往前冲，我控制不住，急得满身是汗。见前面有一个军人，我大喊："快拉住

马啊。”那军人很勇敢，一下就把马拦住了。我向他道谢后，返回到沅江饭店，此时已是晚上八点了。甄、张两位姑娘翘首等我近四个小时。我一下马，她俩就大喊：“刘莹，你把我们害苦了！吃饭不给钱，饭店不叫我们走啊。我俩谁也没带钱，太丢人了，该打你！”我捂住脸回过身说：“我们都是外科医生，要害部位可不许打，手下留情啊。”我两手抱头，扭身把背后留给两个馋猫打。我对她俩说了这三个小时的经历，提到马受惊，我控制不住惊马，若掉在江里，咱们仨就见不到了。她俩也为我担惊受怕。两年后，张英在抗美援朝中牺牲了。甄妮嫁了一位晏姓负伤腿残的老八路，晏和天哲都曾在三五九旅，后又一起到四十七军，为解放全中国从东北打到海南岛。1999 年在我爱人去世后我到长沙陆军干休所见到甄妮，她爱人也去世了，她对我说，晏是她心目中的英雄，“他为国负伤，他爱国，我爱他！”我同学中还有王雅清也嫁了一位独臂军人，叫梁涛，他们夫妇解放后都去了公安部门。1954 年我在上海与他们见面，梁带我参观了上海提篮桥监狱，那里头很大，还有两个工厂，看到了在狱中改造的汪精卫的老婆陈佩君。王雅清夫妇在上海最有名的锦江饭店宴请我们夫妇，提到与梁涛结合，王雅清也是这样说：“他爱国，我爱他；他为国，我为他。”这是多么神圣的爱情啊！嫁给为国奉献伤残的荣誉军人是光荣而值得骄傲的，现在他们都不在了，我写下这些，谨以此为纪念。

调人海军

全国解放后，1950 年 3 月，中央要调一批长征干部入京工作。我随谭天哲应调离开 47 军，同时调离的还有刘春光、于侠、付必福（其夫人李兰是我护校的同学）。我们同在武汉总部学习党和地方方针政策。约 4 个月，有 50 名长征干部和家属住在长江宾馆，其中还有长征妇女团长、女参谋长两位大姐，大家多次请她们讲英雄故事，那些故事让人感动，深受教育。此时，我辅导谭天哲学习数学基础，他在农村念的是私塾，毛笔字写得非常好，但不懂数学。至秋天，接调令调往北京海军，谭、我和警卫员三个人的行李物品连一个猪皮箱子也未装满，因那时供给制，没有钱。当时我怀孕吐得厉害，谭就把他的小灶伙食给我吃，他每天只吃一两个馒头充饥。调京后参加了海军建设党员大会。那时海军大院空空，只有一些建材木料。人员着装五花八门，以陆军为主，也有空军和炮兵，还有其他兵种，都是新调来的。大会讲建立强大海军，要先培养大批政、军、技干部。会后，谭和我调到南京海军联校。出发前一天，去了趟北京动物园。谭到动物园不是看虎豹等珍奇动物，却去看两匹白马。他站在马圈前盯着白马，久立不动。他说："一匹是朱德的，一匹是任弼时的长征战马，都立过大功。"他说："西征时，任弼时是红二方面军党中央代表，是爱兵用兵的模范。那时萧克、王震是红二方面军的军政委员，任是主席，萧克兼红 17 师师长，王兼政委。他们善于治军，严格军纪，使这支从农民走出来的队伍始终精神饱满，士气高昂。我当时是机要秘书兼译电员。部队西征突围，情形异常严峻，敌人重兵八万，强敌压境，对我包围圈越来越小，将我们压在牛田、溲洞狭小地区，处境十分危险。国民党何继是反共老手，看到红军被层层包围，认为对红军布下天罗地网，插翅难飞。在突围前一天，作战机要尤为紧张繁忙，二十四小时不停地接报破译敌情，恰巧机要科长陈宗英大姐（任夫人）生孩子，萧、王站在我身后，任着急地催问敌情电报。天很冷，我的双手二十四小时不停写字，冻僵了，手不听使唤了。此时，任弼时过来解开大衣，把我的两手夹在他的腋下抱紧，为我取暖。我深感他像父亲。暖和过来后，我的手又能用了，继续破译电报。突围时就是这匹马驮着通信器材的。”

“1934 年 10 月，红二、六军团会师时，当时任弼时生病。贺龙就把这匹他最珍爱的好马和马夫老曹送给了任弼时。两军统一行动，向西进军，建立湘、鄂、川、黔苏区。1934 年 10 月 28 日，红二军从南界出发挺进湘西。11 月 5 日，进到湘西永顺，在前进路上要过海拔一千米的水龙界大山。此时我正拉肚子，百米左右就泻一次，又发疟疾脱水，导致全身无力。拄着树枝拐杖跟在队伍后边。走到山脚时，红二军团已到山顶，身后再无部队。我实在走不动，出虚汗，坚持一步步向前挪动。后来站不起来，爬也爬不动，眼冒金星，我掉队了。我很着急，因为我身上带着密码本，这比生命还重要。此时，来了收容队长、我的叔叔谭石冰。他把我扶起来想让我走一段也不行，身子直往下坠。我说：‘叔，别管我了，你把密码本带走，一定要交给任弼时。’他收好密电本后立即上山，赶上红二军团直属队。我叔见到任政委就把密电本交给他。任了解到我还活着，立即命令他的马夫老曹拉着马下山把我驮回来。我静躺在山下听到马蹄声，以为敌人来了，翻身藏在岩石下。等见到老曹，才知他牵马来接我。他说：‘任弼时关心你，让我一定把你扶上马接回来。’老曹让我骑着马上山。见到任弼时、贺龙正在休息。贺龙问我情况后，给我两粒药丸塞在我嘴里，很快见效。可我身子发软就一直骑着这匹马下山。两天后身体才好了，是任、贺首长救了我的命，一生不忘！现在看到的这匹马，它在长征中救了不少伤病员，立了大功了。你看这匹马原来是棕黄色，现在老了变成白色。”我赶紧抓了一把青草喂给它，在它面前一喊老曹，它就抬头看看，真有情谊。

第二天，我和谭天哲离开北京，来到南京海军联校，校长是夏光。谭先任四分校校长兼政委，地址在南京下关狮子山。洋铁皮简易仓库做校舍，下雨时响得厉害。其间我生了长女，组织给了我二十块钱营养费。正好谭天哲的弟弟在农村病重，全给他了。月子里我没吃过鸡和鸡蛋，学校后改去安庆，特批我吃了十天小灶。教员队伍中有部队来的通讯人员及苏联专家和国民党起义、被俘、登记人员，他们多是大学和英国皇家海军学院毕业的，成了我们的技术教员。学员是从苏南、无锡、苏州选来的高中毕业学生。着装同苏联海军大学生毛呢制服，吃海灶，很让人羡慕，他们都是未来的海军军官，成为海军建设骨干力量。我做校医，负责全校教职学员和家属的医疗工作。大家住得分散，还有个小休养所，我经常是由此到彼，跑步抢时间，忙不过来。于是在起义教员家属中培养了一个卫生员，她是上海亨得利眼镜店老板的女儿。她在家属大院做保健工作。1952 年我在此立了三等功。

1952 年，从安庆又调到青岛海联校一分校，校长冰野，夫人林芳。谭任政委，我是校医。校址在中山公园青年之家。冰野与我们同住青岛嘉峪关 25 号洋房。冰野和谭都是正师级，他俩每天骑自行车上下班，我和林芳相随步行。这儿离海滩很近，闲时可去海边散心。在此，我生下了长子谭湘清。

此后又接到调令，组建华东海军（东海舰队前身），谭任组织部长。调动中途经济南时休息了一天，逛大明湖时遇到了校长夏光、赵新夫妇。夏向谭介绍上海高楼大厦很多，讲他二十年前在上海和周总理做地下工作（岂料十多年后，在“文革”中，他与夫人无端遭到政治迫害，多次被批斗。两人患高血压、心脏病，无人过问，我自愿给他们保健看病，克服困难，给他们送医送药。“文革”结束后，他们终于恢复了正省级待遇）。

谭和我调到了上海华东海军。那时是 1953 年 3 月，我在

上海海军411医院工作。有一天中午，突然来了一位西装革履、英气逼人的壮年男人，在楼下大喊："谭天哲住哪个房间?"我在二楼听到下面喊声，出门来应道："这就是……"没等我说完，他就连跑带跳地上了我家。一进门，就抱起我三岁女儿海燕，说："这是谭天哲女儿吧?"边问边亲吻海燕，连说："叫我爸爸!"还说道："我喜欢这小姑娘，给我吧，我让她成电影明星。"

我觉得很意外，他亲完小孩还准备过来拥抱我，我说："你是谁啊？怎么这样荒唐无礼?"他说："我是谭天哲最好的战友马寒冰，今天一到上海就往天哲家跑。你太封建，不懂得礼节，在苏联见面礼就是抱一下。"我说："我不管你是谁，天哲不在此，我不能和你进行这种礼节!"他就哈哈大笑起来。

中午谭回来，他俩一见面就拥抱、拍打了很久，久别之后战友重逢无比亲热。谭叫我做几个菜和他畅饮，我炒了鸡蛋，炒了韭菜，还油炸了花生米给他俩下酒。席间，他对谭讲他刚从莫斯科回来，他现在是新中国中宣部电影处长，毛主席访苏都带着他。这顿饭没有好菜却也喝了不少酒，谭问他："你常见到毛主席，你把陈宗尧对你讲的话讲了没有?"他马上站起来把杯里的酒洒在地下，说："那一场战斗中模范团长陈宗尧腹部负伤，血流不止。他说要见王胡子（王震），他一手抓住我和王震的手，说：'本想多打几个胜仗，但是不行了，你若见到毛主席，代我说，陈宗尧向他敬最后一个礼。'"他说毛主席听闻后，站起来向烈士敬礼。临走时，马寒冰对天哲讲他喜欢海燕，想带去培养成电影明星。他结婚多年没有儿女，也很想要个小孩。可谭和我都舍不得，只好推托说："长大些再说吧，那就先做个干爹吧。"他动作很快，下楼时手扶着楼梯就滑下去了。我心想，共产党怎么会有这样的干部。我把他进门的举动告诉了谭，谭不以为然地说："马寒冰是个好人，你不要误会，他是个正派人。他是马来西亚华侨大学生，很早就参加革命，以前是王震的秘书，后到三五九旅做了宣传部长。他艺术水平很高，会京剧评剧、写诗作曲、能歌善舞，非常活跃，毛主席也喜欢他呀！他心地善良，别看他跳跳蹦蹦的，为人可是很正派，是好同志。我俩在三五九旅相处十多年，我太了解他了。"谭又说："1946 年 5 月，在国共谈判期间，还有一段鲜为人知的故事，是多年后王震提起来的。马寒冰有一口流利的英语，机智勇敢，记忆力极强，可过目不忘。王震对他非常赏识，常常把他带在身边。当时为阻止国民党内战，为我军中原突围赢得时间，王震为我军代表，随周恩来总理参加三人小组谈判，带秘书马寒冰一同前往。在谈判期间，蒋介石加紧全面发动内战，毫无停止内战的迹象，当时我方驻汉口德明饭店，敌人了解到中共翻译马寒冰是马来西亚华侨。1946 年 5 月的一天，美国方面代表白鲁德私下请马寒冰吃饭。酒席间，白鲁德向马寒冰提出很多诱人的条件，企图对他进行策反。但是马寒冰借着酒劲儿，机智地反倒刺探起敌人的情报来。马寒冰故意说：'国民党休想打赢，我们共产党八路军战无不胜。'白鲁德为了让他相信国民党完成了消灭我军中原部队的准备，让人拿来作战部署地图给他看。马寒冰故意装醉，看看地图说：'你们消灭不了我们。'暗中悄悄记住了敌人的兵力部署。此时白鲁德得意地说：'中原共军已被三十万国军死死围住，插翅难逃。'但他万万没有料到，聪明机智的马寒冰以惊人的记忆力，已把敌人的兵力部署全部记牢在心里，回来后马寒冰立即把这一重要情报向王震进行了详细报告，王震令马寒冰立即向李先念汇报。经过我情报机关与其他情报机关核实后，认为他的情报很有价值。敌人企图策反马寒冰，偷鸡不成倒蚀一把米。最后我军能胜利完成中原突围，马寒冰功不可没。最后，他还在新疆创作了民歌《我骑着马儿过草原》，至今仍在传唱。”不久，他因意外去世了。谭闻知马寒冰去世，面向北边洒酒祭拜，泪水纵横。

谭天哲任东海舰队组织部部长，负责干部的思想教育。他最恨干部腐化堕落，对妻子喜新厌旧，“换老婆”。当时有种歪风，换三八式为解放式（“三八式”指1938年后参加革命的抗日战争工农女干部，“解放式”是指全国解放时新参加革命的女大学生），谭对此严格教育。在他任职三年期间，所属部队没有出现离婚现象，也没有出现贪污腐化现象。曾有一女同志，几次来我家哭诉丈夫变心要离婚。谭同情弱势者，对男方说：“部队要思想正派，作风朴素，对党忠诚，工作好才留用、提升。对品质不好，属思想道德败坏，你知道该怎么办。”对男方讲明，要离婚就离队转业，男方不敢闹离婚了。此间我在上海海军411医院，任外科军医，是青年团书记、外科党支部副书记。在此生次女，本该休息30天，我20天便上班。1955年，国防部长彭德怀元帅决定部队裁减女性。当时华东海军政委袁也烈夫人罗嘉是411医院政委，政治部主任苏启胜夫人是医务科长李瑞芝，我是谭部长妻子。三位领导干部带头让妻子转业。当时转业可选上大学，也可去地方工作。我选了上大学并考入河北医学院。我几个孩子还小，入学后非常想念孩子，曾请假回家看孩子。谭一开始不同意我去上大学，我真的考取后，谭说：“去就要毕业，不可半途而废。”他让我放心上学，他会管好孩子的。在河北医学院，我们班只有三名女性，朱虹、张可范和我。我们三个女同志同住一个寝室，在班上四十多个学生中，我们每次考试均为头三名，朱虹第一，我和张紧随其后。1958年放暑假回校，正赶上“反右”运动。朱虹对我和张说：“大炼钢铁把人家锅和勺子都给炼了，真胡闹。”听此言后，张因受政治宣传影响，思想偏激，向领导汇报，说朱虹思想有些右倾。领导核查，朱否认了。组织找我调查，要我证明此事。我当时想，朱虹要是定了右派，她政治生命就完了。因此我坚决否认，说我睡觉没听见她们说些什么。这样，朱虹躲过一劫，没被划为右派。学校教员队伍人手不够，在我班抽调我与丁自和、余长生两名同学（可能因为我们是老党员）参加教员的反右斗争。领导运动的是一位女性保卫科长，她家住校外，离校六七里地。有一次开会到半夜，回家要经过坟地。那天天黑，半夜她不敢自己回家，拉着我送她，过那坟地时她紧拉我手。把她送回家后，我返校时天更黑了，无路灯。经过那一大片坟地时，看到数不清的磷火，当地叫鬼火，有的能动能飞，有的飘到我脚下。我想使自己的心情定下来，就想自己是唯物主义者共产党员，没做亏心事，什么都不怕，也就无所为了。后来因为我们三个学生代表斗右派不积极，又让我们回到班里去了。毕业若干年后，朱虹成了第二军医大学上海长海医院普外主任，张可范是上海四院皮肤科主任，我则在海军部队与院校当军医三十多年。

治疗妇女多发病

1961 年，我从河北医学院毕业后，随谭调往厦门市，他任厦门水井区政委兼市委委员。我在厦门市第一医院外科当主治医生，为胸外科专家黄锡龙助手。此间每日工作十三四个小时，晚上十一点回家。谭不放心，每晚下虎头山来接我。此地是东海前线。厦门地处台湾海峡，面对大小金门，大担、二担、东北碇、虎子屿等几个敌战岛屿，天气好时甚至有些肉眼都能看到，是极为重要的战略要地。那时经常会有敌机飞来侦察。有一次我们一家和总参颜吉连部长在虎头山院内吃饭，突然一架敌机从海面低空飞来（雷达难以发现），到厦门时快速拉高从我们头上飞过，距离太近了，都能看到飞行员，小孩被吓哭了，只听见我们高炮猛射敌机，敌机飞走了。厦门阵地有四五百门大炮，威力很大，打下过不少敌机，击沉过不少敌舰，多次打胜仗。1960 年至 1963 年，全国各省市都有慰问团来东海前线厦门基地慰问，像著名演员梅兰芳、袁雪芬、红线女、常香玉等都来过。1962 年元旦，海军司令肖劲光大将等海军首长带海政文工团前来视察慰问，天哲作为厦门海军基地政委接待，我也参加了舞会。当时肖司令已两鬓斑白提手杖，看他身体精神都好。舞会中，海军副政委刘道生中将与我跳舞时说："你知道吗？我在老苏区时代是天哲加入儿童团、少先队的介绍人，我们从青少年就在一起了。1930 年，我是茶陵县儿童团长，天哲是严塘乡儿童团长。长征、抗日、解放战争风雨同舟三十多年了。"我说："感谢首长多年来对天哲的关心、帮助。"接着我又受到一位海军少将的邀请与他共舞。我不认识他，只觉得他气度非凡，英姿潇洒，我想他难道是文工团员？回家的路上，天哲对我说："那第二个和你跳舞的是海军参谋长张学思少将，他是张学良的弟弟，苏联海军指挥学院毕业的高材生，是海军建设专家。他妈妈是个日本美女。"我说："难怪长得那么英俊。"可惜他在"文革"中受难，死于非命。又几年后，他的儿子张建国在农村插队劳动了几年，因父亲平反得以入伍加入海军，调来海军学院参谋班学习，我负责该班的保健医生工作。张建国比他父亲更高大，约有 1.85 米，人很聪明，学习进步快，真是将门虎子，是海军建设的优秀人才。

话说回来，我在厦门第一医院工作半年，医院选党员、大学毕业、临床医生去福州中医学院研究中医三年，正好选中我去研究班学习三年。福州中医学院离厦门很近，和谭见面机会比较多。班主任左英是福建省卫生厅厅长，她亲自抓此班，负责每周讲政治课。她长得很俊美，皮肤白净，气质高雅，面孔常带甜甜的微笑，后来听说她曾是新四军有名的美女“白牡丹”。她讲课不拿讲稿，有声有色，学生听得心服口服，不做笔记也能记住，讲得非常好。左英是德才兼备的高级女干部。她丈夫是福州军区政委刘培善，是我丈夫战友、同乡老红军，两人关系很好。福州是一个古老的省会，历代人才、名流辈出。我们这个班住的地方搬了几次，开始在林则徐故居，后来又在法海路，后来又到了东大街。我们班的学生都是左英亲自选的，大多都是主任级别，因此我感到很吃力，还兼任团支部书记。学习中，我发展了陈惠珍为共产党员。我们小组去支农，要夺红旗，我跟她说：“你是新党员，一定要夺红旗。”在割稻中，为夺红旗，我和她就拼命地多割。夺到红旗后我和她满身汗水都趴到地上起不来了，后来都尿血了，留下了满手茧。三十年后，1995 年我有机会去福州又见到她，去她家作客，她担任福州协和医院妇科主任已有多年，丈夫是妇幼保健医院院长。他们均是高级知识分子，可是家里陈设却简单得令人难以置信，除了书几乎就家徒四壁了，没有空调，也没有电视。我奇怪家里为什么不买电视机，惠珍说：“怕影响孩子学习，苦一点对孩子好。培养一个有用的孩子对国家是贡献，若孩子教育不好对国家就将是危害。”是的，孩子教育好，对国家有利；孩子教育不好，对国家有害。我问惠珍的孩子情况，她家两个孩子，老大考入美国哈佛，老二去了北京清华，多么值得羡慕的一家。我的同学们个个都是真才实学，而我学医学古文《内经》《五运六气》很吃力，只能死记硬背。我是组长，学习再难也得跟上。跟我同组的潘明继，他尝试把治癌病的“杀”改“补”（补就是增加抵抗力和增强免疫力），到世

鸽哨

界各地做报告讲学，被聘为英国皇家医学院客座教授。其他本班同学毕业后也全是主任和专家。我当时对青草药情有独钟，曾和药农多次上山采药进行研究，用青草药免费治疗妇女多发病。

我于1961年8月由国家卫生部中医司司长吕丙奎参加论文答辩检验合格后毕业。我毕业后回厦门工作，正赶上妇女修水库。由于遭受自然灾害吃不饱饭，闽南惠安一带的妇女修水库抬石方，过重的体力劳动易发生脏器下垂，特别是膀胱子宫下垂。此时我正好从西医学中医研究班毕业。厦门市委宣传部长吴璇同志管卫生口，她是福建海军基地彭德清司令夫人，我爱人谭天哲此时已担任海军基地政委，我们两家住一个院。吴璇部长问我过劳引起的子宫下垂这一医治灾区妇女多发病的治疗方法。我说，用中西医结合，治病快又少花钱。因灾区经费困难，我自告奋勇，担负起免费治疗妇女多发病的重任。吴璇部长叫我做好准备。我爱人知道后说："你此去灾区治疗妇女多发病。要有吃苦的打算，要做出好样子。这关系到我们部队家属在地方工作的声誉和影响。现在水警区成基地了，机关扩大了，马上要来大批干部和家属。你们工作好坏关系到后来的家属工作分配和安置问题。如你们表现不好，那地方还愿意接收我们部队家属工作吗?"我对他说："工作干不好，不回来!"

1961年10月，我去了闽南，那儿是有山有水、风景如画的好地方。在青山绿水间，生长着数不清的中草药。我在中医研究班曾随老药农多次到此采过药，可谓轻车熟路。闽南妇女特别能吃苦，甚至叫男人在家看孩子，她们下地干重活。我在福州、厦门工作学习已十年了，深受当地妇女教育和那些有真才实学的专家、学者的影响。能为这些辛勤劳动的姐妹治病，我深感光荣和责任重大。出发前，黄锡龙院长特批了我五十个拔火罐、十盒针灸针、两箱艾条和一台显微镜。我自带血压计、听诊器、体温表和几包石蕊试纸。这样对多发病、高血压、糖尿病和肾病都可作初步诊断。出发前，我把家里还有的二十八块钱（那时已是不少的钱）全拿来买了升麻和黄芪，还准备了蛇药。次日，我和另一位医生带着简单的医疗器材，来到厦门与泉州之间的官桥镇，一座废弃的三层华侨楼做了我们的临时医院。有四名赤脚医生在此等我。和我同去的那另一位医生一看现场，说家里有事，叫回去看看，就再没有回来。这里条件简单，楼好，却没有门窗，没有楼梯栏杆。因为前些时候，把门窗栏杆都拿去炼钢铁了。我和四位赤脚医生按野战医院的方式布置临时医院。因为是免费的，病人自带行李和伙食。第一批收了三十六位病人，我给病人和赤脚医生上课，讲解疾病发生发展的原因和治疗方法。医患合作，先做体位复位，二针灸按摩，三熏烤保温，四气功，五中药，六拔火罐。以七天为一个疗程，痊愈出院；第二批再来。我和他们订好计划，做好安排，留一位在此值班，其余都跟我上山采药。采药最怕蛇，开始有老农带我们上山，他有防蛇经验。我见到蛇，先摸蛇药，心里还是怕。后来赤脚医生小林每次上山都大喊一声："蛇啊蛇，我们上山采药，不害你们，别吓唬我们。"好像真的灵验，再上山就没遇见蛇了。我们见到药就采，暂时用不上的，拿回来交给药农换我们常用的药。我们每天采很多种药，用大锅煮给病人吃，用这几种土法，病人恢复很快。第二批第三批每次都各收治三十人左右。因为治愈快，不花钱，病人都来找我治病。有一次上山采药，到了下午还没吃饭，饿了，见山上有一种树结满了像山楂一样的红果子，不知名，我对赤脚医生说："我先尝尝，没有问题你们再吃。"我取下一个，只在舌尖上舔了一下，嘴唇马上麻了，还没有咽下去，就觉得喉部发紧，立刻吐出。我叫了一声"不好"，立刻用水漱口，才未发生大碍。此后牢记，不认识的东西，不可轻易去尝。当时口麻时真有些担心，我是四个孩子的母亲，丈夫是军队领导干部，我任务没完成，不能死。休息过后，我们继续采了不少蘑菇、木耳、松子、首乌、紫丹参和枸杞子等好东西，满载而归。

三个月我治好九十八名不同程度的子宫下垂患者，并在门诊看了三百八十多名病人，获得好评。1962 年我被评为厦门市“三八红旗手”，厦门市委书记袁凯，市长李文陵接见了我，给我发了奖状。

两个月后，厦门部队家属因战备后撤，调我归队，福州军区后勤龙飞虎部长（原周恩来总理秘书）让我有困难就直接找他。海军厦门基地直属家属队乘坐铁路货运“闷罐子”车厢，一路因意外和传染病，死了两个人。车到上饶，基地易丁主任夫人周大姐、我和高平（基地副司令杜彪爱人）研究，请示党委批准，有亲属在附近的放假一个月。这样需集体疏散的人数就减少了三分之二。我因分娩去了杭州时任浙江省民政厅副厅长的谭石冰叔叔家，两个大孩子送到杭州西湖小学住校。我在杭州 117 医院生下小儿子湘南。一周后，风风火火地赶回厦门家里。这时，家属转移令已撤销了。

往事难以忘怀

首长保健

1963 年春夏两季，我每天由厦门轮渡过海到鼓浪屿给首长做保健。那里设有陆军和海军疗养院，南京军区副司令、中将郭化若与妻子夏菊花到鼓浪屿疗养，想找中西医兼备的医生，当时就选了我。第一次见到这位被誉为“江南三大才子”（郭沫若、郭化若、陈毅）之一的首长，他着装整齐，很威武，我有点紧张。他说：“你西医学中医，背一段内经听听。”我当即背诵了“阴阳者，天地之道也……”听我背诵后，他才叫我给他看病，又问我，他吃香蕉怕凉，如何变温？我当时不知如何回答，夏夫人帮我答道：“涂面油炸即可。”当他知道我是谭天哲妻子后，他用毛笔书写他的大名在他所著的《孙子兵法今译》上，送给了谭。以后就熟悉了。五年后，我在南京的一天，去军区 AB 大楼，步行上楼时正好遇见郭下楼，他穿一件破旧的丝绵便装，和我相视了一会，没说话走了。我当时没认出他，只觉得像，到楼上一问，才知道真的是他，听说他因《孙子兵法今译》挨批判了。真是小爬虫斗大龙，我内心有说不出的感觉。第一次在北京我本想求他墨宝，正好碰上他和夫人争吵便作罢了。第二次求墨宝，正赶上他去青岛，叫司机把车给我用，他就匆匆走了。第三次我去北京，他已是解放军最高军事学院院长上将了，此时他夫人是史湘云。她说郭老年近九十，手抖，不能动笔了。他家里挂了一块条幅，是他爷爷中状元时的书法，大意是齐家治国。

厦门是东南沿海前线，又是景区，经常有中央军委首长来视察或休养，我和中医专家盛国荣多次出诊。此间林伯渠夫妇、罗荣桓元帅和夫人林素月，还有名医、全国人大委员林巧稚（她是厦门人）都来过。我陪林巧稚参观了前线炮兵阵地。那天她穿着中式旗袍，半高跟鞋，地面高低不平，我搀扶着她走路。炮兵列队欢迎她，向她敬礼，她站着不知如何回礼。开始她举手，后来改为大弯腰鞠躬。炮兵还向大海放了一炮给她看。后有中央各大部委、轻工、外交、纺织部等部长来此。盛医生和我天天给他们看病，几乎天天去鼓浪屿。有一天，我在码头排队上轮渡，排在我前面的一个人，不知怎的，突然头朝下，脚朝上，栽向轮渡和码头间的空隙海里，我急抱着他的脚往上拉，人很重，拉不上来，我就坐下，两腿夹着他的腰，两手抓他的脚，用全身的力气把他拉了上来。他吓得面色发白，扭头往回跑，也不过海了，让人虚惊一场。在厦门这段时间，我天天过海，虽然很忙很累，但心情很好。

调入海军学院

1964 年 11 月，我随爱人谭天哲调往南京海军学院。在厦门我们住在虎头山上临海的一幢小洋楼，家具都是高档的红木檀木。调走时，我们什么都没带，只带了自己的衣服连同几箱马列著作、《毛泽东选集》和政治理论书以及一些医学书籍去南京。学院派了两辆汽车接载，可我们全家的东西连一辆汽车也没装满，真是身无外物。到海军学院住 127 号将军楼，院子很大，两层独楼，室内只有六张木板床。南京冷，该如何过冬？只好上街买来五个稻草垫子，上面铺块布，将就着过冬。当时我们是“月光族”，四个孩子上小学，我两个妹妹在黑龙江上中学，谭的外甥和残疾弟弟在老家农村需要赡养，要先解决八个人的吃饭问题。每月发工资，先给八个人发生活费，孩子们的衣服都是小的接大的，缝缝补补又三年，生活朴素不觉得苦，却觉得分外甜。

海军学院继承发扬延安抗大精神，培养了大批政治坚定、技术过硬的指挥人才，是海军将才的摇篮。谭天哲先是担任政治部主任，后担任党委书记。他狠抓思想教育，在任近三十年里，海军学院没有出现过贪污腐化、道德败坏的现象。

那时海军学院有一种好风气，在星期天、节假日，组织家属带孩子去郊外农村，帮烈军属和五保户劳动。春种秋收、除草施肥等各种农活都干。首先是航空兵教员林林大姐带了头，以后很多家属都学习她。孩子们知道粮食来之不易，从小爱劳动的孩子都成长得很好。中山门外西村有海军学院生产基地，干部、战士和家属都制定了参加农业生产劳动的时间计划。西村有个200平方米左右的水塘，长满了水菱角。那年秋天，我们海院门诊部医护人员去西村秋收，休息时见水塘长满了菱角，司药刘玉德说去采点给大伙吃。她弯腰拉菱藤时，人竟滑到塘里去了，下面淤泥很深，眼看着她往下沉，护士郑桂珠大喊大叫着去拉她，也因塘沿太滑陷入半截身子，我见岸边有棵歪脖子树，两臂紧抱树膝盖卧地，一只脚伸给郑，郑抓住我腿，刘拉住郑，没费多大劲都救上岸了，虚惊一场。海院门诊部医疗条件不错，设备也好，五六十名医护人员，发扬白求恩精神，对周边地方的孤寡老人、五保户等都提供免费保健，送医送药，巡诊医疗，并在节时为市民义诊。那时我负责三户八九十岁的老太太，其中一位是闫始老妈妈，她丈夫抗日牺牲，大儿子抗美援朝牺牲，只剩下一个小儿子在714厂，是工程师。另外两名则是无儿无女，无收入的五保户，我一直承担他们的医疗任务，直到离开南京。

在“文革”后期，海军学院两派大联合，他们向谭天哲的老首长“三王”（王震、王首道、王恩茂）调查了谭过去战争年代的政治表现。“三王”首长都证明了谭天哲是坚定的革命好同志。在选革委会主任和临时党委书记时，海军学院两派都百分之百选谭，只有我一个人反对。我对外讲他身体不好，但真正的原因是我怕他吃苦受罪。我对他讲：“你快辞掉职务，两派把你夹在中间，左右不是。错了是你自己承担责任，不如到工厂看大门好了。”谭天哲对我说：“人不能这样自私，我当领导不是为做官，而是我有责任保护好大批党的好干部，不能眼看着他们受罪，我情愿当挡箭牌，死也无悔。”1969年冬至1971年4月，海军党委指定由海军学院选送一批优秀干部去南海舰队当领导。谭天哲先选了马木林、吴桐去，后有张振国、王焕志、张兴爽、宋尚礼，最后有叶志（后任海军后勤部参谋长）等。这下惹恼了造反派，认为选送的都是站队站错的“老保”，不是他们认为表现好的造反派，一定要换人。谭坚决不同意，针锋相对地和他们作斗争。造反派对谭天哲实施疲劳战术，每天早晨七点到夜里都在我家，轮流施压，整天整夜不给他休息。谭天哲坚持自己的立场，毫不动摇。我想办法保护他的健康，半夜给他加餐，造反派整人斗饿了，也让我给他们做饭，我不理他们。后来，李东野去了东海舰队当副政委，一批好干部去了北海舰队担负重要工作等都与谭的努力分不开。当造反派在楼下逼压谭天哲的同时，我在楼上正保护着在我家避难的老首长、老战友的家属子女。有新疆自治区党委书记、新疆军区政委王恩茂的夫人骆岚和孩子，还有李元明的孩子、张启龙的孩子、赵正红儿子赵小兵、大作家卓如、新疆毛纺厂领导夫妇等。一直到1971年林彪事件发生，我家才安定了，但谭天哲的身体也垮了。

“文革”后期与王恩茂政委一家

王恩茂夫人骆岚曾对我说起“文革”中的经历。有一天，她因胃痛在家休息，突然听到敲锣打鼓的喧闹声，接着是一帮人过来了，她不知发生了什么事，想看一下。等她出去，队伍已经走远了，没看清。不久，王恩茂政委回来，急着洗脸，骆岚问：“今天发生了什么喜事？那么热闹，敲锣打鼓的。”王恩茂无可奈何地说：“那是你丈夫我被戴高帽，游街批斗了。”骆岚听闻此言，如惊雷炸耳，呆了。随后王恩茂叫她收拾随身携带的东西，去海军学院谭天哲家，检查身体兼治病，并说素娥是医生，可以照顾她。骆岚离开丈夫和孩子很不放心，他们的第四子北新，十多岁的高中生，在围观两伙造反派的争斗时被炸死了。骆岚看到儿子遗体时，只觉得天旋地转，瘫坐在地上，站不起来。公安人员把凶手带到王恩茂政委夫妇面前，那是一个十五岁的孩子，与北新没有冤仇，是他胡扔土手榴弹造成了惨剧。那孩子是独子，王恩茂政委立即让公安人员放人，说："他是盲目的，不必判刑。"并说："我们是失去儿子的父母，不能再让别的父母失去儿子了。"然而祸不单行，她小儿子北成眼睛被造反派打得视网膜剥离，未得到及时治疗，一目失明。

骆岚带着失子的悲痛并带着伤残的小儿子，以及为医治胃病来到南京，住在我家休息治疗。骆岚的来临，天哲和我都觉得这是王恩茂政委夫妇落难后对我们极大的信任。我俩想尽办法让她休息好，并找名医给她治病以恢复健康。军区总医院给她做了胃镜，说她有可能是早期癌变，一个月要做一次"吞宝剑"——胃镜检查。那是很痛苦的，她紧拉着我的手，我也感觉和她一块儿受罪，以此减轻她的痛苦。两个人的手紧紧拉着，握着。每次检查都是如此。

骆岚于 1938 年从高师毕业后参加革命，是久经锻炼和考验的高级干部。她为人诚恳，着装朴素。我看见她把穿破的尼龙袜子口剪下来缝到上衣袖口上，保护着那件破旧衣服。谁会想到她是中将夫人、省机关领导干部？见到我女儿棉衣破了，她亲自做一件，棉花铺得均匀整齐，飞针走线，不时用针在头顶发际磨针，这是我外婆的手艺，她竟也会。这件棉衣现已放了三十多年了，我仍保存着，成为我们深厚友谊的见证。1968 年，王恩茂政委从新疆自治区党委书记降职任芜湖地委副书记，官降三级。当年 4 月下旬，他从新疆到南京，先到我家，谭天哲和我送他去上任。到芜湖特别有戏剧性，非常意外的是他接了秦明的工作。原来王恩茂曾任三五九旅政委，谭天哲是三五九旅特务团政委，秦明是特务团政治协理员。这二十六年后突然见面，大家都倍感欣喜。王政委到芜湖后工作认真踏实，可还有人说他放不下架子。他只好到农村生产大队去蹲点。他病了，谭天哲和我去找了南京军区段焕竟副司令，才让他住进了军区总医院，我们经常去看望他。有一回，我一个人去看他，他对我说："谭天哲过去的功劳真大，破译敌电码，几次都给部队突围立了大功。他是活电码，不管敌人怎样改码他都能猜对。"这些事情谭天哲从未向我讲过，当我问谭时，谭说："那是'反围剿'时发生的事，王永俊（后任解放军总参三部部长）、龙舒林（后为国务院专家局局长）他们都有功劳，他们三个人当时都在任弼时、贺龙领导的红二方面军机要科负责电台侦听与破译工作。"1975 年，王恩茂恢复了南京军区副政委职务，他的侄子和侄女来南京想当兵，但王政委和骆岚都叫他们回去按地方政策办，不能开后门。我到骆岚家跟她讲要她帮助，让他们留下当兵，骆岚坚决反对，她说："我们都是党的高级干部，不能开后门。"骆岚给他们路费叫他们回江西老家了。又过了两年，1977 年，王政委调任吉林省省委书记兼沈阳军区政委，搬家时把从新疆带来的一些坛坛罐罐以及家具送给我留作纪念。后来，我定居广州，把这些东西也带到广州来了，丢我自己的旧家具也舍不得丢他们的东西。

1977 年，王恩茂在沈阳居住在长春市朝阳路原中央政治局委员吴德的房子。1979 年，我和次子向东去东北探亲，向东得了重病，王政委和骆岚接了我们到家中疗养。期间遇见王震副主席、王首道夫妇（原广东省委书记）、杨得志（成都军区司令）。王恩茂政委在家设宴宴请他们，我也有幸见到这些首长和夫人，他们朴实无华，平易近人，和蔼可亲，都是老革命，真叫我肃然起敬！王政委向他们介绍说，我是天存（我爱人谭天哲小名）的婆娘，他们一餐饭都在讲长征的往事，讲天哲破译电码的功劳。1944 年 11 月，三五九旅南下征战，王震旅长亲任南下支队司令，王首道是政委，王恩茂是副政委，天哲是四大队政委。他们这支英勇部队，走陕晋豫鄂赣湘粤七省七十八个县，行程两万七千里，被称为“第二次长征”，比红军长征还多了两千里。与日寇、伪军及国民党顽固派多次作战，环境非常艰险。1946 年 5 月，这支部队挺进中原，被国民党包围，本可突围，可是要与三十万强敌周旋，拖住敌人以策应建立并巩固东北根据地。毛主席对王震说：“你们的处境太危险了，搞得好像钉子扎在敌人的腹地，搞不好要全军覆没。”王震带领这支部队英勇作战，不怕牺牲，没有克服不了的困难，也没有完不成的任务。毛主席说：“王震你是常山赵子龙，浑身是胆。”王震赶忙解释说：“彭总、贺龙他们是赵子龙，我就是个周仓，有毛主席正确领导就能胜利。”毛主席对三五九旅这支部队寄托着信任和期望，同时也知道，他们承受着太多牺牲和艰辛。这支叱咤风云的子弟兵浴血奋战四百多场，出发时 5000 人的队伍，回延安复命时只剩下 1000 多人了。军委首长杨得志更是威名远播，他是传奇大将军。他刚从中越自卫反击战指挥胜利回来，他曾在长征中组织十八勇士强渡大渡河，跟随毛主席、党中央翻越夹金山，夺乌江，克遵义，穿越毛儿盖，攻打直罗镇，英勇事迹可编成歌传唱，可写成诗歌咏颂。今天共聚一堂，王震感慨地说：“怪不怪，我们能活到现在，能活到现在是奇迹啊！”

在长春休息时，已转业的原南京军区总医院护士张淑莲也来此看望我，她同姐姐同住朝阳路。我和她可谓老朋友了。早在南京解放不久，她刚从护校毕业，有位参谋长向她求婚，她说自己太小，过两年再说。不久人家结婚了。一晃，她 25 岁了，又有一位科长向她求婚。她想参谋长不要，科长更不行了。一晃30岁了，她急了，找到我，让我帮助她。人虽漂亮，待遇又高，可她这样的年龄，在部队找参谋干事都难了，转业到长春地方后也未能找到对象。

淑莲的姐姐张敏也是三八式老干部，原在山东许世友部队当过政治干事、记者，还搞过地下工作。张敏丈夫是吉林省军区后勤政委。“文革”中，张敏被打成叛徒，她丈夫要和近50岁的张敏划清界限而离婚，他们20岁的女儿大志苦求父亲不要把体弱的妈妈赶出家门。她爸不理，问她：“跟爸还是跟妈?”大志说：“宁跟要饭的妈，不跟做官的爸!”她爸后来跟一个20岁的小护士结婚了。大志、张敏、淑莲三人住在一间小公寓房内。后经组织审查，张敏不是叛徒，是对党有功的好同志，平反了。可她丈夫已经和新太太有孩子了。张敏什么都不要，只求恢复党籍和原级别待遇。写了几次报告都没有解决问题，我同情她，叫她把材料给我，让我转给王恩茂政委。张敏也说：“我听说王政委是‘包青天’。”我向王政委讲此详情并转交了材料后，王政委摇头叹气，叫秘书赶快处理，并决定因那后勤政委已到退休年龄，叫他退休。

王恩茂政委在吉林政绩好，影响大，新疆向中央请求一定让他回新疆工作。王政委在新疆很有威望，民族团结工作做得好，对少数民族亲如兄弟，军民关系融洽，得到新疆各族人民的拥护和热爱。我想，焦裕禄是县委书记的好典型，王恩茂就是省委书记的好典型。1999年，已是全国政协副主席的王恩茂一家在深圳过冬。2000年春节，我和长女海燕和他们团聚。此时王政委已经双目失明，我爱人谭天哲也去世一年了。我见到他们一家如见到亲人一般，眼泪禁不住地流了下来。王政委和骆岚紧拉着我的手说：“莫哭，莫哭。”吃饭时，王政委还摸索着为我夹菜，我的泪和菜一块儿往肚里咽。饭后他们全家与我和海燕照相留念，这一次竟成了永别。他俩先后于2001

年去世。我无限怀念他们，他们永远是我的亲人。

南京是六朝古都，名胜古迹很多，骆岚生前和我常去的地方是雨花台烈士纪念馆。那里墙上先烈遗像中挂了一幅三五九旅政治部副主任刘亚生三尺大相片。只要有三五九旅的首长和战友们来南京，第一个去处总是雨花台烈士纪念馆，悼念烈士刘亚生，王震副主席还写了悼词。王首道、王恩茂、廖汉生和其他首长战友都曾来悼念。刘亚生在三五九旅南下时和谭天哲在一起，一次夜行军，刘跌跤摔掉了眼镜，他拉住天哲，两人在黑暗中摸索找到了眼镜，后来天哲就用线将摔坏的眼镜拴到刘的耳朵上。刘是北大毕业生，到三五九旅给王震当秘书。他工作尽职尽责，很快被提升为宣传处长，后为政治部副主任。在南下中原突围时，刘在从武汉去南京的船上被俘了，敌人开记者会叫他投降，他大义凛然痛骂蒋介石。敌人把他打得遍体鳞伤，他忠贞不屈，敌人在他身上得不到任何情报，判他死刑，临刑前他说："我看不到胜利的那一天了，最大遗憾是为党工作太少了，不能再为党工作了。"他被敌人装在麻袋里，从燕子矶扔到长江里。骆岚和我每次都带着孩子们去悼念他，主要是想让孩子们学习他的爱国思想与对党忠诚的信念。我们在心里崇敬地默念：烈士安息吧，我们一定会继承你的遗愿，像你一样，对党对人民忠贞不渝。

萧克将军来南京

1972 年 4 月，萧克将军到了南京，住中山陵 5 号。在他身边工作的张秘书通知我们全家去和他团聚。谭天哲和我及两个在南京工作的孩子都去了。萧见到谭，两人握手握了很久，很亲近。他俩谈得兴起，说到红二方面军西征那场激烈的战斗，俘虏了很多敌人，我方也伤亡不少，那次我军首次缴获了捷克式机枪。

往事好像发生在昨天，一晃已经过去三十多年了。他问了我每个孩子及其配偶的姓名及工作，一一记到他的小本子上，对我们全家关怀备至。他红光满面，精神矍铄，谁会想到他是吃尽苦头，被批斗了十多年刚解放出来的呢?

八一南昌起义时，萧克是连长，林彪是排长，萧克二十六岁任红二方面军军团长，指挥千军万马与敌作战。谭天哲做机要通讯秘书，随他西征南战，出生入死。他们曾是红军长征的先遣队，打入敌人后方，千辛万苦，浴血奋战，同志加兄弟的亲密感情难以表达。文化大革命期间无端遭批斗，后戏剧性地下放到木工厂做木匠。谭说："你吃苦了，身体可好?"他说："身体更好了，做木工用锯，用刨，全身肌肉筋骨都活动，劳动一天睡木板床比睡沙发床睡得更香。"萧克将军直到 101 岁后才驾鹤西去。

我送了他一首打油诗：

南昌起义当连长，26 岁红军军团长；
萧克将军，开国上将；
指挥胜孙武，智谋似鬼谷；
黄沙激战，智取柘林；
巧用敌机信号炸敌人；
甘溪浴血，取胜突围；
身先士卒，九死一生；
战功赫赫列大名；
顺境不骄傲，逆境立不倒；
上将降木匠，不变忠心赤胆；
当木匠练筋骨，睡木床比沙发强；
不愧是经得起考验的好榜样。

聚首京华

1996 年是红军二万五千里长征胜利六十周年，北京举行大型纪念活动，邀请长征过的陆、海、空、炮兵等部队将军到北京人民大会堂聚会。南京军区由司令项守志上将带队，计有十多人参加。萧克和军委副主席迟浩田，副总长李景，海军副司令张序三，总政主任于永波等在京的上将，以及人大常务委员会副委员长、老红军将军廖汉生等首长都到会庆贺看望，并宴请照相。将军们都佩戴着勋章和奖章。在书法展中，谭天哲得了全国一等奖。当时还发给谭一个一斤重的银质纪念章作为一等奖奖章。迟浩田副主席特来我们住处，询问天哲的健康情况，知其肾功能下降，特送给天哲一大瓶冬虫夏草，天哲每天冲水当茶吃了半年之久。首长的关怀，让我们永远不忘。那天他还和我们夫妇与小女彤燕留影作纪念。在京时，谭的老首长、老战友每天都有招待宴请。曾在老苏区时代介绍天哲入儿童团少先队及入党的海军副政委刘道生因身体欠佳，在家休息，我们去看他。还有同乡的海军副司令周仁杰，都是 60 多年的战友同乡，这两位首长和天哲是青少年、壮年、老年都曾相聚，每次相见都亲如兄弟。天哲常对我讲，他们从青少年时一起在茶陵苏维埃时代（被誉为“中国第一个苏维埃政权”）共同战斗生活的往事，风风雨雨，同生死共患难，同舟共济几十年，如今依旧历历在目。当年，他的家乡茶陵县，在井冈山大革命时期建立苏维埃革命根据地，浴血牺牲的革命先烈就多达 6000 多人。

回 故 乡

1980 年，谭天哲带我及小儿湘南探望他阔别 50 年的故乡——茶陵。

火车一进湖南境内，往事如潮水一浪一浪地向天哲涌来，他不断向我回忆介绍。先到达长沙，省委领导热情地接待并派车送我们到湘潭拜谒毛主席故居。韶山冲里的毛主席故居虽是一个农舍，前面却有小湖照，后面有山靠，可谓风水宝地。在湘潭正好碰到表妹周丽艳所在的京剧团来此演出（她是名角，从广州军区京剧团转业到湖南省京剧团）。她们剧团的主角患急性尿感，我用老法叫他不停地吃西瓜，一日吃了六个，冲洗尿道，很快就见效好了，未影响他演出。我们看了一场精彩的京剧折子戏。第二天一早，我们从湘潭出发经南岳衡山，上午上山，中午在庙里休息，下午下山赶往茶陵。

茶陵是个两千多年的老县，地处罗霄山脉，不远处就是举世闻名的革命圣地井冈山。土地革命时期，茶陵是最早的苏区革命根据地。《毛泽东选集》第一卷就提到茶陵是红军模范县，扩红八天，就扩了一个红军团。那时只要你能招来一个连，你就是连长。谭家述中将（新中国成立后任空军副司令）因为扩了一个团，成了最早的茶陵红军团长，后来是师长、军长。他带着这支农民聚集的红军部队，在共产党领导下，作战英勇顽强，攻无不克。部队人员很多是父子、兄弟、叔侄等关系，天哲和谭石冰是叔侄，段焕竞与段苏权（全国解放后分别担任了南京军区副司令员与最高军事学院政委）他们也是叔侄。真是打仗亲兄弟，上阵父子兵。这支优秀的茶陵团两千多人，到全国解放只剩下一百余人，其中二十四位是共和国将军。我与这些将军多次见面，无不熟悉，大家都操着一口很浓的茶陵家乡口音，他们都很朴素，平易近人。在地方上还有二十多位省厅级干部，为党、为人民辛勤工作。长征时的红军解放后一般都享受团级以上待遇，只可惜那些负了伤或因病掉队的同志，以及那些英勇牺牲的烈士。记得天哲被授予共和国颁发的三枚二级勋章（八一勋章，独立自由勋章，解放勋章）和一级红星功勋荣誉章时，曾含泪对我说："这些勋章应该归功于那些为保卫红色政权，解放全中国，英勇牺牲的烈士。他们什么都没有，为革命流尽最后一滴血，牺牲在远离故土的他乡。"

我们到了茶陵，天哲先去看烈士家属。到严塘乡有点像进入了山区，一路颠簸，这大概只有稀疏几十户人家的村子，像进到一百年前的故事里了。当地人介绍说："红军长征后，敌军放火烧村，杀掉队的红军伤员和打游击的红军赤卫队。"此处成为拉锯地，你来我往好多年。当地老百姓很英勇。日本人也打进来过，只是待不住，只好撤了。"茶陵人有骨气，日本人想在茶陵选个县长，都没有人干。"天哲后来谈到他家乡时这样说。

到谭家老宅，又感觉进入百年前。一进老屋门，首先见到一口大棺材靠墙放着，当地人在青壮年时，家里人就备好棺材。灶房吊着一口做饭锅，没有烟囱，只能靠屋顶处有个尺方大的窗口来排烟。我觉得奇怪为何不放烟囱，说是烟可熏蚊子，冬天暖和。房子黑乎乎的，天哲拉着我的手往里走，里面倒有窗户，也显得亮些。天哲的父亲、弟弟全是双目失明，可能跟天天受烟熏有关。天哲回老家的消息很快传遍乡里乡亲，来了几位长征时生病负伤掉队的红军。天哲一一给他们写了证明，并给了他们每个人二十块钱。随后，天哲又忙着去访问烈士家属，把一个月的工资都分了。时间所剩无几，天哲最后去为他父母扫墓。村里山坡坟地主要是无碑土坟，有的都难辨认是谁家的了，当年主要避免遭国民党挖祖坟。茶陵二十四位开国将军和二十多位地方高级干部都没有回去修宅修坟。无论首任空军副司令员的谭家述、海军副政委刘道声、副司令周仁杰、广州军区司令刘转连、福州军区政委兼省委书记刘培善、南京军区副司令段焕竞、解放军军事学院政委段苏权等将领的老家均是普通农舍。茶陵将军个个廉洁奉公，生活朴素，不慕虚荣攀比，保持了优良的传统美德。对老家一些贫穷的亲戚与好友，我们把几年的积蓄在两三天内几乎都分给了他们。告别时，天哲难舍难离，在老宅门前手摸着门框，沉默了很久，说他妈妈从屋里出来送他和弟弟云哲与龙舒林当红军（云哲因长征负伤返家），不住地往他们衣袋里装热鸡蛋，她是那样深明大义，却依然满脸是泪。龙舒林说："莫哭，革命胜利，我们会活着回来的。"可是天哲却再也没有见到把他送到红军为穷苦人打天下的母亲，没能尽孝，是他一生的遗憾。龙舒林现已过一百岁了，仍健在，离休前为中央外事局领导。离开茶陵时天哲对我说："老家三十多年都没太大变化，只是村周围与近山的树木全没了，都拿去大炼钢铁，当柴烧了。"他想过两年再来看看，乡亲们也如此要求。我想老家很困难，多积点钱再来。想不到，天哲后来病重，这一次竟成了他与故乡的永别。我后悔没能争取让他多回老家看看。他对那个穷困的地方很关心，几次给茶陵县委写信，要想办法把经济搞上去。他常说当地有矿藏有茶树，应当有开发前景。他甚至尝试帮老家招商引资，殚精竭虑。

张家界

2008年秋，我与长女海燕及次子湘东去了湘西大庸革命纪念馆，瞻仰先烈，看看当年湘赣苏区政府遗址，以及工作居室和相片纪念物等。在那些红二军团革命前辈的相片中，有我爱人谭天哲将军45×60cm的大幅相片。这张相片我家也有，但在这崇山峻岭、绿树成荫的老革命根据地的政府所在地，见到他的相片，确使我百感交集：在革命纪念馆这一神圣的地方看到你，我们相濡以沫、风风雨雨五十年，似一幕幕重现眼前，我深感后悔，对你的关心照顾太少，有时还令你生气。不然，或许你还能够多活几年，但我再也没有机会了，这是我终身的遗憾啊！我可能没有把几个孩子教育得像你一样高尚，但你放心，我会对你忠贞不渝，把孩子们教育好的。

我们在大庸住了四天，去了三次纪念馆，但还是看不够。在那张任弼时和夫人陈宗英（中央档案局局长）大姐的照片前，我想起1995年任弼时夫人陈宗英大姐来信，要我和天哲去深圳和她共度春节。到她在深圳疗养的琵琶园住处，大姐和天哲亲切拥抱，大姐不住地叫唤："天存小弟弟，我多想你呀！"像久别的亲人，大家还特地拍了照片，我感动得掉了泪。九十多岁的大姐与八十多岁的天哲亲近得胜似亲姐弟，这是怎样的革命情深啊！她家住北京大红锣处，大门从不设岗，任人来访。她喜欢为青少年讲革命故事，进行传统教育。她生活简朴，严格自律。她的独子圆圆上山下乡，在农村当了十九年农民，三十多岁回北京当工人，最后调入部队当参谋，不幸的是，四十多岁就英年早逝了。为防不测，家里人一直瞒着

她，大姐始终不知儿子去世的噩耗。大姐与谭天哲一起回忆长征过雪山草地，在那艰苦岁月，特别是过死亡之地——草地，本预备了七天干粮走出草地，结果十三天才走出来。最后的五天，队伍里每天都饿死很多人，牺牲了很多战友，每每想到此，内心无不哀痛不已。

随我一同到大庸的两个孩子去凤凰县城旅游。80 岁的我一个人独自去了张家界，并乘缆车越过深谷树梢，飞向张家界顶峰——点将台。站在这数百米高的点将台往下看，那些陡窄的山一座座独立地拔地而起，有点像石林，又像石堆，似人似物，鬼斧神工。看到下面，一个直立的石头山峰，上面长着一些树，当地人叫天女散花。再往前看，不远处，有更大的五个高峰，直直并立，叫莲花峰。我遥想：在湘赣革命斗争的历史中，这五个直立的山，不正是任弼时、贺龙、萧克、王震、王恩茂五位领导吗？为这块根据地，他们领导人民浴血奋战，我想有识之人应在这五座山上，刻上他们的名字，让后人永远铭记。中间那高的是任弼时，他两边的是贺龙、萧克，旁边的是王震、王恩茂。再往下看，那些不相连又相似的山，那些像大石堆砌的小山，有的似将军立马，有的似战士冲锋，还有一个更像弯着腰背着锅的伙夫。天哲曾多次跟我讲过那个伙夫，长征中不管多艰难，他都背着那口锅。过雪山时，他饥饿无力，连同大锅被风吹下了山崖。再看那些石头的阵势，好多就像红二方面军那些将士们在长征出发前，静听着首长动员：突围，长征，抗日，解放全中国。其中有一块大石头，像弯着腰背着包的人，那是张启龙吧？张启龙本是苏维埃第一任主席，但审 AB 团时差一点被枪毙了。毛主席让任弼时保住了他，下放到红二方面军当后勤部长。这位后勤部长连一双鞋都没有，背着包袱光着脚丫走路。天哲叫他“赤脚大仙”，并问他：“你包里背着什么好东西？”他说：“我的包里可全是宝贝。”过雪山时，他弄了几把干草把脚绑上，看到有人爬雪山喘气困难时，他就把包里一个干辣椒塞到那人嘴里；看到有人走不动时，就拿块姜塞在那人嘴里；过草地吃野草时，把姜放进去好咽些。他这时候才问天哲，包里是不是宝贝？这些宝贝还真救了不少人。

新中国成立后，张启龙先任中共中央组织部副部长，后在东北当省委书记，因受彭德怀冤案牵连，“文革”前被下放到南京，在“文革”中是重点批判对象。天哲和我去看望他，他室内挂着毛主席、刘少奇、罗瑞卿和他自己的合照，我说照片拿下来吧，刘少奇被打倒了。他说：“怕什么，我是老运动员了，党内每次政治运动都没有落下我，我都经历过了，怕什么？大江大海闯过来了，AB团也运动过了，还怕这小泥沟？”他给人总是一副笑眯眯的乐观印象。“文革”中他妻子去世了，儿子被误认为是刘少奇的儿子，被红卫兵抓去关押。他自己多次被批斗，但精神稳定，他对看管他的红卫兵娃娃讲革命故事，教育他们，所以基本没被打，红卫兵晚上对他的看管很松。天哲和我非常挂念他，想办法给他送茅台酒，把酒装在药瓶里，说是治腰疼的药，望他保重。他说：“暖心啊！”他还说：“红卫兵娃娃们对我还好，不打不骂，放心。”“文革”结束后，恢复了他的职务，要看望他的人很多，但他基本不接见。我和天哲去看他，他一定亲自下厨留我们吃饭，还做湖南的鱼包辣椒给我们吃。那天一同吃饭的有南京军区政委廖汉生（后任全国人大常委会副委员长）与夫人白玲（她当时是江苏省委宣传部部长）。“文革”后，张启龙到江苏检查工作时，我给他做保健医生，陪他在各县市视察南水北调工程。当我说起他被批斗时天哲非常挂念他，几次想办法送茅台酒给他时，他说：“天哲知我喜欢茅台，长征过茅台镇时，我俩曾对饮过茅台酒，饮茅台后什么都放得开，这可了不得啊！”后来他当了中纪委领导。

大庸离贺龙老家不太远，坐车也就两个小时路程，我与两个孩子去贺龙老家参观。到桑植有座贺龙桥，过了贺龙桥又有很多雕了小龙的桥，离他老宅大门很近，院子里有一尊他很大的塑像。在那个塑像前，我才后悔没带花、带酒和他喜欢吃的猪耳朵来祭奠，我不由自主地在他塑像前跪下了。想到天哲曾对我说，甘孜那场决战，敌我双方死伤惨重，他被炮弹震得泥土埋了大半身，昏过去了，不知过了多久才醒来。战场已经平静了，他看到有一个熟悉高大的人影站在前方。细看是贺龙，从土堆里连滚带爬地来到贺龙身边。贺龙扶起他，他抱着贺龙的腰，放声大哭。贺龙说："莫哭，莫哭，活着就好，活着好杀敌人啊!"

回想 1964 年春天，贺龙到福建厦门前线视察，当时天哲是东海前线福建基地政委，近二十年没见面了，贺龙见到谭天哲非常高兴，抱着他说："天存（谭天哲小名）啊，大仔，今天见到你，我很高兴，全国解放后，我一直打听你，不知道你在这里。"他还关心天哲的职级。"文革"中，天哲知道了贺龙被害去世的噩耗，突发了心脏病，两天以后才能站起来。

2012 年 11 月初稿，2014 年 11 月修定于广州

后　记

人到晚年常回忆往事。近年来，我尝试陆续写了三篇带有回忆形式不同体裁的文稿，在我长子——诗人湘青的辅助与修订下完成了该书创作（实际上他应为第二作者）。适逢第二次世界大战反法西斯战争胜利七十周年，**此书谨以我个人亲历纪念伟大的中国人民抗日战争胜利七十周年**。

当然，写此书我的主要想法还是出自对青少年的爱国主义教育。回顾我走过的人生道路，揭示旧中国的黑暗，讴歌新中国的光明，坚定信念，在中国共产党的领导下走向复兴，实现中国梦的伟大理想。在写作过程中，我经常和在全国各地的老同学、老战友打电话交流，探讨回忆，得到热情帮助。他们分别是原松江医校同学陶锌与于普夫妇，毛庆武、时光、王赤，以及原哈尔滨日本护校同学肖婕、黄家驹、倪平、陈凤玲等，在此一并致谢！尤须提及的是赵岩（原名赵素君）曾两次来信为我提供回忆材料，达 30 多页上万字之多，对日本护校一些细节描述起了至关重要的作用；此外《冰城天使养成所》初稿曾请北京的部队导演车晓东指点，提出了极为宝贵的意见；以及请曾为中学语文教师的我妹妹刘桂红对《鹤舞他乡》文字进行修订；我所在原南京海军学院前政委李改爱人，女画家王捷还与我会面日本岐阜县日中友好代表团团长黑田正敏与山崎女士，为增进中日两国人民友好往来，反对日本军国主义死灰复燃而奉献力量。特别是原军委副主席迟浩田将军勉励我在创作中写好日本细菌试验传播瘟疫及慰安妇等揭露日本侵略

罪恶的行径，增强对青少年的爱国主义教育，给我以极大的鞭策和鼓舞。

由于我在书中所写的三篇作品都源自于我个人的亲身经历，在情节上难免重复，从某种意义上说，或许将此三篇合为一部长篇小说更好些。这一想法，只能留待日后视身体情况再行考虑，对于我来说，毕竟年事已高，使惯了开处方的这只笔只能零星写写，出版已实属不易，在此谨表歉意。

刘素娥

2014 年 12 月